体育法律法规概论

吴香芝　董小玲◎主编

人民体育出版社

图书在版编目（CIP）数据

体育法律法规概论 / 吴香芝, 董小玲主编. -- 北京：人民体育出版社, 2025. -- ISBN 978-7-5009-6552-7

Ⅰ. D922.164

中国国家版本馆CIP数据核字第2025J1D595号

体育法律法规概论

吴香芝　董小玲　主编

出版发行：人民体育出版社

印　　装：天津中印联印务有限公司

开　本：710×1000　16开本　　印　张：14.75　　字　数：268千字
版　次：2025年5月第1版　　印　次：2025年5月第1次印刷
书　号：ISBN 978-7-5009-6552-7
定　价：65.00元

版权所有·侵权必究

购买本社图书，如遇有缺损页可与发行与市场营销部联系

联系电话：（010）67151482

社　　址：北京市东城区体育馆路8号（100061）

网　　址：https://books.sports.cn/

本书编写组

主　编　吴香芝（江苏师范大学）
　　　　　董小玲（烟台汽车工程职业学院）
副主编　张丽丽（湖州师范学院）
　　　　　李先燕（天津财经大学）
参　编（按姓氏笔画排序）
　　　　　孙凯歌（江苏师范大学）
　　　　　严　燕（南京工业大学）
　　　　　杜泓毅（江苏师范大学）
　　　　　陈　晨（江苏师范大学）
　　　　　周鑫鑫（吉首大学）
　　　　　段　昊（南京师范大学）

序 言
preamble

编者对目前已有的近20部体育法教材进行分析后发现,在体育法律法规不断更新的背景下,20世纪90年代的教材已经不能满足目前体育专业教育的需求。近十年的体育法教材内容比较新,能体现出体育法律法规的新变化、新思想,但是更适合法学专业、体育法学专业或者体育法学专业方向的研究生使用,不适合体育专业的学生使用。

从目前我国各大高校体育专业的课程设置状况看,开设体育法学课程的学校以专业选修课为主,总课时从32学时逐渐压缩到18学时,通常为每周一次,每次两学时,九周上完。但是在教育改革新时期,社会对学生法律知识和法律工具使用能力的要求并未降低。这就要求学校用更少的时间获得更好的教学效果。因此需要编写适合当前体育专业教育的更实用、更容易被理解和接受的体育法教材。虽然一些体育职业技术学校对体育法律法规课程有较大需求,普法教育对专业运动员来说非常迫切,但是没有一版通俗易懂的教材供其选择。体育法教材的实用性、简洁性、时代性是当下体育法学课程的必然需求。

基于当前教材供给状况和体育课程改革的现实状况,本书简化体育法律法规理论的叙述,重点针对青少年和学校体育、全民健身、体育产业、体育组织等重要体育实体所涉及的法律法规进行分析与解释,适当引入现实中的案例,并对案例进行分析。在进行案例分析时,重点分析案例适用的法律规范,以及适用法律规范的原则和依据。本书采取通俗易懂的语言风格,以实用、便于理解和接受为目的,以便读者在短时间内获取更扎实的体育法律法规知识。本书也引入了当下我国新的法律法规文件,密切切合当代体育事业发展的需求,以满足培养新时代体育专业人才的需求。

基于对教材特点、教材内容设计及教材适应对象的考虑,本书编写组成员不仅包括体育法学专家,还包括体育教学、全民健身、运动训练等业务领域的专家或学者。本书由江苏师范大学吴香芝、烟台汽车工程职业学院董小玲担任主编,由湖州师范学院张丽丽、天津财经大学李先燕担任副主编。全书由吴香芝、董小玲负责拟定大纲,张丽丽、李先燕负责统稿。具体编写分工如下:天津财经大学李先燕编写第一章至第三章;南京工业大学严燕编写第四章;湖州师范学院张丽丽编写第五章;江苏师范大学吴香芝、孙凯歌和杜泓毅编写第六章;吉首大学周鑫鑫和南京师范大学段昊编写第七章；南京师范大学段昊编写第八章；吉首大学周鑫鑫编写第九章；烟台汽车工程职业学院董小玲编写第十章；江苏师范大学吴香芝编写第十一章；江苏师范大学吴香芝、陈晨和杜泓毅编写第十二章。在编写过程中，江苏师范大学研究生裴书琳、朱晓惠、葛慧、阙健康、王朗、瞿多佳、徐洋、孙聪、宋亚文参与了资料整理、文字排版、案例筛选等工作。

本书的出版得到了中国知名法学专家于善旭教授、马宏俊教授、李江教授、汤卫东教授、闫成栋教授的支持和帮助，在此深表感谢。在编写本书的过程中，编者参考了大量的资料，在此向相关作者表示感谢。

本书是在当下体育专业教育和专业运动员法律法规教育需求状况下，基于学生课时少、需求多、实用性要求高的实际，以及法律法规文件和内容出现较多更新的现实状况编写的，是适应课程教学的大胆尝试。

由于编者水平有限，书中难免有不妥之处，敬请读者批评和指导。

目录

第一章 体育法律法规概述 ... 1

第一节 法律法规及体育法律法规的概念 ... 1
一、法律法规的概念 ... 1
二、体育法律法规的概念 ... 4

第二节 我国体育法律法规体系的结构与体育法律法规的调整对象 ... 6
一、我国体育法律法规体系的纵向结构 ... 6
二、我国体育法律法规体系的横向结构 ... 7
三、体育法律法规的调整对象 ... 10

第三节 体育法律法规的地位、作用和价值 ... 12
一、体育法律法规的地位 ... 12
二、体育法律法规的作用 ... 12
三、体育法律法规的价值 ... 14

思考与练习 ... 15

主要参考文献 ... 15

第二章 体育法律法规的产生、制定与实施 ... 17

第一节 体育法律法规的产生 ... 17
一、体育法律法规产生的渊源 ... 17
二、我国体育法律法规历程 ... 18

第二节 体育法律法规的制定 ... 24
一、体育法律法规制定的概念 ... 24
二、体育法律法规的制定机构 ... 24
三、体育法律法规的制定原则 ... 25
四、体育法律法规的制定程序 ... 26

五、体育法律法规制定的价值取向……………………………………………26

第三节　体育法律法规的实施………………………………………………………28
　　一、体育法律法规的适用……………………………………………………29
　　二、体育法律制裁……………………………………………………………29
　　三、体育法律监督……………………………………………………………31
　　四、体育法律法规的遵守……………………………………………………32
　　五、体育法律法规效力………………………………………………………33
　　六、体育法律法规的宣传……………………………………………………33

思考与练习………………………………………………………………………………34
主要参考文献……………………………………………………………………………34

第三章　体育法律责任……………………………………………………………36

第一节　体育法律责任概述…………………………………………………………36
　　一、体育法律责任的概念……………………………………………………36
　　二、体育法律责任的特点……………………………………………………37
　　三、体育法律责任的意义……………………………………………………38
　　四、体育法律责任的类别……………………………………………………39

第二节　体育行政责任………………………………………………………………40
　　一、体育行政责任的概念和特征……………………………………………40
　　二、体育行政责任的构成要件………………………………………………41
　　三、常见体育行政违法行为…………………………………………………42
　　四、体育行政责任的类别……………………………………………………43

第三节　体育民事责任………………………………………………………………47
　　一、体育民事责任的概念和特点……………………………………………47
　　二、体育民事责任的构成要件………………………………………………48
　　三、承担体育民事责任的方式………………………………………………49
　　四、民事责任免除的情形……………………………………………………51

第四节　体育刑事责任………………………………………………………………52
　　一、体育刑事责任的概念和特点……………………………………………52
　　二、体育刑事责任的构成要件………………………………………………53

三、体育刑事责任的主要形式·········54

第五节　案例分析·········62
　　　一、李某与某俱乐部追索劳动报酬纠纷案·········62
　　　二、武汉某市民私自建足球场遭拆除案·········62

思考与练习·········63

主要参考文献·········64

第四章　全民健身法律法规·········65

第一节　全民健身法律法规概述·········65
　　　一、全民健身法律法规的概念、原则与特点·········65
　　　二、全民健身法律法规的分类·········70

第二节　全民健身法律法规内容·········73
　　　一、《宪法》中的全民健身法律法规内容·········73
　　　二、《体育法》中的全民健身法律法规内容·········74
　　　三、《全民健身条例》·········75
　　　四、《全民健身计划》·········76
　　　五、《国家体育锻炼标准》·········77
　　　六、《社会体育指导员管理办法》与《社会体育指导员国家职业技能标准》·········78
　　　七、《国民体质测定标准施行办法》·········80
　　　八、其他法律法规·········81

第三节　案例分析·········83
　　　一、孙某诉某物业公司赔偿案·········83
　　　二、李某健身意外摔倒诉酷某健身公司致害赔偿案·········84

思考与练习·········85

主要参考文献·········85

第五章　青少年和学校体育法律法规·········87

第一节　青少年和学校体育法律法规概述·········87
　　　一、青少年和学校体育法律法规的概念·········87
　　　二、青少年和学校体育法律法规所体现的青少年和学校体育工作原则·········88

三、青少年和学校体育法律法规的特点 ……………………………… 90

四、青少年和学校体育法律法规的类别 ……………………………… 92

第二节 青少年和学校体育法律法规内容 ………………………………… 93

一、体育课教学 …………………………………………………………… 93

二、课外体育活动、课余体育训练与竞赛 ……………………………… 95

三、青少年和学校体育保障与评价 ……………………………………… 98

第三节 案例分析 …………………………………………………………… 100

一、小学生在校园内意外相撞致人受伤赔偿案 ………………………… 100

二、学生在课后活动中受伤赔偿案 ……………………………………… 101

思考与练习 …………………………………………………………………… 102

主要参考文献 ………………………………………………………………… 102

第六章 竞技体育法律法规 ……………………………………………… 104

第一节 竞技体育法律法规概述 …………………………………………… 104

一、竞技体育法律法规的概念与原则 …………………………………… 104

二、竞技体育法律法规的特点 …………………………………………… 105

三、竞技体育法律法规的类别 …………………………………………… 106

第二节 竞技体育法律法规内容 …………………………………………… 107

一、运动训练 ……………………………………………………………… 107

二、体育竞赛管理 ………………………………………………………… 110

三、侵权行为及违法犯罪行为处理 ……………………………………… 112

第三节 案例分析 …………………………………………………………… 113

一、体育活动自甘风险案 ………………………………………………… 113

二、人身损害赔偿案 ……………………………………………………… 114

思考与练习 …………………………………………………………………… 114

主要参考文献 ………………………………………………………………… 115

第七章 反兴奋剂法律法规 ……………………………………………… 116

第一节 反兴奋剂法律法规概述 …………………………………………… 116

一、反兴奋剂法律法规的概念与原则 …………………………………… 116

二、反兴奋剂法律法规的特点 ··· 118
　　三、反兴奋剂法律法规的类别 ··· 121
第二节　反兴奋剂法律法规内容 ··· 122
　　一、兴奋剂违规行为法律法规 ··· 123
　　二、兴奋剂犯罪法律法规 ··· 124
　　三、反兴奋剂教育法律法规 ··· 124
　　四、兴奋剂处罚法律法规 ··· 125
第三节　案例分析 ·· 128
　　一、国外兴奋剂案例 ··· 128
　　二、国内兴奋剂案例 ··· 129
思考与练习 ·· 130
主要参考文献 ·· 130

第八章　体育组织法律法规 ·· 132

第一节　体育组织法律法规概述 ··· 132
　　一、体育组织法律法规的概念、基本原则与特点 ····························· 132
　　二、体育组织法律法规的类别 ··· 134
第二节　体育组织法律法规内容 ··· 135
　　一、中华全国体育总会法律法规 ··· 135
　　二、中国奥委会法律法规 ··· 137
　　三、中国体育科学学会法律法规 ··· 139
　　四、全国性单项体育协会法律法规 ··· 140
　　五、地方性体育协会法律法规 ··· 141
第三节　案例分析 ·· 142
　　一、贵州某公司诉李某名誉权纠纷案 ······································· 142
　　二、帆船比赛中发生的碰撞侵权责任纠纷案 ································· 144
思考与练习 ·· 145
主要参考文献 ·· 145

第九章　体育产业法律法规 ... 147

第一节　体育产业法律法规概述 ... 147
一、体育产业法律法规的概念、原则与特点 ... 147
二、体育产业法律法规的分类 ... 151

第二节　体育产业法律法规内容 ... 155
一、国家宏观层面体育产业法律法规 ... 155
二、市场层面体育产业法律法规 ... 156
三、体育层面法律法规 ... 157
四、其他体育产业法律法规 ... 158

第三节　案例分析 ... 159
一、某数码公司冬奥会纠纷案 ... 159
二、李某肖像权案 ... 160

思考与练习 ... 161

主要参考文献 ... 161

第十章　体育纠纷解决机制 ... 163

第一节　体育调解 ... 163
一、内部调解 ... 163
二、外部调解 ... 164

第二节　体育行政复议 ... 165
一、体育行政复议的概念和原则 ... 165
二、体育行政复议的受理和管辖 ... 167
三、体育行政复议的程序 ... 168
四、体育行政复议的赔偿 ... 170

第三节　体育诉讼 ... 170
一、体育行政诉讼 ... 171
二、体育民事诉讼 ... 172
三、体育刑事诉讼 ... 173

第四节　体育仲裁 ... 175

一、体育仲裁的概念与原则 ··· 175
　　二、我国体育纠纷仲裁解决途径 ··· 177
第五节　案例分析 ··· 178
　　一、多层次体育纠纷解决案 ··· 178
　　二、合同纠纷案 ··· 179
思考与练习 ·· 180
主要参考文献 ··· 180

第十一章　国际体育仲裁 ·· 182

第一节　国际体育仲裁法律法规 ·· 182
　　一、《体育仲裁法典》：普通仲裁规则 ································ 182
　　二、《奥林匹克运动会仲裁规则》：特殊仲裁规则 ················ 182
　　三、国际体育一般仲裁适用的法律法规 ······························ 183
　　四、国际体育上诉仲裁适用的法律法规 ······························ 183
第二节　国际体育仲裁机构 ·· 184
　　一、国际体育仲裁理事会 ·· 184
　　二、国际体育仲裁院 ··· 186
第三节　国际体育仲裁内容和程序 ··· 188
　　一、国际体育仲裁内容 ·· 188
　　二、普通仲裁程序 ·· 190
　　三、上诉仲裁程序 ·· 193
　　四、咨询程序 ·· 196
　　五、解释 ·· 196
第四节　案例分析 ··· 197
　　一、白俄罗斯男子皮划艇队违禁药物仲裁案 ······················· 197
　　二、孙某兴奋剂事件仲裁案 ·· 198
思考与练习 ·· 199
主要参考文献 ··· 199

第十二章　国外若干体育法律法规 201

第一节　英国体育法律法规 201
一、英国体育公共安全法律法规 201
二、英国体育健康促进法律法规 202
三、英国竞技体育法律法规 203
四、英国体育纠纷处理方式和习惯 203

第二节　美国体育法律法规 205
一、美国体育法律法规的历史沿革 205
二、美国体育立法制度 207
三、美国体育纠纷处理方式 207

第三节　日本体育法律法规 209
一、日本体育法律法规概况 209
二、日本国民健康促进法律法规 211
三、日本反兴奋剂法律法规 212
四、日本特定非营利活动促进法 212
五、日本体育纠纷处理方式和习惯 212

第四节　案例分析 213
一、加特林服用兴奋剂案 213
二、耐特诉朱厄特案 214
三、乔丹体育品牌案 215

思考与练习 216
主要参考文献 216

后记 218

第一章 体育法律法规概述

要点提示：本章主要介绍法律法规及体育法律法规的概念，我国体育法律法规体系的结构与体育法律法规的调整对象，体育法律法规的地位、作用和价值。在学习本章内容时，要先了解法律法规的概念与类别，注意对体育法律、体育法规、体育规章的概念进行区分，熟悉我国体育法律法规体系的纵向结构和横向结构，理解体育法律法规调整的具体对象，掌握体育法律法规的地位、作用和价值等。

第一节 法律法规及体育法律法规的概念

一、法律法规的概念

法律法规是指国家现行有效的法律、法律解释、行政法规、地方性法规、自治条例、单行条例、地方政府规章、国务院部门规章及其他规范性文件。法律法规的主要作用是以法律条文的形式，明确告知人们，哪些行为是可以做的，是合法的；哪些行为是不可以做的，是违法的。法律法规除对人的行为有直接明示的作用外，还具有预防和制裁的作用。人们根据法律的规定来规制自己的思想和行为，从而有效避免违法和犯罪现象的发生。如果出现违法行为，执法机关则严格依照法律规定对违法行为进行制裁。所有法律法规都必须以宪法为依据，不得同宪法相抵触。法律法规所包括的法律、法律解释、法规、规章等，它们的立法权限和法律效力各有不同，不能混淆。

法律法规是由享有立法权的立法机关行使国家立法权，依照法定程序制定、修改并颁布，并由国家强制力保证实施的。宪法是国家法的基础与核心，具有最高的法律效力。法律则是国家法的重要组成部分，法律的法律效力高于行政法规和地方性法规、规章。行政法规的效力高于地方性法规、规章。地方性法规的效力高于本级和下级地方政府规章。省、自治区、直辖市的人民政府制定的规章的效力高于本行政区域内的较大的市的人民政府制定的规章。法律、行政法规、地方性法规在司法审判实践中，可以作为判决的依据，而部门规章和地方政府规章在案件审理中起到参照的作用。

（一）法律

法律有广义、狭义之分。广义的法律泛指一切规范性文件，包括法律、行政法规、地方性法规和规章等。狭义的法律在我国专门指由全国人民代表大会及其常务委员会依照立法程序制定，由国家主席签署主席令公布的规范性文件，一般以"法"字为配称，个别配以"典"字。全国人民代表大会是我国的最高立法机关，其制定和修改有关刑事、民事、国家机构和其他方面的基本法律，主要包括《中华人民共和国宪法》（以下简称《宪法》）、《中华人民共和国民法典》（以下简称《民法典》）、《中华人民共和国刑法》（以下简称《刑法》）、《中华人民共和国教育法》（以下简称《教育法》）、《中华人民共和国民事诉讼法》（以下简称《民事诉讼法》）、《中华人民共和国行政处罚法》（以下简称《行政处罚法》）等。全国人民代表大会常务委员会制定和修改除应当由全国人民代表大会制定的法律外的其他法律，主要包括《中华人民共和国体育法》（以下简称《体育法》）、《中华人民共和国治安管理处罚法》（以下简称《治安管理处罚法》）、《中华人民共和国基本医疗卫生与健康促进法》、《中华人民共和国环境保护法》、《中华人民共和国反不正当竞争法》、《中华人民共和国民办教育促进法》（以下简称《民办教育促进法》）、《中华人民共和国道路交通安全法》等。法律的法律效力仅次于宪法。

（二）法律解释

法律解释是指对具有法律效力的规范性法律文件内容和含义所做的说明。它是对规范性法律文件所做的具有普遍约束力的解释，具有法律效力，涉及法律的适用问题，不同于学理解释和任意解释。全国人民代表大会及其常务委员会制定的法律解释权属于全国人民代表大会常务委员会。这主要包括两种情况：一是法律的规定需要进一步明确具体含义时，由全国人民代表大会常务委员会解释；二是法律制定后出现新的情况，需要明确适用的法律依据。国务院、中央军事委员会、最高人民法院、最高人民检察院和全国人民代表大会各专门委员会，以及省、自治区、直辖市的人民代表大会常务委员会可以向全国人民代表大会常务委员会提出法律解释要求。全国人民代表大会常务委员会的法律解释同法律具有同等效力。依据我国法律解释权限，可将法律解释划分为立法解释、行政解释和司法解释。立法解释主要是指国家立法机关对自己制定的法律、法规、规章进行的解释。行政解释主要是指国家行政机关对有关法律、法规、规章适用问题所做的解释。司法解释主要是指国家司法机关（即最高人民法院或最高人民检察院）对于如何适用法律、法规所做的解释。依据是否具有法律效力，可将法律解释划分为正式解释和非正式解释。法律解释在法律法规实施和适用过程中占有重要地位，对于社会关系的调整具有重要作用。

（三）行政法规

行政法规也称法规，包括国家行政法规和地方性法规，主要由国务院根据宪法和法律制定，通过后由国务院总理签署国务院令公布。国家行政法规是指主要由国务院根据宪法和法律制定，通过后由国务院总理签署国务院令公布的，用于管理国家各项行政工作的法律规范。国家行政法规的制定必须遵循宪法和法律的规定，不能违背国家的基本制度和法律原则。地方性法规主要由省、自治区、直辖市的人民代表大会及其常务委员会制定，设区的市的人民代表大会及其常务委员会可以对城乡建设与管理、环境保护、历史文化保护等方面的事项制定地方性法规，法律对设区的市制定地方性法规的事项另有规定的，从其规定。设区的市的地方性法规，报省、自治区的人民代表大会常务委员会批准后施行。自治区的自治条例和单行条例，报全国人民代表大会常务委员会批准后生效。自治州、自治县的自治条例和单行条例，报省、自治区、直辖市的人民代表大会常务委员会批准后生效。经济特区所在地的省、市的人民代表大会及其常务委员会根据全国人民代表大会的授权决定，制定法规，在经济特区范围内实施。

（四）行政规章

行政规章是由国家行政机关制定的规范性文件，依据制定机关不同分为国务院部门规章和地方政府规章。国务院部门规章的制定主体是国务院各部、委员会、中国人民银行、审计署和具有行政管理职能的直属机构，其根据法律和国务院的行政法规、决定、命令在本部门的权限范围内制定规章，应当经部委会议或者委员会会议决定，由部门首长签署命令予以公布，如《海口市政府规章立法后评估办法》《江苏省水域保护办法》《山东省人民政府关于调整实施部分省级行政权力事项的决定》《西安市实施〈中华人民共和国水土保持法〉办法（2020修正）》等。地方政府规章的开头多冠有地方名字，如《江苏省体育彩票全民健身工程管理办法（试行）》《黄山市林长制规定》《山东省人民政府关于调整实施部分省级行政权力事项的决定》等。

(五) 规范性文件

规范性文件是指除政府规章外，行政机关及法律法规授权的具有管理公共事务职能的组织在法定职权范围内依照法定程序制定并公开发布的针对不特定的多数人和特定事项，涉及或者影响公民、法人、其他组织权利义务，在本行政区域或其管理范围内具有普遍约束力，在一定时间内相对稳定、能够反复适用的行政措施、决定、命令等行政规范文件的总称。例如，《国务院医改领导小组秘书处关于抓好推动公立医院高质量发展意见落实的通知》《关于加强各类武术学校及习武场所管理的通知》《关于引导广场舞活动健康开展的通知》等，就属于规范性文件。

二、体育法律法规的概念

体育法律法规是有关体育的法律、法规、规章及其他规范性文件的总称。体育法律法规是按照一定的逻辑结构，通过一定的体育法律条文表现出来的。体育法律法规按照调整方式的不同，可以分为授权性规范和义务性规范；按照内容确定性程度的不同，可以分为确定性规范、委任性规范和准用性规范；按照强制性程度的不同，可以分为强制性规范和任意性规范；按照表现形式的不同，可以分为体育法律、体育法规、体育规章和体育规范性文件。

(一) 体育法律

体育法律是指由一定的国家机关按照法定程序制定或认可的，调整体育运动中发生的一定范围社会关系的法律规范的总称。它的目的是保障公民的体育权利，维护正常的体育秩序，促进体育事业发展。体育法律有广义和狭义之分，广义的体育法律泛指对体育社会关系进行调整的所有体育法律规范，包括全国人民代表大会及其常务委员会制定的法律，国务院及中央各部委、地方各级人民代表大会及政府制定的行政法规、地方性法规、部门规章与地方政府规章、自治条例与单行条例等。体育法学所指的体育法是指广义的体育法律。狭义的体育法律一般专指各个国家制定的体育法，在我国指《体育法》。

（二）体育法规

体育法规主要是指由国家机关制定的有关体育的规范性文件，一般用条例、规定、规则、办法等称谓。体育法规分为行政体育法规和地方性体育法规。行政体育法规主要包括《学校体育工作条例》《公共文化体育设施条例》《全民健身条例》《外国人来华登山管理办法》《奥林匹克标志保护条例》《反兴奋剂条例》等。地方性体育法规由省、自治区、直辖市的人民代表大会及其常务委员会制定，主要包括全民健身、体育市场经营与管理、体育发展、体育设施、实施《体育法》的办法、登山等方面的内容，如《河北省全民健身条例》《广东省全民健身条例》《黑龙江省体育发展条例》《福建省体育经营活动管理条例》《北京市体育设施管理条例》《辽宁省实施〈中华人民共和国体育法〉若干规定》《广西壮族自治区体育市场条例》《湖北省体育市场管理条例》《太原市体育设施建设和管理办法》《西藏自治区登山条例》《青海省外国人登山管理条例》等。

（三）体育规章

体育规章是指国家行政机关制定的有关体育的规范性文件，主要包括国务院部门体育规章和地方政府体育规章。国务院部门体育规章主要是指由国家体育总局独自或联合国务院其他部门制定的有关体育的规范性文件，如国家体育总局发布的《体育赛事活动管理办法》《体育规划管理办法》《经营高危险性体育项目许可管理办法》《彩票管理条例实施细则》等。地方政府体育规章的制定主体是省、自治区、直辖市，以及设区的市、自治州的人民政府。这些规章根据法律、行政法规，本省、自治区、直辖市的地方性法规制定而成，如《江苏省青少年（幼儿）体育类校外培训机构管理办法（试行）》《上海市体育赛事管理办法》《江苏省体育设施向社会开放管理办法》等。

（四）体育规范性文件

体育规范性文件是指除政府体育规章外，体育行政机关及法律法规授权的具有管理体育公共事务职能的组织在法定职权范围内依照法定程序制定并公开发布的针对体育事项，涉及或者影响公民、法人、其他组织体育权利义务，在本行政区域或其管理范围内具有普遍约束力，在一定时间内相对稳定、能够反复适用的行政措施、决定、命令等行政规范文件的总称。例如，《县级全民健身中心项目实施办法》《关于广泛开展国家体育锻炼标准达标测验活动的通知》《天津市人民政府办公厅关于印发天津市足球改革发展实施方案的通知》《河北省人民政府办公厅关于支持冰雪运动和冰雪产业发展的实施意见（2017—2022年）》等，就属于体育规范性文件。

第二节　我国体育法律法规体系的结构与体育法律法规的调整对象

　　法律法规体系是一个国家全部现行法律规范按照一定的逻辑结构形成的有机联系的统一整体。法律法规体系的逻辑结构可以是依据纵向结构分类组合形成的体系化的法律部门整体，即以宪法为统领、以部门法为骨干、以现行法律规范为基础而组成的有机统一整体，其中划分法律部门的标准主要是调整对象和调整方法；也可以是由依据横向结构形成的具体的部门法组成的有机整体，如有关教育的法律包括《中华人民共和国学位条例》、《中华人民共和国义务教育法》（以下简称《义务教育法》）、《中华人民共和国教师法》（以下简称《教师法》）、《中华人民共和国职业教育法》（以下简称《职业教育法》）、《教育法》、《中华人民共和国民办教育促进法》（以下简称《民办教育促进法》）等。

　　法律法规体系是多样性的统一体，多样性是建立法律法规体系的基础，也是法律法规体系统一性的基础。各个法律法规并不是随意设立、杂乱无章的，而是内在统一的，是按照统一的立法程序由立法机关在立法权限内制定的。体育法律法规体系也是如此，各种体育法律法规横向之间是相互协调、相互联系、互相配合的，纵向之间存在的是等级从属关系，下位法是上位法的具体化。体育法律法规体系是一个相对独立、层次分明、协调配套的整体，其结构在纵向上表现为不同法律效力和等级形式的体育法律法规文件与规定等，在横向上表现为体育不同领域的相关法律法规文件与规定等。

一、我国体育法律法规体系的纵向结构

　　我国体育法律法规体系的纵向结构由于制定、颁布的国家机关不同，形成了由上至下、不同层次的法律效力和等级体系。从纵向结构看，体育法律法规体系主要包括《宪法》中有关体育的条文，全国人民代表大会常务委员会制定的体育

基本法（《体育法》）和其他法律中有关体育的条文，国务院制定的体育行政法规和其他涉及体育领域的行政法规中有关体育的条文，地方性体育法规、自治条例、单行条例和其他地方性法规中涉及体育领域的条文，国家体育行政部门和其他部门单独或联合制定的部门体育规章，其他部门规章中有关体育的条文，地方政府体育规章，以及其他地方政府规章中有关体育的条文。

二、我国体育法律法规体系的横向结构

我国体育法律法规体系的横向结构依据调整的体育社会关系不同而分为不同的类别，包括体育管理法律法规、全民健身法律法规、青少年和学校体育法律法规、竞技体育法律法规、体育社会团体法律法规、体育产业与经营法律法规、体育知识产权法律法规、体育保障法律法规、体育科研与教育法律法规、体育对外交往法律法规、体育法律责任法律法规等。

（一）体育管理法律法规

体育管理法律法规主要是国家对各级各类体育机构进行总体规划和宏观管理的法律规范，对整个体育事业与产业的发展起着关键作用，体现我国体育的地位与发展方向、基本管理模式与运行机制。体育管理法律法规主要包括体育规划、全民健身计划、奥运争光计划、体育行政机构组织条例、体育工作综合评估管理规定、体育基建规划法律规范、体育新闻宣传法律规范等。

（二）全民健身法律法规

全民健身法律法规主要是有关社会各领域中广泛开展的全民健身活动和体育工作的法律规范，对国民健康素质的提高与体育素养的形成起到重要作用，是实现全民小康的重要路径与保障。全民健身法律法规主要包括国民体质健康标准、城市社区体育工作法律规范、体育先进县的管理规定、农村体育工作管理法规、职工体育管理法规、民族民间体育管理法规、老年人体育法律法规、残疾人体育法律法规、全民健身指导员法律法规等。

（三）青少年和学校体育法律法规

青少年和学校体育法律法规主要是在学校领域范围内以教育形式实施的有组织的体育活动法律法规，是在教育行政部门和体育行政部门的共同努力下推行的

法律法规，能更好地促进青少年和学校体育工作的开展，保障青少年和学校体育各方主体的权益。青少年和学校法律法规主要包括青少年和学校体育工作条例、学生体质健康标准、体育教学法律法规、课外体育活动法律法规、青少年和学校体育训练与竞赛法律法规、体育教师相关法律法规等。

（四）竞技体育法律法规

竞技体育法律法规是规范和保障竞技体育训练、竞赛及相关工作与发展的法律法规的总和。在体育强国建设进程中，取消了群众性和商业性赛事的审批，体教融合的深入发展使竞技体育法规在整个体育法规中占有较大比重。竞技体育法律法规主要包括运动项目管理法律法规，运动队管理规范，运动员、教练员与裁判员的注册管理规范，运动员、教练员与裁判员的技术等级，业余训练管理规定，体育竞赛标准，国家队组建管理规定，关于禁用药物和方法的管理规范，等等。

（五）体育社会团体法律法规

体育社会团体法律法规是对各类体育社会组织、协会进行管理与保障的法律规范。在深化体育改革过程中，体育协会要逐步实现实体化，就需要做好体育社会团体的引导、规范管理。对于各类体育社会团体，如中华全国体育总会（All-China Sports Federation）、中国奥委会（Chinese Olympic Committee，COC）、中国单项协会、地方协会，只有以法律形式明确其性质、方针、规模、职责范围等，才能更好发挥各自应有的作用。体育社会团体法律法规主要包括体育社会团体管理法律法规、体育企事业单位法人登记法律法规、体育俱乐部管理法规等。

（六）体育产业与经营法律法规

体育产业与经营法律法规是调整体育领域中具有一定经济关系的法律法规的总和。目前体育产业已经成为我国国民经济新的增长点，需要专门的法律法规对体育产业及其运营进行规制，以保障其得到高质量的发展。体育产业与经营法律法规主要包括体育市场管理法规、体育产业发展法规、休闲健身法律法规、体育经纪活动法律法规、高危体育项目经营场所管理规定、体育投融资法律法规、体育项目招投标法律法规、体育赞助资金管理规定、体育基金管理规定等。

（七）体育知识产权法律法规

体育知识产权法律法规是对体育领域中相关无形资产进行调整与保护的法律

法规。随着体育产业的高质量发展、体育赛事的深入推行，与体育相关的知识产权需要进行明确与保护，避免其受到不法侵犯。体育知识产权法律法规主要包括体育特殊标志保护、体育著作权保护、体育专利权保护、体育商标权保护、体育非专利技术保护、体育未公开信息保护、体育竞赛表演权保护、体育电视转播权保护、体育互联网直播保护、体育隐性营销制裁等。

（八）体育保障法律法规

体育保障法律法规主要是为了保证体育活动的正常开展、提高公民体育素质、维护体育劳动者权益而规定的各类法律法规。体育保障法律法规主要包括体育资金管理规定、体育场地与器材管理法律法规、体育人员工资津贴管理规定、体育社会保险法律法规、体育合同法律法规、体育场馆建设使用法律法规、体育就业培训法律法规、运动员退役保障法律法规、体育预算法律法规、体育彩票发行管理规定等。

（九）体育科研与教育法律法规

体育科研与教育法律法规是调整体育科技的研究、试验、推广，以及体育教育的法律法规的总和。加强体育教育与科学研究是实施"科教兴国"战略的具体体现，随着互联网与智能化时代的到来，人们对体育教育与科学研究的需求越来越多，有关法律法规也逐渐增多。体育科研与教育法律法规主要包括体育科学技术研究课题的管理规定、体育科学成果推广应用办法、软科学研究的管理规定、体育院校管理办法、教练员与运动员培训管理办法、高等体育教育法律法规、中等体育教育法律法规、业余体育教育法律法规、成人体育教育法律法规等。

（十）体育对外交往法律法规

体育对外交往法律法规是涉及各种涉外体育文化、经贸和其他交流，以及参加国际体育竞赛的法律法规的总和。体育对外交往法律法规主要包括体育外事管理规定，体育出国人员管理办法，外国人来华体育交往管理规定，运动员、教练员、裁判员的参赛与执教审判管理规定，等等。

（十一）体育法律责任法律法规

体育法律责任法律法规是规定体育领域中各方应承担的法律责任的法律法规的总称。这些法律法规的制定和执行，旨在维护体育比赛的公平竞争，保障运动员的权益，防止体育领域中的腐败和不良行为，并推动体育事业的健康发展。

三、体育法律法规的调整对象

法律法规作为一种特殊的社会规范，既是一定社会关系的反映，也是一定社会关系的调整器，是由国家专门机关创制的，以权利、义务为调整机制并通过国家强制力保证的调整行为关系的规范。不同效力和性质的法律法规调整不同范围的社会关系，不同法律部门的划分是以调整一定的社会关系为根据的。体育法律法规有自己特殊的调整对象和调整方法。在体育活动中，体育各部门之间、体育各部门与其他社会组织之间、人与人之间、各部门与人之间都会产生一定的关系。体育关系是一种社会关系，在人与人所结成的社会关系中形成。现代体育已经构成包括体育制度、体育组织、体育市场及体育价值观念的庞大的社会关系，这种社会关系广泛而复杂，需要有专门的法律法规来调整，并以国家的权威来规定并保证体育关系主体权利、义务的实现。

（一）体育法律法规的调整对象是特定的

体育法律法规的调整对象是有一定范围的，与其他部门法的调整对象是有所区别的。体育法的调整对象是因体育活动而在各方当事人之间形成的社会关系。现实中的体育社会关系是多种多样的，有体育社会团体与成员之间的权利义务关系、体育行政部门与体育赛事组织之间的管理关系、国家与公民之间所形成的权利义务的保障关系、运动员相互之间及与俱乐部之间的关系等。体育社会关系虽然多样复杂，但并不是所有的体育社会关系都需要体育法律法规进行调整。体育社会关系包含各种形式、多种内容、多元主体之间的各种性质的社会关系，并不能把所有与体育运动有关的社会关系都纳入其调整范围里。体育行政关系、体育刑事关系、体育行政机关与其内部工作人员之间的行政关系等都需要其他法律法规调整，体育法律关系应当是基于体育法的规定而发生的权利义务关系。

《体育法》对我国全民健身、青少年和学校体育、竞技体育、反兴奋剂、体育组织、体育产业、保障条件、体育仲裁、监督管理、法律责任作了系统而全面的规定。《体育法》调整国家、地方政府、社会团体、企业事业单位、运动员和一般公民之间因体育运动或体育竞技而引起的各种法律关系，是各类法律主体从事体育事业活动所依据的法律文件。《体育法》可以调整不同主体的社会关系，主要包括公民、国家、各级行政机关、企业事业单位、社会团体、民办非企业单位等的社会关系。因各类主体性质不同，《体育法》调整的社会关系也不同，主要包括体育行政管理关系、体育组织自治与管理关系、各种平等主体体育活动关系、有关组织内部工作与劳动关系等。

（二）体育法律法规调整的具体对象

1. 体育管理关系

体育管理是指在国家的统一领导下，体育各部门对体育竞赛、体育科研、体育产业等方面进行领导、组织、协调、监督等所采取的一切措施。在体育运动中，体育管理包括：国家对各体育主体的体育行为进行的管理；对国内和国际各项体育运动的组织与管理；对竞赛体制的管理；对各类体育产业的规范管理；对运动员、教练员和裁判员体制的管理；对体育教育与科研的管理；对体育场地的管理；对体育劳动与社会保障的管理；等等。在这些管理活动中所发生的体育社会关系属于体育管理关系。

2. 体育民商事关系

体育民商事关系不同于普通的民商事关系，体育民商事关系主要调整特殊的体育横向社会关系。体育民商事关系包括：体育知识产权引起的社会关系；运动员的人身侵权关系；运动员与经理人、赞助商之间的合同关系；运动员在体育运动中的人身伤害赔偿关系；体育服务合同关系；运动员转会关系；参与竞赛活动的体育合同关系；体育事故关系；等等。

3. 体育劳动和社会保障关系

体育劳动和社会保障关系不同于一般的劳动法和社会保障法所涉及的普通社会关系。体育劳动是一种特殊的劳动，竞技体育运动中的劳动有明显的特殊性。一名运动员体育运动的生命力是短暂的，其特殊的劳动和社会保障机制显得很重要。体育劳动和社会保障关系主要包括：运动员参赛的许可合同关系；运动员入会因章程约定而形成的格式合同关系；体育运动保险关系；运动员伤病、退役后的社会保障关系；等等。但体育行政机关、事业单位、社会团体内部员工与其组织之间的普通工作关系应由劳动法来调整。

第三节 体育法律法规的地位、作用和价值

一、体育法律法规的地位

体育法律法规体系是一个独立的法律部门。将调整同一类社会关系的法律规范集合起来，就构成了一个个相对独立和能够进行区分的法律部门，如行政法律部门、民事法律部门。不同部门的法律规范调整不同的社会关系，采取不同的制裁方法，对不同主体及其相互之间权利义务关系的确定也不同。我国现行的社会主义体育法律法规，在社会主义现代化进程中，在中国体育事业的促进和调整中，以社会主义市场经济、中国特色的政治与文化建设及现代体育运动发展趋势为客观基础，充分反映和体现中国共产党领导下的最广大人民群众对发展体育事业的根本意志和利益，在依靠国家的强制力并同时依赖人民群众自觉遵守的紧密结合上，保证其广泛而有效地实施。体育法律法规是针对体育行业的特殊性而产生与存在的，体育领域需要达成的目标除获得专门的体育法律法规外，还要运用宪法、行政法、民商法、刑法、诉讼与非诉讼程序法等进行综合性调整。体育法律部门有其存在的必要性与特殊性，能适用于司法审判中，是一个独立的法律领域。

二、体育法律法规的作用

体育法律法规的作用是指其作为一种普遍的社会规范和行为准则，对各种主体在体育关系中的各种行为产生的影响，以及对体育工作和活动的调整作用，进而对整个社会生活产生影响。

（一）指引作用

体育法律法规的指引作用是指通过体育法律法规的各种明确规范，对人们采取一定体育行为时所起到的指导、引路的作用。体育法明确规定了国家对人们作或不作某些体育行为的态度：一方面，规定人们在体育中可以自由选择作或不作的行为，即体育权利；另一方面，规定人们在体育活动中必须作或禁止作的行为，即体育义务。这样可以将人们的体育行为引导到符合体育法的方向上来。例如，

《体育法》第二十六条规定:"学校必须按照国家有关规定开齐开足体育课,确保体育课时不被占用。学校应当在体育课教学时,组织病残等特殊体质学生参加适合其特点的体育活动。"

(二) 评价作用

体育法律法规的评价作用是指体育法律法规在作为对人们的体育行为进行衡量、判断尺度时所起到的作用。体育法律法规明确规定了什么体育行为可以作、什么必须作、什么不得作,使人们能够依据体育法律法规对某一体育行为作用正当与不正当、合法与违法进行评价。这种评价的主体,可以是国家司法、执法机关,也可以是一般的公民和社会组织。只有通过体育法律法规的评价作用,才能形成遵守体育法律法规的价值取向。

(三) 预测作用

体育法律法规的预测作用是指人们根据体育法律法规,可以预先估计与他人相互之间的体育行为过程及其行为结果,从而对自己的体育行为作出合理的选择和安排的作用。通过预测,能够使人们减少作出各种体育行为的偶然性和盲目性,提高行为的计划性和自觉性,从而使人们选择合法、有效的体育行为,并能制订发生问题时的法律保护与法律救济预案,以形成正常的体育秩序。

(四) 教育作用

体育法律法规的教育作用是指体育法的颁布及实施的过程与后果,对人们思想观念和体育行为方式的影响。体育法律法规能够统一人们对各种体育行为的认识,按照体育法端正作出什么体育行为和如何作出体育行为的态度,并通过体育法实施的保护、惩罚结果,对人们的体育行为产生示范、促进、警示、惩戒等教育作用。

(五) 强制作用

体育法律法规的强制作用是指通过国家强制力对体育违法行为进行制裁所起到的作用。当人们遵守体育法时,体育法的强制作用是潜在的,而在制裁体育违法行为时,它就直接表现出来。体育法律法规只有通过强制作用,才能显示其权威性,保障合法的体育权利,维护正常的体育秩序。

三、体育法律法规的价值

（一）确立体育事业的地位和方向

体育是社会发展事业的重要组成部分，是社会文明进步的重要标志，是综合国力的重要体现。因而需要通过体育法律法规确立体育事业在国家和社会发展中的地位，表明国家对发展体育事业的态度，对体育事业发展的目标、方针、任务、原则等重大方向性问题和相关的基本政策作出规定，明确国家和各种社会组织在发展体育事业与开展体育工作中的法定职能。

（二）调整各个方面的体育关系

体育事业涉及社会的方方面面，各个不同的主体在体育工作和体育活动中、在体育组织的内外关系中及在对外体育交往中，形成了形式、内容、性质各异的体育关系。只有依据体育法律法规来调整这些体育关系，才能有各种体育权利义务关系的法律定位，形成协调有序的体育法律关系状态，进而实现体育权利、履行体育义务。

（三）维护各种体育权利的实现

权利本位和人民主权是现代法治的基本精神，维护公民和其他主体的各种体育权利，是体育法律法规的根本宗旨和首要任务。体育法律法规要通过对各种体育权利的明确规定，设定实现体育权利的有效途径，并通过有关的义务性规定和强制履行方法，对侵犯合法体育权利的违法行为追究法律责任、进行法律制裁，使体育权利得到有效维护与实现。

（四）保证国家正确行使体育管理权力

现代体育事业是受到国家重视发展、纳入国家发展规划、由国家进行调控与管理的重要工作。现代法治则要求国家只能在法制的框架内行使权力，依法治理，依法行政。体育法律法规的相关规定，一方面保证国家及其有关机构和人员能够充分地行使体育管理职权，有效地发展体育事业；另一方面对在体育工作中是否正确行使行政权力形成制约，不得超越法律边界滥用体育管理职权。

（五）保障和促进体育的改革与发展

在体育法律法规对各种体育关系的调整中，不但要具有一定的稳定性来保证体育发展的正常秩序，而且要随着社会和时代的发展不断更新，确认各种体育体制改革和制度创新的新成果，以适应体育改革与发展的需要。体育法律法规无论是确认体育地位、调整体育关系，还是维护体育权利、保证正确行使权力，最终都将落实到对体育事业状态的影响上，起到保障和促进体育改革与发展的作用。

思考与练习

1．简述体育法规的定义。
2．简述广义的体育法律和狭义的体育法律的区别。
3．讨论行政体育法规和地方性体育法规的关系。
4．简述体育法律法规调整的具体对象。
5．简述体育法律法规的指引作用。

主要参考文献

[1] 周爱光．体育法学概论[M]．北京：高等教育出版社，2015．

[2] 刘举科，陈华荣．体育法学[M]．2版．桂林：广西师范大学出版社，2014．

[3] 董小龙，郭春玲．体育法学[M]．3版．北京：法律出版社，2018．

[4] 闫旭峰．体育法学与法理基础[M]．北京：北京体育大学出版社，2007．

[5] 张杨．体育法学概论[M]．北京：人民出版社，2006．

[6] 韩勇．中国体育法学研究：从法解释学到法社会学[J]．体育科学，2010，30（3）：75-82．

[7] 于善旭．近10年我国体育法学研究热点述评[J]．上海体育学院学报，2020，44（2）：1-10，52．

[8] 贾文彤．体育法学教材若干理论问题分析[J]．山东体育学院学报，2019，35（3）：9-14．

[9] 李先燕，于善旭．近十年我国体育法学研究的概况、特点与期待[J]．天津体育学院学报，2020，35（2）：202-207．

[10] 廉睿，李广，王亮，等．中国体育法学："场域"调适、规范集成与方法自觉[J]．天津体育学院学报，2019，34（2）：125-131．

[11] 关保英. 论体育法学体系的构建[J]. 体育科研, 2020, 41 (6): 10-15, 31.

[12] 周爱光. 体育法学概念的再认识[J]. 体育学刊, 2015 (2): 1-4.

[13] 蔡治东, 汤际澜, 虞荣娟. 基于知识图谱的国际体育法学研究现状与前沿分析[J]. 北京体育大学学报, 2016, 39 (6): 44-50.

[14] PARRISH R. Sports law and policy in the European Union[M]. Manchester: Manchester University Press, 2003.

[15] PIJETLOVIC K. EU, sport, law and policy: Regulation, re-regulation and representation[M]. The Hague: TMC Asser Press, 2009.

第二章 体育法律法规的产生、制定与实施

要点提示：本章主要介绍体育法律法规产生的渊源，我国体育法律法规历程，体育法律法规制定的概念，体育法律法规的制定机构、制定原则、制定程序，体育法律法规制定的价值取向，体育法律法规的适用，体育法律制裁，体育法律监督，体育法律法规的遵守，体育法律法规效力，体育法律法规的宣传。在学习本章内容时，需要了解法的价值与体育精神的一致性体现，熟悉体育法律法规产生的不同阶段与发展历程，掌握体育法律法规制定涉及的立法体制、原则、程序、价值取向，熟悉立法价值取向冲突的地方，明确应坚持的价值取向，掌握体育法律法规实施中的适用、监督、奖励等方面的内容。

第一节 体育法律法规的产生

一、体育法律法规产生的渊源

中国法制的历史源远流长。公元前21世纪夏朝的建立，标志着我国国家的形成。伴随着国家的形成，我国最早的法律制度也相应出现。早期的法律多为习惯法，经过商、周两朝的发展，逐步定型为宗法制的法律制度。"法"在汉语中有"平""正""直""公正裁判"的含义。"律"在《说文解字》中的解释是"均布也"，即人人必须遵守的意思。实际上法律所追求的公平、平等、效率、秩序、自由等价值，是与体育精神相契合的。《奥林匹克宪章》明确规定，奥林匹克活动的宗旨为通过没有任何歧视、具有奥林匹克精神——以友谊、团结和公平精神互相了解——的体育活动来教育青年，从而为建立一个和平的更美好的世界作出贡献。"法律面前人人平等"体现法律平等价值，与体育的平等参与精神是相一致的。1975年欧洲理事会体育会议通过的《欧洲体育运动全员宪章》和1992年修订的《新欧洲体育运动宪章》都明确指出："每个人都具有从事体育运动的权利。"1978年联合国教科文组织第20次会议通过的《体育运动国际宪章》第一章明确规定，"参

加体育运动是所有人的一项基本权利"。2004年《奥林匹克宪章》基本原则第四条规定,"从事体育运动是人的权利"。2009年我国《全民健身条例》第四条规定,"公民有依法参加全民健身活动的权利"。地方各级人民政府应当依法保障公民参加全民健身活动的权利。

体育的起源是以人类的出现为前提的,并以人类社会发展为基础。人类体育活动的历史早于人类法律规则的历史,体育法是随着人类文明不断进步,体育发展到一定阶段而发展起来的。原始社会的人类在劳动和生存的斗争中,走、跑、跳、投等能力得到发展,这些活动可以说是最初的体育活动。当时体育活动中的各种关系是用世代相传的习惯调整的。人类进入阶级社会后,出现了国家,出现了调整人类在各种活动中的关系的新规范,这种新规范由国家确认并赋强制力,就成为法律法规。体育法律法规就是以规范和调整体育活动为前提,发展到一定阶段产生的,是国家意志在体育活动中的具体体现。

随着社会生产力的发展、阶级的产生,国家的发展壮大,人们关系的逐渐复杂,产生了强制规范的需要,这种强制需要是以服务于统治阶级为主的。统治阶级通过国家强制力,制定的体育行为规范就是体育活动中的法律规范。早期的体育法律法规多是国家对某些体育习惯、体育活动规则的认可,通过法律条文形式进行规定。例如,《梭伦法典》规定了对轻骑兵的要求、农民的竞技和训练内容及体育竞赛优胜者的奖励等。在近代体育发展过程中,体育作为一种基本人权,得到国际认可,单独的体育法进而产生。这也表明体育在社会生活中的地位和作用越来越重要。近代单独的体育法主要是关于青少年和学校体育的,通过法律形式对青少年和学校体育进行全面规定。到了现代,体育法律法规逐渐发展为具有综合性质的体育基本法,其内容包括国家对体育的管理、青少年和学校体育、全民健身、竞技体育、体育竞技、体育场地、法律责任等。

二、我国体育法律法规历程

(一) 我国体育法律法规的历史演变

在原始社会早期,体育来源于劳动,人类从事以狩猎为主的劳动,这些劳动的技能标准及身体活动技巧,如走、跑、跳、投等,通过世袭传承的形式在劳动生活中进行传授和规范,逐渐演化成为提高劳动素质而进行的身体练习或出自身心需要的自发娱乐与其他身体活动。在原始社会早期,人们在与自然界进行对抗的过程中，逐渐形成不成文法惯例。同时，在这一过程中有些活动逐渐演变成为带有胜负特点的活动，这就是人类运动竞赛的萌芽。这类运动竞赛成为当时培养劳动技能和军事技能的重要方式。在这些活动中形成的标准或规则即体育规范的萌芽，虽然没有文字记载，但很多考古发现说明了原始全民健身的萌芽产生。

随着社会生产力的发展，由原始社会向奴隶社会过渡，这一时期，从生产劳动和社会生活的其他领域中产生了教育和学校。教育具有独立形态之后，体育成为教育的重要内容。夏、商、周三代的学校，既是教育机构，又是习武射箭的场所。西周时期实施的"六艺"教育，即礼、乐、射、御、书、数，其中乐、射、御是以体育为主的教育内容。这些体育项目除了进行技术规范，还非常重视礼仪和道德教育。以射、御为例，分别有五种规定，简称"五射""五御"，每种形式都有严格的组织程序、负责的步骤和较为完备的规则。

春秋战国时期，随着学校教育的发展，军事体育、娱乐体育、青少年和学校体育等都得到进一步的发展。军事体育中的跳跃、投石、角力、游水、奔走、习剑等，娱乐体育中的蹴鞠、投壶、秋千等，都有严格的比赛规则、要求和方法。私学中的青少年和学校体育教育内容非常丰富，对学校学习中的射箭、驾车、登山等活动进行了设定或规范。这些比赛规则和方法等是体育法律法规的基本体现。到了唐代，出现有关蹴鞠、木球、击鞠的规则，比以前的规定更详细。宋元时期产生了民间体育组织，这种体育组织更多以"社"的形式存在，并承担制定技术标准与竞赛规程、组织比赛和交流等任务，其体育竞赛规则相对更详细、规范。历代统治者还颁布过许多提倡或禁止某项体育运动或游戏活动的法规。这标志着体育法律法规的发展进入了一个新的阶段。

到了清朝，特别是晚清，中国进入动荡、变革的近代时期，西方的体育思想、内容和方法传入中国，并与中国的传统体育相结合，形成了中国近代体育。当时社会的教育处于变革时期，兼具封建地主阶级的旧教育、资产阶级的新教育和帝国主义的奴化教育的特点。后实施新政，废科举、兴学堂，建立教育行政机构、颁布学堂章程等。虽然当时尚无完善、系统的体育法律法规，但在颁布的系列学堂章程中体现了体育的法规内容。例如，《钦定学堂章程》将学校分为七级，高等学堂以下都得学习体操；《奏定学堂章程》将体操课设为各级各类学校的必修课，内容以兵式体操为主、以普通体操为辅，开设时间为小学堂每周三学时、中学堂每周二学时、大学堂每周一学时。

北洋军阀时期，颁布系列法规文件，对体育进行相关规定。例如，壬子癸丑学制规定中小学设体育一科，每周三学时；《国会决议》明确武术为学界必学的中国式体操；1923年颁布的《中小学课程纲要》将体操改为体育，兵操被彻底废除。国民政府时期，颁布系列法规文件，如《国民体育法》《国民体育实施方案》《小学体育课程标准》《初级中学体育课程标准》《高级中学体育课程标准》《国民体育实施计划》等，这一时期颁布的体育法规形式上相对比较完备，但是很多没有付诸实施，没有很好地发挥法规的作用。

中国共产党领导下的革命根据地体育主要用于满足革命的需要，根据当时的形势，颁布了系列法规文件，如《各种赤色体育规则》《小学课程教学大纲》《关于进一步开展工厂、机关、青少年和学校体育运动的决议》等，还开展群众体育工作，颁布《俱乐部组织和工作纲要》《儿童俱乐部的组织与工作》等，并成立各种体育组织。尽管当时的体育立法还不完善，但对于增强人民团结、培养革命意志起到重要作用，也为中华人民共和国成立后发展体育事业奠定坚实基础，提供发展新方向。

（二）我国体育法律法规的发展

1. 体育法律法规初创期（1949—1956年）

1949—1956年，我国从新民主主义向社会主义转变，是体育事业的开创时期。1949年颁布的《中国人民政治协商会议共同纲领》明确提倡发展国民体育，并成立中华全国体育总会。党和国家十分关怀人民的健康，重视发展体育运动，从1951年开始出台各项体育法规文件，如《关于推行广播体操的联合通知》《关于改善各级学校学生健康状况的决定》。1952年，毛主席题词"发展体育运动，增强人民体质"，1953年他对全国青年发出"身体好，学习好，工作好"的号召。1954年，党中央在关于加强人民体育运动工作的指示中，明确"改善人民的健康状况，增强人民体质，是党的一项重要政治任务"。1954—1956年是法规颁布的高峰期，颁布了《关于公布准备劳动与卫国体育制度暂行条例、暂行项目标准、预备级暂行条例的通知》《关于在政府机关开展工间操和其他体育活动的通知》《关于开展职工体育运动暂行办法纲要》《体育运动委员会组织简则》《中华人民共和国体育运动竞赛制度的暂行规定（草案）》《基层体育协会示范章程》等。这些法规文件为我国体育法治建设奠定了良好的基础。

2. 体育法律法规稳定期（1957—1965 年）

1957—1965 年，中国处于社会主义建设时期，这时体育运动的根本任务是增强人民体质，为劳动生产和国防建设服务，要大力开展群众性体育运动，进而在此基础上提高技术水平。体育事业在这一时期得到大力发展，不但群众体育广泛开展，而且运动成绩不断提高，青少年和学校体育也得到重视。国家颁布了一系列法规文件来保障体育运动开展与体育事业发展，主要包括《劳动卫国体育制度条例》《青少年业余体育学校实行工作条例》《中华人民共和国教练员等级制度》《中华人民共和国裁判员等级制度》《运动队思想政治工作条例》《中华人民共和国体育运动竞赛制度》《关于运动竞赛纪律的几项规定》等。这一时期的体育立法相对比较全面，涉及群众体育、竞技体育、青少年和学校体育等方面，立法技术有一定进步。但也存在一定的问题，如很多规制内容还没有完全以法规形式予以确认和保护，而是以行政措施或领导人讲话形式出现。如何进行科学训练、减少运动伤害发生还需要通过法规文件形式进行合理设定。这一时期发生了"大跃进"运动，容易导致目标制定过高，助长浮夸风，不能很好地将正确的方针政策落实，给体育工作带来一定的消极影响，进而影响体育法治建设。

3. 体育法律法规基本停滞期（1966—1976 年）

1966—1976 年是我国体育法律法规基本停滞期，这期间我国经历"文化大革命"，整个国家经济秩序遭到严重破坏，从中央到地方都处于瘫痪状态，包括体育系统。这一时期的体育法治建设很薄弱，只颁布了零星的体育法规文件，主要包括《关于在全国小学中推行第五套儿童广播体操的通知》《国家体委关于在全国施行国家体育锻炼标准条例的请示报告》等。

4. 体育法律法规恢复与快速发展期（1977—1994 年）

十一届三中全会后，党和国家的工作重点转移到以经济建设为中心的社会主义现代化建设上来，体育工作得到进一步发展，群众体育和竞技体育开创崭新的局面。体育法治建设得到恢复与快速发展，主要表现为以下几点。

（1）体育立法切合实际需求并得到强化。1982 年的《宪法》明确规定，国家发展体育事业，开展群众性体育活动，增强人民体质，为我国体育事业发展提供宪法保障。之后我国体育立法进入蓬勃发展期，到 1994 年共颁布体育行政法规、规章455件，占中华人民共和国成立以来的87%，并且法规内容涵盖全民健身、竞技体育、青少年和学校体育、体育物资保障、体育教育科研等方方面面。

（2）体育立法逐步走上法制化轨道。为加强体育立法的科学性，国家体育运动委员会（以下简称国家体委）于1987年7月发布了《关于制定体育法规程序的规定》，对法规名称、立法原则、立法计划，以及法规起草、审议、发布实施等都作了具体的规定，从而使体育立法工作开始走上程序化、规范化、法制化的轨道。

（3）体育法制机构建设得到加强。1987年，国家体委设立法规处，1989年进一步成立政策法规司，主要负责体育立法工作，组织体育法制学术研究和调查，承担各种法规征求意见的答复，承担本系统的法制宣传教育任务，以及其他日常工作等。基于体育法制机构的设立，我国体育法治建设取得开拓性进展。

（4）体育法规进一步清理与完善。根据国务院的部署，国家体委进行过两次体育法规清理，分别是1984年6月至1985年2月和1988年8月至1988年底，明令禁止240件体育法规，并在此基础上出版了两部有关体育法规的汇编，体育法律法规汇编文件的时间跨度分别为1949—1988年、1988—1992年。

（5）体育法学研究开始起步。这一时期的体育法学作为一门新兴学科，研究力量比较薄弱，研究的深度和广度还不够，但已有学者编著有关体育法学的教材，填补我国体育法学上的空白，如石刚等著的《体育法学概论》、姜仁屏与刘菊昌主编的《体育法学》等。政策法规司组织的系列调研与学术研究也为国家体育法规体系构建提供理论基础。

5. 体育法律法规建设新时期（1995年至今）

党的十五大将依法治国作为基本的治国方略，并于1999年将依法治国方略写入《宪法》，2004年国家将尊重与保障人权写入《宪法》，我国法治建设进入飞速发展的新时期，体育法律法规建设速度开始加快。

（1）体育事业走上法治化轨道。1995年诞生了中华人民共和国成立以来的第一部体育基本法，即《体育法》，该法的出台填补了我国基本法律在体育领域的空白，体育领域进入依法治体的时代。我国法治建设进入飞速发展时期，体育法治建设也在新形势下取得加速发展，体育法治建设取得突破。

（2）体育权利得到确认与保护。这一时期的体育法律法规更加重视对公民体育权利的确认与保护，法治精神贯穿体育领域。体育立法覆盖群体多、涵盖面广，更加强调政府的责任，促使公民体育权益的实现。例如，国家体育总局发布《中国体育彩票全民健身工程管理暂行规定》，为社区体育设施提供法律保障；针对西部地区制定《"雪炭工程"实施办法》；为了保障公民体育权益的实现，颁布《公共文化体育设施条例》，从规划、用地保障、资金、适用范围、服务规范等方面进行制度设定；此外，还加强对农民体育、残疾人体育、青少年体育等的法律保护。

（3）依法治体能力提高。依法治国方略，要求政府依法行政。2004年，国务院印发《全面推进依法行政实施纲要》，有力推动各级政府及体育行政主管部门的依法行政执政能力的提高。各级体育行政主管部门也在依法行政的推进中积极进行探索，逐步规范、加强体育执法建设，建立各种工作制度，坚持体育行政执法人员持证上岗，明确体育行政执法机构，确定体育行政执法人员的任务、权限、程序与行为规范，实行体育执法责任制。

（4）地方法律法规建设快速发展。地方省、自治区、直辖市的人民代表大会和政府结合当地特色与需要，颁布了许多地方性法规、规章与文件。地方立法不仅能更好地解决各地体育事业面临的问题，为其发展提供法律保障，还能为国家宏观调控体育立法创造有利条件。从立法数量上看，地方性法规和规章的数量迅速增加；从立法内容上看，涉及全民健身、体育竞赛、体育场地设施、体育市场与经营、体育人才等多个方面；从区域上看，全国绝大部分省、自治区、直辖市进行了地方体育立法。

（5）体育法治国际化趋势明显。国际体育合作与发展逐渐成为趋势，其中产生的法律行为、国际体育纠纷的解决等需要体育法治的介入。以举办2008年北京奥运会为例，其对我国体育法治建设产生巨大影响，对我国体育立法与国家体育立法的统一性提出更高要求，我国先后出台《奥林匹克标志保护条例》《反兴奋剂条例》等系列法规文件，为中国体育事业的国际化发展提供国内法保障，更好地促进中国与世界体育的交流和融合。

（6）体育法律法规制度日趋完善。我国体育法律法规立法工作稳步推进，体育法律法规的执法理念不断提升，执法水平不断提高，执法力度不断加大，体育法律维权意识日益提高。体育法律法规在稳定各种体育社会关系、保护各种体育权利上发挥越来越重要的作用，其修订和更新稳步推进。随着时间的推移，对一些失效、无效、不适应时代发展需求的体育法律法规进行了清理，新的体育法律法规文件不断取代旧的体育法律法规文件。很多体育法律法规文件随着社会的变迁进行了更新和变化，以适应体育事业发展的新需求。

第二节　体育法律法规的制定

一、体育法律法规制定的概念

体育法律法规制定是指国家行政机关或地方各级人民政府依照法定权限和程序，针对体育领域内的各种关系和活动，制定并发布具有强制性和普遍约束力的规范性文件的过程。这些法律法规旨在规范体育行为，保障体育活动的正常进行，维护体育参与者的权益，促进体育事业的健康发展。在制定体育法律法规时，必须遵循宪法、法律及其他上位法的相关规定，确保与整个法律体系保持一致和协调。

二、体育法律法规的制定机构

根据《宪法》和《中华人民共和国立法法》（以下简称《立法法》）的规定，我国体育法律法规由不同的层级机构制定。

第一层级是最高国家权力法律法规制定机关及其常设机关。《宪法》规定，中华人民共和国全国人民代表大会是最高国家权力机关，它的常设机关是全国人民代表大会常务委员会。全国人民代表大会及其常务委员会就是国家法律法规制定的最高层级机关。全国人民代表大会有权修改《宪法》，制定和修改刑法等基本法律和其他重要法律；全国人民代表大会常务委员会有权解释《宪法》，制定除应由全国人民代表大会制定的法律外的其他法律和修改包括全国人民代表大会制定的法律在内的法律。1995 年的《体育法》就是由中华人民共和国第八届全国人民代表大会常务委员会第十五次会议通过并公布的，2022 年的《体育法》是由第十三届全国人民代表大会常务委员会第三十五次会议修订而成的。

第二层级是最高国家行政机关。国务院（即最高国家权力机关的执行机关）是最高国家行政机关。国务院有权根据宪法和法律制定行政法规，如《学校体育工作条例》《奥林匹克标志保护条例》《公共文化体育设施条例》《反兴奋剂条例》《全民健身条例》《外国人来华登山管理办法》等。

第三层级是省、自治区、直辖市的人民代表大会及其常务委员会。在不与宪法、法律、行政法规相抵触的前提下，这些机构可以制定地方性法规，报全国人民代表大会常务委员会和国务院备案。省、自治区、直辖市的人民政府，可以根据法律与行政法规，以及本省、自治区、直辖市的地方性法规制定规章，并报国务院和本级人民代表大会常务委员会备案。以天津市为例，有《天津市全民健身条例》《天津市体育场地管理办法》《天津市游泳场所管理办法》等。

第四层级是国务院各部委和具有行政管理职能的直属机构。国务院各部委和具有行政管理职能的直属机构有权根据法律和国务院的行政法规、决定、命令，在本部门权限范围内制定规章，如《经营高危险性体育项目许可管理办法》《反兴奋剂管理办法》《体育类民办非企业单位登记审查与管理暂行办法》《中等体育运动学校管理办法》《少年儿童体育学校管理办法》等。

三、体育法律法规的制定原则

体育法律法规的制定原则是指一个国家所有立法活动都应遵守的基本准则。依据《立法法》的相关准则和体育法律立法实践，体育法律法规的制定原则如下。

（一）遵循《宪法》的原则

《宪法》是我国的根本大法，是母法。所有法律（包括体育法）都要遵循《宪法》的基本原则，要坚持党的领导原则、人民主权原则、尊重和保障人权原则、社会主义法治原则、民主集中制原则、权力制约与监督原则。

（二）法制统一原则

法制统一原则是指国家全部法律之间的相互一致和相互协调。例如，体育法律和宪法之间、体育法律和其他法律之间、体育法律和行政法规之间、法律原则之间和法律规范之间必须协调一致，避免相互抵触、冲突和矛盾。

（三）民主原则

民主原则是指在立法过程中，认真发扬民主精神，坚持群众路线，广泛征求群众意见和要求，使法律建立在民主的基础之上。例如，体育法在提案、审议、表决等各环节中都充分征询和听取了专家、各部门、地方人民代表大会、政府、学校、各体育团体的意见，使其成为体现全国人民体育意志的、合乎人民利益的法律。

(四) 科学合理原则

立法应当从实际出发，与时俱进，坚持以问题为导向进行制度设计，寻求解决问题的对策、方案，科学合理地规定公民、法人、其他组织的权利和义务，科学合理地规定国家机关的权力与责任。

四、体育法律法规的制定程序

体育法律法规的制定程序是指具有立法权的国家机关制定、修改、废止法律和其他规范性法律文件的步骤与方式。一般来说，一部法律的制定要经过法案的提出、法案的审议、法案的通过和公布等程序。根据《立法法》的规定，可以向全国人民代表大会常务委员会提出法律议案的组织和个人有委员长会议、国务院、中央军事委员会、最高人民法院、最高人民检察院、全国人民代表大会各专门委员会、常务委员会组成人员（10人以上联名）。

《体育法》由全国人民代表大会常务委员会审议通过。我国最早提出制定《体育法》是在20世纪80年代初的全国体育工作会议上。此后原国家体委组织力量进行了大量的调查论证和基础性工作，1988年正式成立了《体育法》起草小组，开始了《体育法》的起草工作。经过反复征询意见和修改，原国家体委正式将《体育法》草案呈请国务院列入《国务院1994年度立法工作计划》，并再次征求全国各级地方人民代表大会、政府及有关部门意见。《体育法》草案提出后，由国务院提请第八届全国人民代表大会常务委员会第十五次会议于1995年8月29日审议并通过。时任中华人民共和国主席的江泽民签署第55号主席令予以公布，中华人民共和国第一部体育法由此诞生。

五、体育法律法规制定的价值取向

(一) 体育法律法规制定的价值取向的含义

价值取向是立法涉及的重中之重，是立法主体创设、评价、修改、废止法律的标准与依据，是制定或修订一部法律必须解决的前提性问题。立法如何规范调整对象之间的关系便能明确体现出立法者的价值取向。任何一部法律的背后都贯穿着立法者的价值取向。法的价值取向是指特定主体对法律调整对象进行价值目标选择时的一种倾向性，即立法者认为法律应当侧重保护和增加哪些法律价值，以及如何实现的问题。这种倾向性因主体不同而不同，因所涉部门法不同而不同，同时也因调整对象不同而不同。法的价值取向包括法的价值目标、行为方向和主体选择性，是一个包括目的、手段和主体的综合系统，三者是相互作用、共同影响的，主体与客体互动的过程都是为实现一定的目标而服务的。

体育法律法规制定的价值取向主要有两层含义：其一指在制定体育法律法规时希望通过立法达到的目的或追求的社会效果；其二指当体育法律法规所追求的多个价值目标出现矛盾时的最终价值目标选择。任何法律的制定都应当有明确的目的性，都应当有自己的价值目标和价值取向，体育法律法规制定亦然。在不同的时期，我国体育法律法规制定的价值取向有所不同，在经历了高度集中的计划经济体制下体育法律法规制定的价值取向一元化后，1979年以来的改革开放推动了我国体育法律法规制定观念的不断更新，体育法治建设不断健全完善，依法治体的法治观念逐渐确立巩固，权利本位的价值取向正在深入人心，民主法治的人权精神渐受推崇。我国体育法律法规制定紧紧把握市场经济和以人为本的时代脉搏，坚持依法治体，相继制定了一系列保障人民体育权益的法律规范，充分体现了党和国家对于人民体育权益的关心。

（二）我国体育法律法规制定应坚持的价值取向

1. 确认和保障公民体育权利

体育权利作为人权的一种，是每个人作为人所享有的基本权利，是每个人所具有的普遍权利。它具有尊重人的尊严、弘扬人的个性、追求人的理性、实现人的价值等基本属性。自《体育运动国际宪章》明确提出体育权利以来，各国家体育法逐渐跟进并以不同的方式对体育权利有所体现，如2004年《宪法》修改案增加"尊重和保障人权"。作为对《宪法》人权保障原则的承继与实践，体育法律法规的制定应以保障公民的体育权利作为价值取向与基本原则，以确保人权保障原则在体育领域的落实。确认和保障公民体育权利的落脚点是人的自由而全面的发展。

2. 寻求体育秩序的稳定运行

体育秩序存在于体育法律关系主体内部关系及其与国家和社会外部关系的相对稳定或有规律的运行之中。一方面，体育法律规范在设定体育法律关系主体之间的权利与义务时，实际上就建构了一种静态体育秩序，即应当做什么或不应当做什么，允许做什么或不允许做什么。另一方面，体育纠纷的产生可能导致体育秩序的失衡，体育立法通过设定责任形式，对体育纠纷行为进行规范，对相对人采取必要的责任追究甚至是法律制裁，以达到对失衡体育秩序的恢复。人们解决体育纠纷的过程实质上也是确定和创造新的体育秩序的过程。

3. 明确和完善政府公共体育服务职责

公共体育服务就是为满足公共体育需求，而主要由政府、非政府公共组织提供体育公共物品、体育准公共物品的非商业行为。公共体育服务着眼于均等地满足所有社会成员基本的体育需求。建立健全公共体育服务体系，对保障公民体育权利的实现具有直接的现实意义。在这个体系中，关键环节是明确各类公共体育服务主体的职责或权利义务，在各类公共体育服务主体中，各级政府及其体育主管部门是主要的推动力量，有关非政府体育组织是基本的供给主体，其他社会组织和个人（包括市场经营主体）是必要的组成成员，应该明确和完善政府公共体育服务职责。

4. 追求社会效益与经济效益

体育市场经济随着我国社会主义市场经济体制的建立而蓬勃发展。我们在重视其经济效益的同时，也应该重视其社会效益。一切体育市场主体的行为只有符合相关法律才能受到法律保障，完备的体育法制能够为体育市场经济保驾护航。因此，我国体育立法应以效益为价值目标，通过制定和完善体育市场基本规范，优化体育资源配置，合理规范各市场主体之间的权利和义务，以实现体育整体效益的优化。

第三节　体育法律法规的实施

体育法律法规的实施是指体育法律在社会生活中的贯彻和实现。只有当体育法律法规在实际生活中真正得到贯彻和实现时，其制定才是有意义的，其作用也才能显示出来。因此，体育法律的实施与制定是相辅相成、紧密联系的。我国体育法律法规的实施方式有两种：一种是国家机关和国家工作人员依据体育法律法规解决具体问题，即体育法律法规的适用；另一种是国家机关及包括国家工作人员在内的全体公民用体育法律法规来规范自己的活动和行为,即体育法律法规的遵守。这两种方式对于体育法律法规的实施都必不可少。公民在法律面前一律平等,是体育法律法规的实施必须遵守的原则。

一、体育法律法规的适用

体育法律法规的适用是国家体育活动的重要组成部分,它指国家机关、公职人员和国家授权的社会组织依照法定的职权程序,把体育法律法规运用到具体事、具体人和具体组织中,实现对体育社会关系的调整。

我国体育法律法规的适用,要求以事实为根据,以法律法规为准绳。前者是正确适用法律法规的前提,后者是正确适用法律法规的根本。执法人员在适用法律法规时,必须深入实际,调查研究,在详尽了解案件材料的基础上,实事求是地进行全面分析,作出正确的判断和结论。执法机关和执法人员的一切活动都必须符合法律法规的要求,并严格按照法律法规的规定处理案件。衡量案件的是非曲直的标准只能是法律法规,适用法律法规要严格遵循法律法规规定的权限和程序,及时审理,及时结案,严格遵守时限,定性要准确,处理得当。国家执法机关和执法人员在执法过程中,对任何公民适用体育法律法规时都必须一律平等。任何公民、组织和机构都平等地享有体育法律法规规定的权利,也必须平等地履行相应的义务。任何公民都不允许有超越法律法规的特权,任何违法犯罪行为都必须平等地予以追究和制裁。

二、体育法律制裁

(一)体育法律制裁的定义及分类

体育法律制裁是特定的国家机关对应负体育法律责任的违法者依法采取的惩罚措施。根据违法行为的性质、情节和所应承担的法律责任的不同,体育法律制裁可分为刑事制裁、民事制裁、行政制裁、经济制裁。

(1)刑事制裁是指国家对触犯刑事法律、应追究其刑事责任的人所给予的刑罚惩罚。我国刑法对刑事制裁的种类作了明确的规定。

(2)民事制裁是指国家对违反民事法律、侵犯他人民事权益、应承担民事责任的人所给予的制裁措施。民事制裁的方法有停止侵害、排除妨碍、清除危险、返还财产、恢复原状、赔偿损失和支付违约金等。

（3）行政制裁是指国家机关或企事业单位对违反行政管理法规，应追究其行政责任的人给予的制裁。它可分为行政处罚和行政处分。行政处罚是由特定国家机关对公民或外国人的制裁，形式主要有申诫罚、财产罚、能力罚和人身罚四类。申诫罚是对违反法定义务人的名誉、声誉给予不利影响，使其精神上有一定压力的处罚，主要有通报、责令具结悔过、警告等形式。财产罚是以财产为内容的处罚，主要有罚款、没收、赔偿等形式。能力罚是对违反法定义务人的权利能力、行为能力给予限制、中止、取消的处罚，主要有取消资格、禁止参赛、降低等级、收回证书、吊销执照等形式。人身罚是对人身自由权进行限制的处罚，主要有行政拘留、劳动教养等形式。行政处分是国家机关或企事业单位对其所属人员的制裁，形式主要有警告、记过、记大过、降级、撤职、开除留用、开除等。

（4）经济制裁是指国家行政机关、企事业单位或体育社会团体对违反经济法律法规，对他人、团体、国家造成损害而给予的制裁。制裁的主要形式有罚款、赔偿损失、没收部分或全部收入、没收或扣押部分或全部财产等纪律处罚，它是体育社会团体依照章程，对团体内部成员（如运动员、教练员、裁判员等）进行的内部自律性处罚，包括技术处罚和经济处罚。

（二）《体育法》中有关体育法律制裁的规定

《体育法》第十一章关于体育法律制裁共有11条规定，每条针对不同违法行为主体的不同违法行为造成的不同法律后果规定了不同性质的法律责任。第一百零九条规定，国家机关及其工作人员违反本法规定，由其所在单位、主管部门或者上级机关责令改正，对负有责任的领导人员和直接责任人员依法给予处分。第一百一十条规定，体育组织违反本法规定的，由相关部门责令改正，给予警告，对负有责任的领导人员和直接责任人员依法给予处分；可以限期停止活动，并可责令撤换直接负责的主管人员；情节严重的，予以撤销登记。第一百一十一条规定，学校违反本法有关规定的，由有关主管部门责令改正，对负有责任的领导人员和直接责任人员依法给予处分。第一百一十二条规定，运动员、教练员、裁判员违反本法规定，有违反体育道德和体育赛事规则，弄虚作假、营私舞弊等行为的，由体育组织按照有关规定给予处理；有违法所得的，没收违法所得，并处1万元以上10万元以下的罚款。利用体育赛事从事赌博活动的，由公安机关依法查处。第一百一十三条规定了体育赛事活动组织者违反相关要求应该承担的责任。第一百一十四条规定了违反本法规定，侵占、破坏公共体育场地设施应该受到的行政处罚。第一百一十五条规定了未经批准临时占用公共体育场地设施应该受到的行政处罚。第一百一十六条规定了未经许可经营高危险性体育项目和违法经营高危险性体育项目应该承担的行政责任。第一百一十七条规定，运动员违规使用兴奋剂的，由有关体育社会组织、运动员管理单位、体育赛事活动组织者作出取消参赛资格、取消比赛成绩或者禁赛等处理。第一百一十八条规定了组织、强迫、欺骗、教唆、引诱运动员在体育运动中使用兴奋剂，向运动员提供或者变相提供兴奋剂，应该承担的责任。第一百一十九条规定，违反本法规定，造成财产损失或者其他损害的，依法承担民事责任；构成违反治安管理行为的，由公安机关依法给予治安管理处罚；构成犯罪的，依法追究刑事责任。

三、体育法律监督

法律监督是法律实施的监督的简称，是国家为保证法律统一实施的一种法律制度。法律监督根据主体不同可分为两类：国家机关监督和社会监督。体育法律监督是指体育法律法规实施过程中受国家机关和社会监督的过程或行为。

（一）国家机关监督

国家机关监督是不同的国家机关在各自的职权范围内，以国家权力为后盾，为保障法律的统一实施所进行的监督。以国家名义依法进行的监督，具有很强的强制性、权威性和有效性。它具体包括国家权力机关的监督、国家行政机关的监督和国家司法机关的监督。国家体育法律监督则指人民代表大会的监督、国家体育行政机关的监督和其他行政机关的监督。体育行政系统内部上下级之间存在监督关系，行政系统内部设立的专门机关（如监察、审计部门）可进行监督。另外，还有司法机关监督，包括监察机关监督和审判机关监督。

（二）社会监督

社会监督泛指社会力量的监督，即非国家机关的监督，它是我国法律监督体系的重要组成部分。体育法律法规的实施过程受中国共产党、各民主党派、中国人民政治协商会议、各社会组织、社会舆论和人民群众的直接监督。这种监督不以国家名义进行、不由国家授权，也不具有直接的法律效力和强制性的法律后果，但是这种监督能在很大程度上引起国家机关及有关国家监督机关的重视，从而具有强制性的法律监督手段的性质，甚至会产生强制性的法律后果。

（三）体育监督检查的重点

体育监督检查的重点：体育工作是否坚持了以开展全民健身活动为基础，促进各类体育协调发展的方针；各级人民政府是否将体育事业纳入了国民经济和社会发展计划，是否将体育事业经费、体育基本建设资金纳入了本级财政预算和基本建设投资计划；城市是否按国家规定建设、管理和使用体育设施；学校是否依法开设体育课和开展课外体育活动；体育行政部门是否对体育经营活动实施有效的监督和管理；等等。

四、体育法律法规的遵守

体育法律法规的遵守是指一切国家机关、企事业单位、群众组织、社会团体和全体公民都必须遵守体育法律法规的规定，严格依法办事。它主要包含两个方面的内容：一是一切单位、组织和个人都要遵守法律法规、依法办事；二是授权的执法部门和执法人员要严格监督、违法必究。

（一）依法治体、依法办事

体育法律法规既体现了人民的意志和根本利益，又反映了体育发展的客观规律。要维护人民的意志和根本利益，就必须自觉地遵守法律法规，维护法律法规尊严和保证实施。体育行政主管部门和其他授权部门只有依法治体、依法管理才能提高管理水平；体育经营单位和个人只有依法经营、依法办事才能获取应得利益。社会主义市场经济就是法治经济，任何单位和个人都要牢固树立法治观念，依法行使自己的权利，不得越权行事、违法犯法；同时要自觉承担相应的责任和义务，不得推诿敷衍。一切国家机关工作人员特别是各级领导干部应以身作则，带头遵纪守法，依法治体、依法办事，决不允许以言代法、以权代法、以人代法。

（二）严格监督、违法必究

法律是由国家强制力维持的，这是法律的本质特征。体育法律法规的执行机关应做到依法监督、严格执法、违法必究，以维护法律法规的权威性、严肃性。执法机关和执法人员对于违法行为不能姑息，更不能贪赃枉法。广大人民也应守法护法，自觉同违法犯罪行为做斗争。

五、体育法律法规效力

体育法律法规效力包括空间效力、时间效力、对人的效力。

（一）空间效力

在我国，凡是国家制定的体育法律、行政法规和其他规范性文件，除有特殊规定外，一经公布施行，就在我国的全部领域内发生效力。这是国家主权原则和法制统一原则的要求。但由地方政权机构制定和颁布的体育法规及其他规范性文件，只在它所管辖的地区内生效。

（二）时间效力

时间效力涉及体育法律法规的生效、失效和溯及力等问题。体育法律法规通常从公布之日起生效，也有的法律法规本身就规定了生效日期。体育法律法规的失效一般有四种情况：第一种是体育法律法规本身规定了终止生效的日期；第二种是以新法律法规代替旧法律法规，新法律法规生效之日，旧法律法规自动失效；第三种是国家基于某种需要，明令宣布废除某项法律法规，并规定了期限；第四种是旧法律法规调整对象消失，或是适应当时情况的具体规定，因时过境迁而自行失效。体育法律法规的溯及力是指该法律法规公布生效以前所发生的事件或行为，是否适用于该法律法规的问题。如果适用，就具备追溯力；如果不适用，就无追溯力。

（三）对人的效力

在我国境内、境外的中国公民，以及在中国领域内的外国人和无国籍人，除有特殊规定外，一律适用我国法律法规。非中国公民在外国侵犯了我国体育权利，按我国有关法律法规规定处理。

六、体育法律法规的宣传

体育法律法规的宣传是体育法律法规实施的基础，也是体育法律法规实施的一个重要步骤。通过宣传，全社会和广大人民群众可以了解体育法，增强体育法治观念，自觉遵守体育法律法规，并监督体育法律法规的实施。只有把法律法规教给全体公民，使所有体育活动的参加者都知法、懂法，才会在体育实践中依法办事，并运用它来保护自身权益。

1995年《体育法》制定和颁布后，中共中央、全国人民代表大会、国务院十六部委就发出了"关于学习、宣传和贯彻执行《体育法》的联合通知"。该通知强调加强《体育法》的宣传，增强全社会的体育法制观念。2022年新《体育法》出台后，各级相关机构和部门采取了形式多样的方法及途径进行宣传。《体育法》的宣传，不但要在体育战线广泛开展，而且要深入全社会各行业、系统、机关、学校、企事业单位、社会团体和家庭中去。各级体育行政部门要协助政府并配合有关单位，广泛利用新闻媒介、会议、比赛、讲座、辅导、知识问卷等进行《体育法》宣传。在宣传中，既要形成一定声势，又要注重实效。

思考与练习

1. 简述体育法律法规产生的几个阶段。
2. 简述体育法律法规的制定原则。
3. 简述我国体育法律法规发展经历的几个时期。
4. 简述体育法律法规的适用。
5. 试分析体育法律法规的实施状况。

主要参考文献

[1] 韩勇. 体育法的理论与实践[M]. 北京：北京体育大学出版社，2009.

[2] 唐勇. 体育法基本问题研究[M]. 北京：法律出版社，2020.

[3] 田思源，孙彩虹. 新时代体育法治建设基本问题研究[M]. 上海：立信会计出版社，2018.

[4] 郑璐，刘舒辉，张记国. 体育法律问题研究[M]. 北京：中国社会科学出版社，2016.

[5] 董小龙，郭春玲. 体育法学[M]. 3版. 北京：法律出版社，2018.

[6] 向会英. 激励法学视野下的体育法[M]. 北京：法律出版社，2016.

[7] 田思源. 中国特色体育立法的基本经验与未来发展[J]. 天津体育学院学报，2018，33（6）：461-465.

[8] 陈华荣. 欧洲各国体育立法的经验与启示[J]. 成都体育学院学报，2017，43（5）：1-7.

[9] 姜世波.《中华人民共和国体育法》的司法适用探究[J].天津体育学院学报,2015(3):221-227.

[10] 马宏俊.试论我国体育法律体系的建立与完善——以《中华人民共和国体育法》修改为视角[J].体育科学,2021,41(1):7-20.

[11] 宋亨国,周爱光.对体育法律关系分类的研究[J].体育科学,2009,29(8):32-38.

[12] 王家宏,王茜,赵毅,等.中国体育法治建设的战略走向与完善路径[J].上海体育学院学报,2022,46(1):32-40,71.

[13] 张鹏.体育法域外适用的国际挑战与中国应对[J].体育科学,2021,41(3):3-9,33.

[14] 刘作翔.体育法治若干基础理论问题研究[J].天津体育学院学报,2020,35(3):249-254.

[15] MARINA B. On the subject matter sports law[J]. Journal of the higher school of economics, 2019(1): 158-175.

[16] FOSTER K. Global sports law revisited[J]. The entertainment and sports law journal, 2019, 17(4): 1-14.

第三章 体育法律责任

要点提示：本章主要介绍体育法律责任的概念、特点、意义、分类，体育行政责任的构成要件与种类，体育民事责任的特征与构成要件，承担体育民事责任的方式，以及民事责任免除的情形，体育刑事责任的构成要件与主要形式。在学习本章内容时，需要掌握体育法律责任的概念，了解体育法律责任的分类，明确各体育法律责任的构成要件，掌握承担的各体育法律责任的具体内容，能够结合实际案例进行归类分析。

第一节 体育法律责任概述

一、体育法律责任的概念

法律责任是法得以贯彻执行，维持社会秩序和保护公民权益的重要依据。法律责任与政治责任、道德责任、纪律责任等其他社会责任相比，具有明显的特点：第一，在法律上有明确具体的规定，追究法律责任的依据只能是法律，当然这里的法律当作广义解释，不是仅指制定法；第二，由国家强制力保证其执行，法律责任的三种实现方式包括惩罚、补偿、强制，要以国家强制力为后盾，某些法律责任的实现（如执行刑罚、强制拘传等）必须由强制力保证实施；第三，由国家授权的机关依法追究法律责任，实施法律制裁，其他组织和个人无权行使此项权利。某些民事责任（如违约责任、轻微的侵权责任等）可由当事人双方协商认定。企事业组织、仲裁机构、调解组织等社会组织根据法律规定接受国家机关的授权或委托，也可以认定和归结法律责任。

体育法律责任是指行为人违反了体育法的规定，或不履行体育法所规定的义务而应承担的不利法律后果。《体育法》是由国家颁布并由国家强制力保证实施的法律规范，是为了保障公民的体育权利、维护正常的体育秩序、发展体育事业，并由一定的国家机关按照法定程序制定或认可的、调整一定体育社会关系的行为规范。《体育法》作为发展我国体育事业的基本法律，全面规定了我国体育事业发展的根本方针和基本原则，同时确定了体育法律关系主体的权利和义务。它明确了国家发展体育事业的基本方针、根本原则和具体措施，为体育事业的发展提供了法律依据，增强了人们的法律意识和体育法制观念，使人们在体育活动中自觉地遵守体育法规，正确地运用法律来维护自身的合法体育权益，从而推动体育事业健康地向前发展。

二、体育法律责任的特点

《体育法》根据我国宪法的有关规定，在认真总结我国发展社会主义体育事业的实践经验、参考和借鉴国外体育立法的基础上制定并不断完善。《体育法》中明确了体育法律责任的特点，具体内容如下。

（一）针对性

针对性是指体育法是在认真分析种种体育违法现象的基础上规定法律责任的。在我国市场经济制度不断发展的过程中，一些组织或个人可能会利用某些体育制度的漏洞，通过破坏体育秩序或利用体育资源谋取非法利益。对于这些体育违法现象，体育法有针对性地规定了其应负的法律责任。例如，《体育法》第一百零六条规定，举办高危险性体育赛事活动，应当符合下列条件，并向县级以上地方人民政府体育行政部门提出申请：①配备具有相应资格或者资质的专业技术人员；②配置符合相关标准和要求的场地、器材和设施；③制定通信、安全、交通、卫生健康、食品、应急救援等相关保障措施。县级以上地方人民政府体育行政部门应当自收到申请之日起 30 日内进行实地核查，并作出批准或者不予批准的决定。国务院体育行政部门会同有关部门制定、调整高危险性体育赛事活动目录并予以公布。又如，《体育法》第一百一十六条规定，未经许可经营高危险性体育项目的，由县级以上地方人民政府体育行政部门会同有关部门责令限期关闭；逾期未关闭的，处 10 万元以上 50 万元以下的罚款；有违法所得的，没收违法所得。违法经营高危险性体育项目的，由县级以上地方人民政府体育行政部门责令改正；逾期未改正的，处 5 万元以上 50 万元以下的罚款；有违法所得的，没收违法所得；造成严重后果的，由主管部门责令关闭，吊销许可证照，5 年内不得再从事该项目经营活动。

（二）综合性

由于违法行为多种多样，即使是同一类型的违法行为，也可能因其违法的程度不同而使行为人承担不同的责任，如民事责任，行政责任或刑事责任。至于究竟要承担哪种法律责任，则完全取决于该违法行为的性质和程度。例如，《体育法》第一百一十九条规定，违反本法规定，造成财产损失或者其他损害的，依法承担民事责任；构成违反治安管理行为的，由公安机关依法给予治安管理处罚；构成犯罪的，依法追究刑事责任。对于具体的违法行为而言，应当承担什么样的法律责任是明确而有针对性的，同时具有综合性的特点。

（三）提示性

体育法对于一些违法行为只是指出应当承担哪种法律责任，而未规定按什么程序和方式来承担这种法律责任。这种规定方式使体育法对法律责任的规定具有了提示性的特点。这体现在体育法中即"依法承担民事责任""依法追究刑事责任"等字样。例如，《体育法》第一百一十九条规定，违反本法规定，造成财产损失或者其他损害的，依法承担民事责任；构成违反治安管理行为的，由公安机关依法给予治安管理处罚；构成犯罪的，依法追究刑事责任。我国的法律体系是由诸多法律部门所构成的既相对独立又有机统一的整体，若其他法律法规对于如何追究行为人的法律责任已有完整而系统的规定，那么体育法就无需具体规定，而是起到提示作用。

三、体育法律责任的意义

《体育法》是对体育关系进行整体规范和调整的基本法律依据，是我国发展体育事业、开展体育工作的基本纲领和总章程，明确规定法律责任。体育法律责任有着重要的意义，主要表现在以下四个方面。

（一）有助于督促行为人自觉履行体育法律义务，保障《体育法》的实施

完整的法律规范是由行为模式与法律后果组成的，行为模式的设定可以明确告知行为人哪些行为可行，哪些行为不可行，而法律后果的设定可以使行为人明确了解如果违反法律规定，则要承担什么样的不利后果。这样会促使行为人更好地履行法律义务，进而保障《体育法》的实施。

（二）有助于维护体育法律关系主体的合法权益

权利本位和人民主权是现代法治的基本精神，维护公民和其他主体的各种体育权利是体育法的根本宗旨和首要任务。在具体的体育法律关系中，一方违反体育法所规定的义务，往往是以侵犯另一方的权利为代价的。因此，追究体育违法行为人的法律责任，实质上就是维护了其他体育法律主体的合法权益。

（三）有助于依法追究各种体育违法行为责任

体育社会关系繁杂，在体育活动中会出现各种违法行为，但由于缺乏明确的法律依据，很难追究违法者的责任，不利于相关者的权益保护，影响体育活动的有效开展。《体育法》明确规定各种体育违法行为需要承担的法律责任，使得体育执法和司法活动有法可依，有助于依法追究各种体育违法行为责任。

（四）有助于提高全社会的体育法治观念

基于法律责任的设定，对违法行为的责任追究，使得违法者受到国家法律的制裁，其他人员能更好地通过法治教育提升体育法治理念，促进全社会有法可依、有法必依、执法必严、违法必究。

四、体育法律责任的类别

对于体育法律责任，可以按照不同的标准作出不同的分类。按照体育法律责任承担的主体不同，体育法律责任可以分为公民个人法律责任、法人法律责任、其他单位或组织法律责任、国家机关及其工作人员法律责任。按照引起责任的法律事实与责任人关系的不同，体育法律责任可以分为直接责任、连带责任、补充责任和替代责任。按照责任的承担程度，体育法律责任可以分为有限责任和无限责任。

按照体育违法行为的性质及其严重程度不同，可以将违反体育法的法律责任分为行政责任、民事责任和刑事责任三种，即违反体育法的行为因性质及其严重程度不同，有行政违法行为、民事违法行为和刑事违法行为，由此带来的法律后果是行为人分别承担体育行政责任、体育民事责任和体育刑事责任。这种分类方法有利于明确各种违法行为应当承担的法律后果，是对违反体育法的法律责任最基本、最主要的分类。

第二节 体育行政责任

一、体育行政责任的概念和特征

（一）体育行政责任的概念

行政责任是指犯有一般违法行为的单位或个人，依照法律法规的规定应承担的法律责任。行政责任主要有行政处罚和行政处分两种方式。行政处罚是指行政机关或其他行政主体依法定职权和程序对违反行政法规尚未构成犯罪的行政管理相对人给予行政制裁的具体行政行为。县级以上人民政府财政部门可依法对违反《中华人民共和国会计法》行为的单位和个人作出行政处罚。行政处分是指国家机关根据法律规定，对行政相对人（包括个人、组织或单位）在行政管理活动中违法违规行为所作出的一种强制性措施，是国家行政管理的一种重要手段，其目的在于维护法律尊严、保护公共利益、规范行政行为，以实现社会秩序的稳定和公平正义。

体育行政责任是指行为人因违反《体育法》及国家有关规定，构成行政违法而依法应当承担的行政法律后果，加强体育行政责任是依法行政的必然要求。根据《体育法》的规定，我国体育行政主体主要有以下几种：一是体育行政机关，包括国务院体育行政主管部门及国务院其他有关部门和县级以上地方各级人民政府体育行政部门；二是体育行政授权和委托的组织，包括县级以上人民政府授权和委托的行政机构、各类社会组织、人民团体、企事业单位；三是体育公务员，是指在各级国家体育行政机关中依法行使国家行政职权、执行体育公务的除工勤人员外的工作人员。

（二）体育行政责任的特征

体育行政责任的特征有两点。第一，体育行政主体构成行政违法。行政违法是体育行政责任产生的前提条件，行为人的行为尚未构成行政违法便无以产生行政责任。第二，行为人存在承担责任的法律依据。根据现代国家法治行政的原理，不但要求权利义务法定，而且要求对有关责任的追究必须法定，可以说只有完善法制体系、加大行政法律责任，才能建立起一个长效机制并保证我国体育体制改革的顺利进行和体育市场的健康有序成长，体育行政责任法治化是依法行政的必然要求。

二、体育行政责任的构成要件

行政责任是指行政法律关系主体因违反行政法律规范所规定的事由而应承担的不利后果，即行政违法及部分行政不当所引起的否定性的法律后果，既包括公民、法人、社会组织等行政相对人违反行政法律、法规、规章而产生的行政责任，也包括行政机关及其工作人员、授权或委托的社会组织及其工作人员因违法失职、滥用职权或行政不当而产生的行政责任。

要追究行为人的体育行政责任，核心是确认违法行为的存在，而行政违法行为的认定必须满足其构成要件才行。因此，若体育行政违法行为满足以下四个条件，则须承担体育行政责任。

（一）行为人是具有行政责任能力的公民、法人、其他组织

行为人具备行政法律关系主体资格，是行政违法的前提，是构成行政违法的首要条件，行政法律关系主体包括各类体育行政机构、具有行政权力的组织及相关人员。不具备行政法律关系主体资格者的行为不能构成行政违法。对行政相对人中的公民而言，法定责任能力的认定必须达到法定年龄、具有正常智力等，《行政处罚法》、《中华人民共和国治安管理处罚法》（以下简称《治安管理处罚法》）等有对行政相对人中的公民责任能力的规定。对于依法成立的法人和其他组织，均认为具备行政责任能力，从而构成行政违法行为的主体。

（二）行为人负有相关的法定义务

行为人是具备行政法律关系的主体，不但享有权力（权利）、职责（义务）的法定，而且在行政违法行为中，其行政责任的承担也必须有法律依据。行为人只有明确违反了行政法律规范规定的法定义务，才需要承担责任，而承担行政责任的方式、内容等也由法律明确规定。

（三）行为人实施了违法行为

行为人负有相关的法定义务，如果行为人没有承担或履行该项法定义务，而是实施了违法行为，并且该违法行为违反了行政法律规范的行为，侵害了受法律

保护的行政关系，具有一定社会危害性，则需要承担行政责任。

（四）行为人主观上有过错

行为的作出是主观和客观的统一。行为人只有主观上有过错，才承担责任。所谓主观过错，是指行为人实施行为时的一种心理状态，包括故意和过失。故意主要包括直接故意和间接故意，直接故意是指行为人主观上明知自己的行为会导致某种损害后果且希望其发生，间接故意是指行为人能够预见其行为的损害后果且放任这种结果的发生。过失包括疏忽大意的过失和过于自信的过失，疏忽大意的过失是指行为人对其行为的结果应该预见而由于疏忽大意未能预见，过于自信的过失是指行为人虽然预见了其行为的结果但轻信这种行为所造成的损害后果可以避免而未采取相应的措施，从而导致损害后果的发生。过错是行为人承担行政责任的主观基础，不存在主观过错的行为不能构成行政违法。

体育行政责任必须遵循责任法定，体育违法行为发生后应当按照行政法律规范预先规定的性质、范围、程度、期限、方式来追究违法者或相关人的行政责任，法无明文规定不处罚。另外，依照法律规定，虽然违法者事实上违反了法律，并且具备承担法律责任的条件，但由于法律规定的某些主观或客观条件，可以部分或全部免除法律责任。

三、常见体育行政违法行为

根据体育法、行政法和其他相关法律法规的规定，常见体育行政违法行为主要有：国家机关及其工作人员对违法行为不依法查处的；侵占、挪用、截留、克扣、私分体育资金的行为；在组织体育赛事活动时，违反体育道德和体育赛事规则，弄虚作假、营私舞弊等行为；其他不依法履行职责的行为；中华全国体育总会和地方各级体育总会、中国奥林匹克委员会（以下简称中国奥委会）、体育科学社会团体、全国性单项体育协会等体育组织未按照章程开展工作的行为；运动员、教练员、裁判员有违反体育道德和体育赛事规则，弄虚作假、营私舞弊等行为的，情节严重、社会影响恶劣但尚未构成犯罪的行为；侵占、破坏公共体育设施，未经批准临时占用公共体育场地设施的行为；组织、强迫、欺骗、教唆、引诱体育运动参加者在体育运动中使用兴奋剂，向体育运动参加者提供或者变相提供兴奋剂的行为；利用竞技体育从事赌博活动的行为。针对学校来说，常见体育行政违法行为有：未建立学生体质健康检查制度；未按照国家有关规定配足合格的体育教师；未保障体育教师享受与其他学科教师同等的待遇；未按照国家有关标准配置体育场地、设施和器材，未定期进行检查、维护、更新；青少年和学校体育场地被随意占用或者挪作他用等。

对于体育行政违法行为，必须根据行为的事实和具体情节，结合行政违法行为的构成要件加以综合认定，方可追究行为人的行政责任。在认定和归结体育行政责任时应当注意：行为主体是体育法律关系主体；行为人主观上都是出于故意，并非出于过失；行为人实施了法定的体育行政违法行为，侵害了正常的体育秩序，具有一定的社会危害性。

四、体育行政责任的类别

根据《体育法》《行政处罚法》，以及有关体育行政法规的规定，体育行政责任主要可分为惩罚性行政责任和补救性行政责任。

（一）惩罚性行政责任

惩罚性行政责任主要用于对实施了违法行为的人进行惩罚，使其接受教训，不致再犯，主要包括行政处罚和行政处分。行政处罚包括：警告、通报批评；罚款、没收违法所得、没收非法财物；暂扣许可证件、降低资质等级、吊销许可证件；限制开展生产经营活动、责令停产停业、责令关闭、限制从业；行政拘留和其他。《治安管理处罚法》中的处罚种类主要有警告、罚款、行政拘留、吊销公安机关发放的许可证，对违反治安管理的外国人，可以附加适用限期出境或者驱逐出境。行政处分是一种内部责任形式，是对国家工作人员实施的一种惩戒，不涉及一般行政相对人的权益，主要包括警告、记过、记大过、降级、撤职、开除。在体育法律法规中，惩罚性行政责任具体如下。

1. 警告、通报批评

《反兴奋剂条例》规定，医师未按照本条例的规定使用药品，或者未履行告知义务的，由县级以上人民政府卫生主管部门给予警告。《外国人来华登山管理办法》规定，外国人来华登山，违反规定或未经国家体委批准擅自登山的，国家体委或者省、自治区体委视情节轻重，可以分别给予警告、5000元至5万元的罚款及停止登山活动等处罚。《学校体育工作条例》规定，不按规定开设或者随意停止体育课的，未保证学生每天一小时体育活动时间（含体育课）的，在体育竞赛中违反纪律、弄虚作假的，不按国家规定解决体育教师工作服装、粮食定量的单位或者个人，由当地教育行政部门视情节轻重对直接责任人员给予批评教育。《体育法》规定，体育组织违反体育法规定的，由相关部门责令改正，给予警告，对负有责任的领导人员和直接责任人员依法给予处分。

2. 没收违法所得、没收非法财物、罚款

《全民健身条例》规定，高危险性体育项目经营者取得许可证后，不再符合本条例规定条件仍经营该体育项目，有违法所得的，没收违法所得；违法所得不足3万元或者没有违法所得的，并处3万元以上10万元以下的罚款；违法所得3万元以上的，并处违法所得2倍以上5倍以下的罚款。《反兴奋剂条例》规定，药品零售企业擅自经营蛋白同化制剂、肽类激素的，由县级以上人民政府负责药品监督管理的部门按照国务院药品监督管理部门规定的职责分工，没收非法生产、经营的蛋白同化制剂、肽类激素和违法所得。《奥林匹克标志保护条例》规定，未经奥林匹克标志权利人许可，为商业目的擅自使用奥林匹克标志，或使用足以引人误认的近似标志，市场监督管理部门处理时，认定侵权行为成立的，责令立即停止侵权行为，没收、销毁侵权商品和主要用于制造侵权商品或者为商业目的擅自制造奥林匹克标志的工具。

3. 吊销许可证

《全民健身条例》规定，高危险性体育项目经营者取得许可证后，不再符合本条例规定条件仍经营该体育项目，拒不改正的，由原发证机关吊销许可证。《反兴奋剂条例》规定，生产企业擅自生产、药品批发企业擅自经营蛋白同化制剂、肽类激素，或者未按照本条例规定渠道供应蛋白同化制剂、肽类激素等，情节严重的，由发证机关吊销药品生产许可证、药品经营许可证。

4. 责令限期改正

《全民健身条例》规定，学校违反本条例规定的，由县级以上人民政府教育主管部门按照管理权限责令改正。未经批准，擅自经营高危险性体育项目的，由县级以上地方人民政府体育主管部门按照管理权限责令改正。《公共文化体育设施条例》规定，侵占公共文化体育设施建设预留地或者改变其用途的，由土地行政主管部门、城乡规划行政主管部门依据各自职责责令限期改正；逾期不改正的，由作出决定的机关依法申请人民法院强制执行。《学校体育工作条例》规定，不按规定开设或者随意停止体育课、未保证学生每天一小时体育活动时间（含体育课）的单位或者个人，由当地教育行政部门责令其限期改正。

5. 责令停止、责令停业

《体育法》及相关行政法规规定，行为人利用竞技体育从事赌博活动的，公安机关责令停止违法活动。《彩票管理条例》规定，彩票发行机构、彩票销售机构未经批准销毁彩票的，截留、挪用彩票资金的，由财政部门责令停业整顿。《反兴奋剂条例》规定，体育社会团体、运动员管理单位向运动员提供兴奋剂或者组织、强迫、欺骗运动员在体育运动中使用兴奋剂的，负有责任的主管人员和其他直接责任人员 4 年内不得从事体育管理工作和运动员辅助工作；情节严重的，终身不得从事体育管理工作和运动员辅助工作。

6. 行政拘留

《治安管理处罚法》规定，强行进入场内的，围攻裁判员、运动员或其他工作人员的，向场内投掷杂物不听制止的，展示侮辱性标语、条幅等扰乱文化、体育等大型群众性活动秩序的，情节严重的，处 5 日以上 10 日以下拘留。因扰乱体育比赛秩序被处以拘留处罚的，可以同时责令其 12 个月内不得进入体育场馆观看同类比赛；违反规定进入体育场馆的，强行带离现场。冒用宗教、气功名义扰乱社会秩序、损害他人身体健康活动的，处 10 日以上 15 日以下拘留。举办文化、体育等大型群众性活动，违反有关规定，发生安全事故的，责令停止活动，立即疏散，对组织者处 5 日以上 10 日以下拘留。

7. 行政处分

《全民健身条例》规定，县级以上人民政府及其有关部门的工作人员在全民健身工作中玩忽职守、滥用职权、徇私舞弊的，依法给予处分；构成犯罪的，依法追究刑事责任。《反兴奋剂条例》规定，体育主管部门和其他行政机关及其工作人员不履行职责，或者包庇、纵容非法使用、提供兴奋剂，或者有其他违反本条例行为的，对负有责任的主管人员和其他直接责任人员，依法给予行政处分；体育社会团体、运动员管理单位违反本条例规定，负有责任的主管人员和其他直接责任人员属于国家工作人员的，还应当依法给予撤职、开除的行政处分。《公共文化体育设施条例》规定，文化、体育、城乡规划、建设、土地等有关行政主管部门及其工作人员，不依法履行职责或者发现违法行为不予依法查处的，对负有责任的主管人员和其他直接责任人员，依法给予行政处分。

外国人及外国组织在我国境内活动时，属于我国行政管理相对人，如果违反我国行政管理义务，则也要承担行政责任。我国行政法中对本国公民、法人和其他组织设定的行政责任承担方式基本适用于外国公民和组织，如警告、罚款、拘留、赔偿等。外国人承担行政责任的特殊方式有限期离境、驱逐出境、禁止入境等。

（二）补救性行政责任

补救性行政责任以恢复遭受破坏的行政法律关系和行政法律秩序为主要目的。

1. 赔礼道歉、承认错误

赔礼道歉、承认错误是指当行政主体在行政管理中对相对人实施了违法的管理行为时，侵害了相对人的合法权益，由行政主体所承担的一种最轻微的补救性行政责任，可以采取口头形式，也可以采取书面形式。

2. 恢复名誉、消除影响

当行政主体的违法或不当行政行为造成相对人名誉上的损害、产生不良影响时，一般采取恢复名誉、消除影响这种精神上的补救性行政责任方式，可采用在大会上宣布决定或在报刊上更正原处理决定等方法。方法的选择取决于相对人名誉受损害的程度和影响的范围。

3. 返还权益

当行政主体的违法或不当行为剥夺相对人的权益时，应在变更和撤销该行政行为时，返还相对人的权益。根据《体育法》及相关法律规定，行为人违反国家财政制度、财务制度，挪用、克扣体育资金的，由上级机关责令限期归还。

4. 恢复原状

当行政主体的违法或不当行政行为给相对人财产带来了一定的损害时，由其承担修理、拆除障碍、重新建造等使被损毁的财产恢复原状的责任。例如，《学校体育工作条例》规定，对违反本条例，侵占、破坏学校体育场地、器材、设备的单位或者个人，由当地人民政府或者教育行政部门令其限期清退和修复场地、赔偿或者修复器材、设备。

5. 撤销违法行为

行政主体的行政行为违法，其本身就有撤销的义务，相对人有要求其撤销违法行为的权利，上级行政机关或人民法院可依法直接撤销违法行为。

6. 行政赔偿

行政赔偿是指由于国家行政机关的具体行政行为违法或不当，对相对人的合法权益造成了实际的损害，由行政机关以物质补救形式来承担财产上的行政责任。

第三节 体育民事责任

一、体育民事责任的概念和特点

（一）体育民事责任的概念

民事责任主要是指民事主体依照法律规定或者按照当事人约定，履行民事义务，承担民事责任。它属于法律责任的一种，是保障民事权利和民事义务实现的重要措施，主要是一种民事救济手段，旨在使受害人被侵犯的权益得以恢复。民事责任依据当事人违反的民事义务的性质，分为违约民事责任和侵权民事责任两大类。

体育民事责任是指行为人因不法侵害体育法律关系主体的合法权益而应当承担的民事法律后果。体育法律关系主体也可以是民事法律关系主体，依法享有合法的民事权益，并受法律保护。任何组织和个人都负有不得侵犯的义务，否则就依法承担民事责任。体育民事责任包括违反合同的体育民事责任和侵权的体育民事责任，后者在体育违法行为中所占比例较大。违反合同的体育民事责任主要包括运动员工作合同违约承担的民事责任。侵权的体育民事责任主要包括体育名人人格权侵权、体育冠名权侵权、体育知识产权侵权、体育伤害侵权等承担的民事责任。

（二）体育民事责任的特点

体育民事责任具有如下特点：第一，体育民事责任是依据法律的直接规定而产生的，人民法院可以直接适用《体育法》《民法典》等有关条款进行认定和处理；第二，行为人侵害的是体育法律关系主体的合法的民事权益，包括财产权、人身权及知识产权；第三，体育民事责任的承担要以给当事人造成实际损害为前提，即没有造成损害的不承担体育民事责任；第四，归责原则适用于过错责任原则，行为人只有主观上有过错，才承担体育民事责任。

二、体育民事责任的构成要件

体育民事责任的构成要件是在体育活动中依据民事责任的构成要件而确定的，主要是指构成民事法律责任所必备的客观条件和主观条件的总和，包括损害事实、违法行为、因果关系和行为人主观上有过错。在体育活动中的任何人的行为只要符合这四项构成要件，就要承担体育民事责任。

（一）损害事实

损害事实是构成体育民事责任的首要条件。所谓损害，是指由一定的行为或事件造成的人身或财产上的损害。例如，消费者在滑雪时因摔跤而碰撞其他消费者，导致对方滑雪板损坏、腿骨骨折，进而导致其住院治疗而产生误工费。这些损害，按其性质可分为财产损害和非财产损害。财产损害按损失的物质利益的现实性程度又可分为直接损失和间接损失。因此，在实践中查明是否存在损害是十分必要的。

（二）违法行为

违法行为是构成体育民事责任的必要条件之一。违法行为有两种表现形式：一种是作为的违法行为，即实施法律所禁止的并侵害他人合法权益的行为；另一种是不作为的违法行为，即不履行法律规定的行为义务，致使他人受到损害的行为。例如，篮球场经营或管理机构未尽到篮球架的安全维护责任，导致篮球架倒塌砸伤篮球活动人员的行为。若行为不具有违法性，如正当防卫或紧急避险，行为人就不承担民事责任。

（三）因果关系

所谓因果关系，是指违法行为与损害事实之间存在因果关系。只有这样，行为人才对损害承担责任。在民法上，行为与损害之间的因果关系是行为人对该损害负有民事责任的必备条件之一。

（四）行为人主观上有过错

过错是指行为人实施行为时的某种主观状态，包括故意和过失两种形式。违反体育法律规范的民事责任归责原则属过错责任原则，即行为人只要有过错，不论是故意还是过失，都要承担体育民事责任。

三、承担体育民事责任的方式

《民法典》第一百七十九条规定了承担民事责任的主要方式，法律规定惩罚性赔偿的，依照其规定。这些民事责任承担方式可以单独适用，也可以合并适用。体育民事责任作为民事责任在体育领域的适用，具有如下的体育民事责任承担方式。

（一）停止侵害

停止侵害主要是指停止对知识产权（商标专用权等）和人身权（姓名权、肖像权等）的侵害，适用于侵害还在继续进行的情况，目的是制止侵害继续及防止损害进一步扩大。例如，《奥林匹克标志保护条例》规定，侵犯奥林匹克标志专有权，奥林匹克标志权利人或者利害关系人可以请求立即停止侵权行为。

（二）排除妨碍

排除妨碍适用于权利人因受非法妨碍而无法正常行使权利的情况，主要是对财产所有权、经营权、承包权、使用权、相邻权的保护。

（三）消除危险

自己的财产和人身可能因其他人的经营活动或财产管理不善而面临危险。消除危险是一种预防措施，主要适用于虽未造成损害，但将来可能甚至必然要造成侵害的情况。

(四) 返还财产

《民法典》规定，依占有的状态，将占有分为有权占用和无权占有。对于无权占有不动产或动产的，权利人可以请求返还财产。

(五) 恢复原状

恢复原状适用于非法损坏或侵占他人财产的情况。《学校体育工作条例》规定，侵占、破坏学校体育场地、器材、设备的单位或者个人，承担的责任形式有修复场地、赔偿或者修复器材、设备。

(六) 修理、重作、更换

修理、重作、更换是用于体育活动中的债务人履行合同时合同中物的质量不合格时采取的民事责任形式。购买和安装的体育器材不符合合同要求的，要承担修理、重作、更换的民事责任。

(七) 继续履行

只有在一方不履行合同义务或者履行合同义务不符合约定的情况下，另一方才有权要求其继续履行，即适用继续履行的违约行为主要是拒绝履行和部分履行。非违约方需要在合理期限内提出继续履行的请求。在体育场地设施租赁合同未到期时，双方有继续提供体育场地设施使用权和支付租金的责任。

(八) 赔偿损失

赔偿损失是一种适用极广的责任方式，无论是侵权责任还是违约责任都可以适用赔偿损失。凡造成对方经济或精神损失，用别的民事责任方式无法弥补的，都可适用这种方式。例如，《奥林匹克标志保护条例》规定，侵犯奥林匹克标志专有权的赔偿数额，按照权利人因被侵权所受到的损失或者侵权人因侵权所获得的利益确定。《反兴奋剂条例》规定，运动员辅助人员向运动员提供兴奋剂，或者协助运动员在体育运动中使用兴奋剂，或者实施影响采样结果行为，造成运动员人身损害的，依法承担民事赔偿责任。

(九) 支付违约金

支付违约金是按照当事人的约定或者法律直接规定，一方当事人违约的，应向另一方支付金钱的责任方式。体育商品、体育服务未按合同要求或者未按时间给付或提供的,需要向商品供给方和服务方支付违约金。

(十) 消除影响、恢复名誉

消除影响、恢复名誉是一种非财产性的责任方式,适用于名誉权、其他人身权利、知识产权受到侵犯的情况。在体育活动中对他人名誉权、知识产权等权利造成伤害的,应该承担消除影响、恢复名誉的责任。

(十一) 赔礼道歉

赔礼道歉主要适用于人身权被侵害的情况,也是一种非财产性的责任方式。在体育竞赛表演、体育裁判、体育观看等活动中,对他人身体或精神造成伤害的,需要赔礼道歉。

四、民事责任免除的情形

在现实生活中,不履行合同或法律规定的其他义务及致使他人财产、人身权利受到损害的,法律规定可以不承担民事责任时,行为人的民事责任可以依法被免除。根据我国法律规定,民事责任免除的情形主要有以下几种。

(一) 不可抗力

《民法典》第一百八十条规定,因不可抗力不能履行民事义务的,不承担民事责任。法律另有规定的,依照其规定。不可抗力是指不能预见、不能避免且不能克服的客观情况。它既包括自然现象(如火山爆发、地震、台风、冰雹和洪水灾害等),也包括社会现象(如战争等)。构成不可抗力必须具备三个条件:第一,它是客观的、外在的,不是由人的意志决定的;第二,它是当事人在订立合同或实施其他行为时不能预见的;第三,它是人力不可抗拒的,即人们不能避免并不能克服的。

(二) 受害人自身过错

无论是不履行合同还是侵权损害,只要是由受害人自己的故意行为或重大过失所引起的,就可免除或减轻有关义务人的民事责任。例如,《贵阳市中小学生人身伤害事故预防与处理条例》《杭州市中小学校学生伤害事故处理条例》等明确规定，学生自身原因造成的学生伤害，学校已履行相应职责，行为并无不当的，不承担责任。

（三）正当防卫

因正当防卫造成损害的，不承担民事责任，但正当防卫超过必要的限度，造成不应有的损害的，正当防卫人应当承担适当的民事责任。所谓正当防卫所造成的损害，是指行为人在公共利益或自己与他人的合法权益受到不法侵害时，为保护合法权益对违法行为人采取正当的防卫措施，而使之遭受的财产或人身的不利后果。

（四）紧急避险

因紧急避险造成损害的，由引起险情发生的人承担民事责任。危险由自然原因引起的，紧急避险人不承担民事责任，可以给予适当补偿。紧急避险采取措施不当或者超过必要的限度，造成不应有的损害的，紧急避险人应当承担适当的民事责任。紧急避险行为与正当防卫行为不同，正当防卫行为都是由不法侵害引发的，而紧急避险行为的险情既可能是由自然原因引起的，也可能是由不法侵害引起的；正当防卫的结果是对不法侵害人造成损害，而紧急避险是指行为人在遇到紧急危难的情况下，不得已而采取牺牲较小的利益、救护较大合法权益的行为，其结果一般是对第三人造成损害。

第四节　体育刑事责任

一、体育刑事责任的概念和特点

（一）体育刑事责任的概念

体育刑事责任是指体育法律关系行为人因其犯罪行为必须承受的，由司法机关代表国家所确定的否定性法律后果。

（二）体育刑事责任的特点

体育刑事责任是一种最为严厉的责任。产生刑事责任的原因在于行为人实施了严重危害社会、具有刑事违法性、应受刑法惩罚的行为。体育刑事责任只能由犯罪主体自己承担，并且主要是人身责任，其犯罪主体主要是自然人，也有单位的。体育刑事责任是国家给予违反体育法律法规的行为人的最严厉的惩罚。判断承担刑事责任的依据是行为人的严重违法行为，也就是体育违法行为的社会危害性极大并触犯了刑法构成犯罪。认定和追究刑事责任的机关只能是司法审判机关。公安机关立案侦查，监察机关公诉，人民法院审判，人民法院依照刑法、刑事诉讼法的相关规定对行为人的行为是否触犯了刑法、是否承担刑事责任进行审判。

二、体育刑事责任的构成要件

体育刑事违法行为既违反体育法律规范，又触犯刑事法律，符合犯罪的基本特征。体育刑事责任必须具备犯罪的四个构成要件：犯罪客体、犯罪客观方面、犯罪主体和犯罪主观方面。这四个构成要件是所有犯罪的共同构成要件，不同的犯罪构成是共同要件的具体化。

（一）犯罪客体

犯罪客体是指为我国刑法所保护而为犯罪行为所侵犯的社会关系。这种社会关系体现在体育领域则是法律规范所规定和维护的体育秩序及体育关系。犯罪客体说明了某种犯罪的性质，具有应受刑罚处罚的社会危害性，具体表现就是犯罪行为侵犯了刑法所保护的客体。

（二）犯罪客观方面

犯罪客观方面是指刑法所规定的犯罪活动客观外在表现事实，包括危害行为、危害结果及危害行为与危害结果之间的因果关系。有的还要求发生在特定的时间、地点，或者使用特定的方法。体育相关法律规范对于犯罪行为进行明确规定，如果要追究行为人的体育刑事责任，则须明确危害结果是由犯罪行为造成的，并且二者之间须有因果关系。

（三）犯罪主体

犯罪主体是指实施了刑法所禁止的危害行为并依法应当负刑事责任的人，包括自然人和单位。另外，在特殊情况下，法人也可以依法律规定成为我国刑法的犯罪主体。

（四）犯罪主观方面

犯罪主观方面是指犯罪主体对自己所实施的危害行为及其危害结果所持的故意或者过失的心理态度。行为人只有主观上具有故意或过失，实施了违反体育相关法律规范所规定的犯罪行为，才须承担体育刑事责任，而目的和动机也是定罪量刑的重要因素，意外事件不构成犯罪。

三、体育刑事责任的主要形式

我国《体育法》《刑法》，以及体育相关法律法规对体育刑事责任进行规定，涉及的主要体育犯罪类型有侵犯财产罪、贪污贿赂罪、渎职罪、扰乱公共秩序罪、扰乱市场秩序罪等，即体育刑事责任的主要形式。

（一）侵犯财产罪

1. 诈骗罪

诈骗罪是指以非法占有为目的，用虚构事实或者隐瞒真相的方法，骗取数额较大的公私财物的行为。在各类体育活动中有诈骗行为、构成犯罪的，要依法追究刑事责任。《奥林匹克标志保护条例》第十二条规定，利用奥林匹克标志进行诈骗等活动，构成犯罪的，依法追究刑事责任。

在竞技体育、体育产业、青少年和学校体育等的体育工作中，有诈骗行为、构成犯罪的，依法追究刑事责任。《刑法》第二百六十六条规定，诈骗公私财物，数额较大的，处 3 年以下有期徒刑、拘役或者管制，并处或者单处罚金；数额巨大或者有其他严重情节的，处 3 年以上 10 年以下有期徒刑，并处罚金；数额特别巨大或者有其他特别严重情节的，处 10 年以上有期徒刑或者无期徒刑，并处罚金或者没收财产。本法另有规定的，依照规定。单位直接负责的主管人员和其他直接责任人员以单位名义实施诈骗行为，诈骗所得归单位所有，数额在 5 万至 10 万元以上的，应处 5 年以下有期徒刑、拘役或者管制；数额在 20 万至 30 万元以上的，处 10 年以上有期徒刑或者无期徒刑，可以并处没收财产。对共同诈骗犯罪，应当以行为人参与共同诈骗的数额认定其犯罪数额，并结合行为人在共同犯罪中的地位、作用和非法所得数额等依法处罚。

2. 挪用资金罪

挪用资金罪是指公司、企业或者其他单位的工作人员，利用职务上的便利，挪用本单位资金归个人使用或者借贷给他人，数额较大、超过 3 个月未还的，或者虽未超过 3 个月但数额较大、进行营利活动的，或者进行非法活动的行为。在各种体育行为中违反国家体育财政制度、财务制度，挪用、克扣各种体育资金，构成犯罪的，依法追究刑事责任。《刑法》第二百七十二条规定："公司、企业或者其他单位的工作人员，利用职务上的便利，挪用本单位资金归个人使用或者借贷给他人，数额较大、超过三个月未还的，或者虽未超过三个月，但数额较大、进行营利活动的，或者进行非法活动的，处三年以下有期徒刑或者拘役；挪用本单位资金数额巨大的，处三年以上七年以下有期徒刑；数额特别巨大的，处七年以上有期徒刑。"

3. 故意毁坏财物罪

故意毁坏财物罪是指故意毁灭或者损坏公私财物，数额较大或者有其他严重情节，从而构成的犯罪。故意侵占、破坏公共体育设施的，可构成故意毁坏财物罪，并承担刑事责任。《刑法》第二百七十五条规定："故意毁坏公私财物，数额较大或者有其他严重情节的，处三年以下有期徒刑、拘役或者罚金；数额巨大或者有其他特别严重情节的，处三年以上七年以下有期徒刑。"

（二）贪污贿赂罪

1. 受贿罪

受贿罪是指国家体育工作人员利用职务上的便利，索取他人财物，或者非法收受他人财物，为他人谋取利益的行为。

对于犯受贿罪的，应当根据受贿所得数额及情节，依照刑法对于贪污的数额与情节的规定进行处罚。对于有索贿行为的，应当从重处罚。自 2016 年 4 月 18 日开始实施的《关于办理贪污贿赂刑事案件适用法律若干问题的解释》，对受贿罪的相关量刑数额作出了进一步的规定，受贿罪数额较大标准为 3 万至 20 万元，受贿罪数额巨大标准为 20 万～300 万元，受贿罪数额特别巨大标准为 300 万元以上。

此外，《刑法》第三百八十七条规定了单位受贿罪及经济往来中的受贿罪。国家体育机关、国有体育公司、体育企业、体育事业单位、体育组织索取、非法收受他人财物，为他人谋取利益，情节严重的，对单位判处罚金，并对其直接负责的主管人员和其他直接责任人员，处 5 年以下有期徒刑或者拘役。经济往来中的受贿罪除以单位为主体实施犯罪行为外，国家工作人员在经济往来中违反国家规定，收受各种名义的回扣、手续费，归个人所有的，也以受贿论处。

2. 行贿罪

行贿罪是行为人为谋取不正当利益而给予国家工作人员财物的行为。如果行为人有为谋取不正当体育利益，给予国家工作人员或者国家体育工作人员财物的行为，则可能构成体育行贿罪。《刑法》第三百九十条规定："对犯行贿罪的，处三年以下有期徒刑或者拘役，并处罚金；因行贿谋取不正当利益，情节严重的，或者使国家利益遭受重大损失的，处三年以上十年以下有期徒刑，并处罚金；情节特别严重的，或者使国家利益遭受特别重大损失的，处十年以上有期徒刑或者无期徒刑，并处罚金或者没收财产。"行贿人在被追诉前主动交代行贿行为的，可以从轻或减轻处罚。自 2000 年 12 月 22 日施行的《最高人民检察院关于行贿罪立案标准的规定》明确行贿罪予以立案追究刑事责任的情形包括：行贿数额在 1 万元以上的；或行贿数额不满 1 万元，但具有下列情形之一的，即为谋取非法利益而行贿的，向 3 人以上行贿的，向党政领导、司法工作人员、行政执法人员行贿的，致使国家或者社会利益遭受重大损失的。

3. 介绍贿赂罪

向国家体育工作人员介绍贿赂，情节严重的行为，则可能构成介绍贿赂罪。《刑法》第三百九十二条规定，向国家工作人员介绍贿赂，情节严重的，处 3 年以下有期徒刑或者拘役，并处罚金。介绍贿赂人在被追诉前主动交代介绍贿赂行为的，可以减轻处罚或者免除处罚。在各类体育社会活动中，有贿赂行为构成犯罪的，应当依法追究刑事责任。有关贿赂行为犯罪，既包括受贿罪，也包括行贿罪，还包括介绍贿赂罪。

4. 挪用公款罪

挪用公款罪是指国家工作人员利用职务上的便利，挪用公款归个人使用、进行非法活动，或者挪用公款数额较大、进行营利活动，或者挪用公款数额较大、超过3个月未还的行为。违反国家财政制度、财务制度,挪用体育公共资金,依法追究刑事责任。《公共文化体育设施条例》第三十二条规定,公共文化体育设施管理单位及其工作人员违反本条例规定,挪用公共文化体育设施管理单位的各项收入或者有条件维护而不履行维护义务,负有责任的主管人员和其他直接责任人员构成犯罪的,依法追究刑事责任。

《刑法》第三百八十四条规定,挪用公款罪处5年以下有期徒刑或者拘役;情节严重的,处5年以上有期徒刑;挪用公款数额巨大不退还的,处10年以上有期徒刑或者无期徒刑;挪用用于救灾、抢险、防汛、优抚、扶贫、移民、救济款物归个人使用的,从重处罚。其中,挪用公款归个人使用,进行非法活动,数额在3万元以上的,以挪用公款罪追究刑事责任,数额在300万元以上的,认定为数额巨大。情节严重的情形主要包括:挪用公款数额在100万元以上的;挪用救灾、抢险、防汛、优抚、扶贫、移民、救济特定款物,数额在50万元以上不满100万元的;挪用公款不退还,数额在50万元以上不满100万元的;其他严重的情节。

5. 贪污罪

贪污罪是指国家工作人员利用职务上的便利,侵吞、窃取、骗取或者以其他手段非法占有公共财物的行为。受国家机关、国有公司、企业、事业单位、人民团体委托管理、经营国有财产的人员,利用职务上的便利,侵吞、窃取、骗取或者以其他手段非法占有国有财物的,以贪污论。与前述所列人员勾结,伙同贪污的,以共犯论处。挪用、克扣体育资金的犯罪,依其情节和性质可分别构成挪用公款罪或贪污罪。

《刑法》第三百八十三条规定,对犯贪污罪的,据情节轻重的处罚为:①贪污数额较大或者有其他较重情节的,处3年以下有期徒刑或者拘役,并处罚金。②贪污数额巨大或者有其他严重情节的,处3年以上10年以下有期徒刑,并处罚金或者没收财产。③贪污数额特别巨大或者有其他特别严重情节的,处10年以上有期徒刑或者无期徒刑,并处罚金或者没收财产;数额特别巨大,并使国家和人民利益遭受特别重大损失的,处无期徒刑或者死刑,并处没收财产。对多次贪污未经处理的,按照累计贪污数额处罚。犯第一款罪,在提起公诉前如实供述自己罪行、真诚悔罪、积极退赃、避免、减少损害结果的发生,有第一项规定情形的,可以从轻、减轻或者免除处罚,有第二项、第三项规定情形的,可以从轻处罚。

犯第一款罪，有第三项规定情形被判处死刑缓期执行的，人民法院根据犯罪情节等情况可以同时决定在其死刑缓期执行2年期满依法减为无期徒刑后，终身监禁，不得减刑、假释。

根据刑法的规定，对犯贪污罪的，根据情节轻重，分别依照下列规定处罚。个人贪污数额在10万元以上的，处10年以上有期徒刑或者无期徒刑，可以并处没收财产；情节特别严重的，处死刑，并处没收财产。个人贪污数额在5万元以上不满10万元的，处5年以上有期徒刑，可以并处没收财产；情节特别严重的，处无期徒刑，并处没收财产。个人贪污数额在5000元以上不满5万元的，处1年以上7年以下有期徒刑。个人贪污数额在5000元以上不满1万元，犯罪后有悔改表现、积极退赃的，可以减轻处罚或者免予刑事处罚，由其所在单位或者上级主管机关给予行政处分。个人贪污数额不满5000元，情节较重的，处2年以下有期徒刑或者拘役；情节较轻的，由其所在单位或者上级主管机关酌情给予行政处分。

（三）渎职罪

1. 滥用职权罪

滥用职权罪是指国家机关工作人员故意逾越职权，不按或违反法律决定、处理其无权决定、处理的事项，或者违反规定处理公务，致使侵吞公共财产、国家和人民遭受重大财产损失的行为。《公共文化体育设施条例》第二十八条规定，文化、体育、城乡规划、建设、土地等有关行政主管部门及其工作人员，不依法履行职责或者发现违法行为不予依法查处，构成犯罪的，依法追究刑事责任。《全民健身条例》第三十九条规定，县级以上人民政府及其有关部门的工作人员在全民健身工作中玩忽职守、滥用职权、徇私舞弊，构成犯罪的，依法追究刑事责任。《彩票管理条例》第四十四条规定，依照本条例的规定履行彩票管理职责的财政部门、民政部门、体育行政部门的工作人员，在彩票监督管理活动中滥用职权、玩忽职守、徇私舞弊，构成犯罪的，依法追究刑事责任。

《刑法》规定，犯滥用职权罪的，处3年以下有期徒刑或者拘役；情节特别严重的，处3年以上7年以下有期徒刑。本法另有规定的，依照规定。国家机关工作人员徇私舞弊，犯前款罪的，处5年以下有期徒刑或者拘役；情节特别严重的，处5年以上10年以下有期徒刑。本法另有规定的，依照规定。《最高人民法院、最高人民检察院关于办理渎职刑事案件适用法律若干问题的解释（一）》进一步明确，致使公共财产、国家和人民利益遭受重大损失的情形包括：造成死亡 1 人以上，或者重伤 3 人以上，或者轻伤 9 人以上，或者重伤 2 人、轻伤 3 人以上，或者重伤 1 人、轻伤 6 人以上的；造成经济损失 30 万元以上的；造成恶劣社会影响的；其他致使公共财产、国家和人民利益遭受重大损失的情形。情节特别严重的情形包括：造成伤亡达到前款第一项规定人数 3 倍以上的；造成经济损失 150 万元以上的；造成前款规定的损失后果，不报、迟报、谎报或者授意、指使、强令他人不报、迟报、谎报事故情况，致使损失后果持续、扩大或者抢救工作延误的；造成特别恶劣社会影响的；其他特别严重的情节。

2. 玩忽职守罪

玩忽职守罪是指国家机关工作人员严重不负责任,不履行或不认真履行自己的工作职责，致使公共财产、国家和人民利益遭受重大损失的行为。《公共文化体育设施条例》第三十二条规定，公共文化体育设施管理单位及其工作人员违反本条例规定，挪用公共文化体育设施管理单位的各项收入或者有条件维护而不履行维护义务，负有责任的主管人员和其他直接责任人员构成犯罪的，依法追究刑事责任。《公共文化体育设施条例》第二十八条、《全民健身条例》第三十九条、《彩票管理条例》第四十四条不仅规定了滥用职权罪，也规定了玩忽职守罪。

《刑法》规定，犯玩忽职守罪的，处 3 年以下有期徒刑或者拘役；情节特别严重的，处 3 年以上 7 年以下有期徒刑。本法另有规定的，依照规定。国家机关工作人员徇私舞弊，犯前款罪的，处 5 年以下有期徒刑或者拘役；情节特别严重的，处 5 年以上 10 年以下有期徒刑。本法另有规定的，依照规定。《最高人民法院、最高人民检察院关于办理渎职刑事案件适用法律若干问题的解释（一）》明确了具体的量刑标准，同滥用职权罪。

（四）扰乱公共秩序罪

在体育活动中，寻衅滋事、扰乱公共秩序构成犯罪的，依法追究刑事责任。《全民健身条例》第三十八条规定，利用健身活动从事宣扬封建迷信、违背社会公德、扰乱公共秩序、损害公民身心健康的行为，构成犯罪的，依法追究刑事责任。

在体育活动中，依犯罪情节和性质可分别构成寻衅滋事罪，聚众扰乱公共场所秩序、交通秩序罪，赌博罪，兴奋剂犯罪，等等。

1. 寻衅滋事罪

寻衅滋事罪是指肆意挑衅，随意殴打、骚扰他人，任意损毁、占用公私财物，或者在公共场所起哄闹事，严重破坏社会秩序的行为。《刑法》第二百九十三条规定，犯寻衅滋事罪，破坏社会秩序的，处5年以下有期徒刑、拘役或者管制。纠集他人多次实施寻衅滋事行为，严重破坏社会秩序的，处5年以上10年以下有期徒刑，可以并处罚金。

2. 聚众扰乱公共场所秩序、交通秩序罪

《刑法》第二百九十一条规定，聚众扰乱车站、码头、民用航空站、商场、公园、影剧院、展览会、运动场或者其他公共场所秩序，聚众堵塞交通或者破坏交通秩序，抗拒、阻碍国家治安管理工作人员依法执行职务，情节严重的，对首要分子，处五年以下有期徒刑、拘役或者管制。

3. 赌博罪

赌博罪是指以营利为目的，聚众赌博、开设赌场或者以赌博为业的行为。对于虽然多次参加赌博，但输赢不大，不是以赌博为生活或主要经济来源的，或者行为人虽然提供赌场、赌具，但本人未从中渔利的，都不能认定为赌博罪。赌博罪中情节严重的，可按《治安管理处罚法》的规定处理。在竞技体育活动中，赌博或者组织赌博行为，构成犯罪的，依法追究刑事责任。

4. 兴奋剂犯罪

兴奋剂犯罪是指走私、非法经营、非法使用兴奋剂的行为，其不是单一的犯罪的行为，是有关于兴奋剂犯罪的统称，因行为人犯罪情节和性质不同而有所区分。体育领域兴奋剂问题一直受到国际体育组织、国内外体育机构及各国政府的高度重视。《反兴奋剂条例》第三十七条规定，体育主管部门和其他行政机关及其工作人员不履行职责，或者包庇、纵容非法使用、提供兴奋剂，或者有其他违反本条例行为，构成犯罪的，依法追究刑事责任。第三十八条规定，生产企业擅自生产，药品批发企业擅自经营蛋白同化制剂、肽类激素，或者未按照本条例规定

渠道供应蛋白同化制剂、肽类激素，药品零售企业擅自经营蛋白同化制剂、肽类激素，构成犯罪的，依法追究刑事责任。第三十九条规定，体育社会团体、运动员管理单位向运动员提供兴奋剂或者组织、强迫、欺骗运动员在体育运动中使用兴奋剂，构成犯罪的，依法追究刑事责任。第四十条规定，运动员辅助人员组织、强迫、欺骗、教唆运动员在体育运动中使用兴奋剂，构成犯罪的，依法追究刑事责任。运动员辅助人员向运动员提供兴奋剂，或者协助运动员在体育运动中使用兴奋剂，或者实施影响采样结果行为，构成犯罪的，依法追究刑事责任。2020年12月26日，第十三届全国人民代表大会常务委员会第二十四次会议通过《中华人民共和国刑法修正案（十一）》（以下简称《刑法修正案（十一）》），增设与兴奋剂有关的罪名："引诱、教唆、欺骗运动员使用兴奋剂参加国内、国际重大体育竞赛，或者明知运动员参加上述竞赛而向其提供兴奋剂，情节严重的，处三年以下有期徒刑或者拘役，并处罚金。组织、强迫运动员使用兴奋剂参加国内、国际重大体育竞赛的，依照前款的规定从重处罚。"

（五）扰乱市场秩序罪

《刑法》第二百二十五条规定，有非法经营行为，扰乱市场秩序，情节严重的，处5年以下有期徒刑或者拘役，并处或者单处违法所得1倍以上5倍以下罚金；情节特别严重的，处5年以上有期徒刑，并处违法所得1倍以上5倍以下罚金或者没收财产。非法经营罪是指未经许可经营专营、专卖物品或其他限制买卖的物品，买卖进出口许可证、进出口原产地证明及其他法律法规规定的经营许可证或者批准文件，以及从事其他非法经营活动，扰乱市场秩序，情节严重的行为。《最高人民法院关于审理走私、非法经营、非法使用兴奋剂刑事案件适用法律若干问题的解释》第二条规定，违反国家规定，未经许可经营兴奋剂目录所列物质，涉案物质属于法律、行政法规规定的限制买卖的物品，扰乱市场秩序，情节严重的，应当依照《刑法》第二百二十五条的规定，以非法经营罪定罪处罚。《彩票管理条例》第三十九条规定，彩票发行机构、彩票销售机构未经批准开设、停止彩票品种，或者未经批准变更彩票品种审判事项等，构成犯罪的，依法追究刑事责任。伪造、变造彩票或使用伪造、变造的彩票兑奖，构成犯罪的，依法追究刑事责任。

第五节 案例分析

一、李某与某俱乐部追索劳动报酬纠纷案

（一）案例

2019年4月，某俱乐部向李某出具欠条，载明该俱乐部欠李某赛季绩效工资及奖金，并承诺于两个月之内支付，因该俱乐部逾期未支付，李某向审理法院提起诉讼，请求该俱乐部支付所欠工资及奖金。

裁判结果：审理法院认为，该俱乐部与李某之间属于劳动关系。李某以欠条为据直接向审理法院提起民事诉讼，诉讼请求不涉及劳动关系其他争议，视为拖欠劳动报酬争议，无须经过劳动争议仲裁前置程序，应当按照普通民事纠纷受理，审理法院判决该俱乐部向李某支付欠付工资及奖金。

（二）评析

《体育法》明确国家建立体育仲裁制度，及时、公正解决体育纠纷。该法第九十二条第二款将《中华人民共和国仲裁法》规定的可仲裁纠纷和《中华人民共和国劳动争议调解仲裁法》规定的劳动争议排除在体育仲裁范围之外，明晰了体育仲裁的范围。劳动争议案件实行"一调一裁两审"程序，及时、有效地维护劳动者的合法权益。《最高人民法院关于审理劳动争议案件适用法律问题的解释（一）》第十五条规定，劳动者持用人单位的工资欠条直接提起诉讼，诉讼请求不涉及劳动关系其他争议的，无须经过仲裁前置程序。本案例裁判依法将运动员追索劳动报酬纠纷纳入人民法院民事案件受案范围，支持运动员关于劳动报酬的诉讼请求，及时有效保障运动员劳动权益，有助于运动员人才队伍稳定，促进人才强国战略的实施。

二、武汉某市民私自建足球场遭拆除案

（一）案例

市民刘某于2021年投资1200万元，将此前长期堆渣土、生活垃圾、建筑垃

圾的垃圾场变成了足球场，成为附近居民健身娱乐的场所。由于附近一名居民投诉足球场违建、灯光和噪声扰民，2022 年 6 月武昌城管杨园街执法中队要求强制拆除，并于 2022 年 3 月对围网和灯杆进行拆除，足球场直接经济损失超过 200 万元。该足球场为城市主场（武汉）体育发展有限公司所建。该公司运营负责人谢先生向记者证实，网帖为他的朋友所发，刘某是公司老板。他介绍，建足球场的初衷，源于国务院 2014 年发布的 46 号文件《国务院关于加快发展体育产业促进体育消费的若干意见》，文件指出，鼓励充分利用郊野公园、城市公园、公共绿地及城市空置场所等建设群众体育设施，"正是受此启发，才决定将废弃闲置的绿化用地改造成体育场馆"。

但是，这个文件在武汉并没有落地举措，如何利用绿地建设体育设施，谢先生称他们也不清楚。城管部门介入后，武昌区人民政府也曾建议变更土地使用性质，但公司咨询过规划部门，被告知变不了，更无法取得规划、建设许可证。

（二）评析

武汉市体育局相关人士称，武汉作为首批足球改革试点城市，此事值得引起关注和探讨。国家确实出台过相应文件，但在推进建设过程中，如何做到在不影响市民的基础上服务市民，又符合地方法律法规，将其纳入政府规范管理，这一难题亟待破解。2023 年初，《武汉市足球改革发展总体方案》发布，该方案提出，加大足球场地建设政策扶持力度，在遵循相关专项规划的前提下，在公园、江滩、河滩、湿地、生态隔离带等适宜地带，实现绿地与五人制、八人制足球场等足球设施的综合开发和复合利用，方便市民参与足球运动。

思考与练习

1. 《体育法》明确规定法律责任有着重要的意义，主要表现在哪几个方面？
2. 简述体育行政责任的类别。
3. 简述体育民事责任的概念和特征。
4. 承担体育民事责任的方式有哪些？
5. 简述《体育法》规定的犯罪行为。

主要参考文献

[1] 苏号朋，赵双艳. 体育法案例评析[M]. 北京：对外经济贸易大学出版社，2010.

[2] 韩勇. 体育与法律——体育纠纷案例评析（二）[M]. 北京：人民体育出版社，2017.

[3] 田思源. 体育法前沿（第1卷）[M]. 北京：中国政法大学出版社，2016.

[4] 刘双玉. 体育运动人身损害司法典型案例精析[M]. 北京：人民法院出版社，2018.

[5] 董小龙，郭春玲. 体育法学[M]. 3版. 北京：法律出版社，2018.

[6] 韩勇. 中国体育法学研究：从法解释学到法社会学[J]. 体育科学，2010，30（3）：75-82.

[7] 汪全胜，陈光，张洪振. 体育法律责任的设定及其完善[J]. 体育学刊，2010，17（2）：12-17.

[8] 谭小勇. 自甘风险规则适用学校体育伤害侵权的司法价值与挑战[J]. 上海体育学院学报，2020，44（12）：13-27.

[9] 杨立新. 自甘风险：本土化的概念定义、类型结构与法律适用——以白银山地马拉松越野赛体育事故为视角[J]. 东方法学，2021（4）：107-120.

[10] 马修 J. 米顿，郭树理. 体育伤害的法律责任探讨[J]. 苏州大学学报（法学版），2020，7（2）：141-150.

[11] 喻海松. 兴奋剂犯罪刑法规制的基本问题——以《中华人民共和国刑法修正案（十一）》的相关规定为中心[J]. 体育科学，2021，41（11）：10-18.

[12] 汤卫东. 侵权法视角下体育运动中的人身损害责任探析[J]. 体育科学，2014，34（1）：34-40.

[13] 姜熙. 比较法视角下的我国《体育法》修改研究——基于30国体育法的文本分析[J]. 体育科学，2019，39（7）：62-79.

[14] 赵毅，王晓蕾. 改革开放40年来我国体育法学研究的成就、论题与展望[J]. 成都体育学院学报，2019，45（1）：28-34.

[15] PRIMORAC D, BUHOVAC M, MILETIĆ N. Investigation and verification of criminal aspects of doping as a crime in sport law[J]. Zbornik radova pravnog fakulteta u splitu, 2021, 58(1): 185-209.

第四章 全民健身法律法规

要点提示：本章主要介绍全民健身法律法规的概念、原则与特点，从立法效力等级和立法内容对全民健身法律法规进行的分类，全民健身法律法规内容，并进行案例分析。在学习本章内容时，注意掌握全民健身法律法规的特点，熟悉其制定原则，了解不同分类包含的主要内容，掌握《宪法》《体育法》《全民健身条例》《全民健身计划》《国家体育锻炼标准》《社会体育指导员管理办法》《社会体育指导员国家职业技能标准》《国民体质测定标准施行办法》等法律法规中的全民健身相关内容。

第一节 全民健身法律法规概述

一、全民健身法律法规的概念、原则与特点

（一）全民健身法律法规的概念

全民健身法律法规是指有关全民健身的法律、法规、规章及其他规范性文件。这些法律、法规、规章明确了我国全民健身的地位及作用，在一定程度上既保证了我国全民健身工作的正常开展，又保障了社会全体成员参加体育活动的合法权益，从而促进了我国全民健身的有序发展。

全民健身是我国体育事业的重要组成部分，是体育工作的重点，与竞技体育、青少年和学校体育相对应。全民健身已成为一种最为普遍的体育现象，面向全民、遍及全社会，形式多样，是以增强体质、丰富余暇生活、调节社会情感为目的的群众性体育健身活动。我国一直十分重视全民健身，为规范和促进其发展，通过一系列法规政策文件明确其法律地位。《宪法》第二十一条第二款规定，国家发展体育事业，开展群众性的体育活动，增强人民体质。这表明全民健身在体育事业和社会发展中具有重要地位。1995 年《体育法》第二章专门规定全民健身，明确各级人民政府开展全民健身的责任。2022 年《体育法》将第二章改为全民健身，

在新时期提升了开展全民健身活动的深度和广度。《全民健身条例》更加全面、系统地保障全民健身计划实施、全民健身活动开展，明确国家和各级人民政府的责任，明确体育设施的管理与维护，明确经营高危险性体育项目的条件，并对相应的行为进行法律责任规制，以保障全民健身活动的开展，保障公民在全民健身活动中的合法权益，提高公民身体素质。2014年，《国务院关于加快发展体育产业促进体育消费的若干意见》将全民健身上升为国家战略，之后颁布的《"健康中国2030"规划纲要》《体育强国建设纲要》等进一步明确了全民健身的重要任务及发展方略。各地也颁布相关的全民健身条例和全民健身实施计划等法规文件予以保障。全民健身法律法规是指国家为了规范全民健身活动而制定的法律、行政法规、司法解释等规范性文件的总称。

（二）全民健身法律法规的原则

1. 平等原则

随着人们生活水平的提高，全民健身深入人心，全民健身活动得到广泛开展，越来越多的公民自愿并花更多的时间参与全民健身活动。我国是社会主义国家，平等权是中国公民的一项基本权利。《宪法》明确规定，公民在法律面前一律平等。每位公民在全民健身活动中，都是独立的活动主体，均享有平等权，同等地依法享有权利和履行义务，公民在全民健身法律法规面前一律平等，遵循平等原则。《全民健身条例》第四条明确规定，公民有依法参加全民健身活动的权利。地方各级人民政府应当依法保障公民参加全民健身活动的权利。《体育法》第五条规定，国家依法保障公民平等参与体育活动的权利，对未成年人、妇女、老年人、残疾人等参加体育活动的权利给予特别保障。在我国，多部法律法规中体现了全民健身参与的平等性。体育权利均等化需要通过政府提供公共体育服务均等化来保证，实现基本公共体育服务制度覆盖全民。

2. 公开原则

全民健身法律法规作为国家法律法规的一部分，只有经过颁布才能生效，因此必须遵守公开原则。为了充分调动全民健身各方面积极性，促进全民健身发展，就要公开各项有关法律法规，增加透明度。全民健身法律法规的公开原则包括两点。一是全民健身法律法规的内容应当公开。国家和各地方颁布全民健身条例、全民健身实施计划、国家体育锻炼标准、全民健身指导员制度、全民健身志愿服务活动、农村体育工作指导意见、少数民族传统体育工作指导意见、社区体育工作指导意见、老年人体育工作计划、残疾人体育工作计划、国民体质监测工作计划、中国体育彩票全民健身工程管理规定等，需要公开立法内容，保障公民的知情权。二是全民健身法律法规的行政行为应当公开。为了保障公民、法人和其他组织依法获取政府信息，提高政府工作的透明度，建设法治政府，充分发挥政府信息的服务作用，国务院于2019年公布《中华人民共和国政府信息公开条例》，明确全民健身法律法规中涉及的行政行为需要依法履行公开义务，并公开体育部门行政权力事项目录清单，以及行政执法人员名单。须公开的行政行为主要包括经营高危险性体育项目许可、全民健身设施拆迁或改变用途批准、体育类民办非企业单位申请登记审查等。

3. 效率原则

立法效率直接表现为立法效益和立法成本的比较，间接反映了立法目的是否能实现且在多大程度上促进了经济社会发展，增进了社会整体利益，实现了社会资源的最佳配置和社会财富的增加。全民健身涉及的方面较为广泛，同时具有活动时间的灵活性、活动内容的丰富性和活动形式的多样性等特征，又是一项公众性的社会活动，主体是非常广泛的。为保证全民健身活动的健康有序开展，提高全民健身活动的效率，必须首先提高管理效率，明确细分工作制度，加强管理队伍建设，完善管理体制。否则，全民健身活动就不可能正常有效地开展。同时需要完善全民健身发展规划，按照建立办事高效、运转协调、行为规范政府的要求，推进体育行政管理的法制化。另外，需要提高执法效率，加大执法力度，合理使用强制措施。做好高危体育项目的行政审批工作，形成适应标准化管理的体育市场执法监管机制。在公共体育设施建设、财政经费保障、全民健身指导员队伍建设、青少年和学校体育场馆向社会开放等一些关键点、重要环节上，制定出具有针对性、可操作性的政策，切实维护公民享有的体育权益。加强对体育法律法规的普法工作，营造体育法治环境，提高全社会的体育法律意识。

4. 法治原则

全民健身法律法规遵循法治原则，即以上位法和国家相关政策为依据，需要根据国家颁布的一系列法规政策立法、修法、执法与司法，体现公益性、均等性、便利性和基本性的原则。应当坚持政府主导、部门协同、全社会共同参与的基本思路,明确以人民为中心的发展思想,明确各级政府负有统筹规划、组织领导、服务保障、宣传引导、监督检查等基本职责。全面贯彻公共服务理念,将全民健身服务体系纳入基本公共服务体系建设,明确政府在全民健身工作中的主导责任,推动政府切实履行公共体育服务职能,满足人民群众日益增长的美好生活需要。要兼顾立法的稳定性,既要与时俱进,又要尊重现行立法的成功经验,在形式、体例、内容上保持合理稳定性,体现法规的规范性和权威性。法治原则还要求贯彻法治思维和改革精神,克服行政思维,解决好立法、执法、守法相衔接的问题,破解有法不依、有法难依的现象,厘清具体问题。进一步改进执法工作,提升法治建设水平,牢固树立法治观念,将守法作为执法的必要前提,将履行职责作为行使权力的必然要求,强化法律至上、公平公正、权责一致、执法与守法相统一的执法理念。以法治思维深化行政管理体制和执法体制改革,建立健全有效的执法体系,重视发挥公众的主体地位和作用,建立起全社会共同参与的公共治理体系和全面责任体系,促使执法方式更加科学化、规范化和常态化。

5. 科学原则

坚持全民健身立法的科学原则,即促进全民健身立法的科学化、现代化。立法的科学原则需要科学、合理地界定公民、法人和其他组织的权利与义务,规定国家机关的权力与责任,实现权责统一。同时需要坚持理论联系实际,客观条件与主观条件相结合。以地方全民健身条例的修订为例,要坚持以问题为导向,针对实践中存在的主要问题进行制度设计,寻求解决问题的对策、方案,并通过立法技术,将条件成熟、具有可行性的部分措施上升为地方性法规条文,以实现可持续发展。在以上位法为依据的基础上,广泛借鉴其他省市的全民健身条例相关成功经验,提出立法建议。要坚持以人为本、政府主导、全民参与、科学有效的原则,按照保障公民健身权利的新要求和强化政府责任的新定位,构建基本公共体育服务体系和全面责任体系,促进体育事业全面协调可持续发展,使全民健身事业得到大力发展,在全民健身保障、全民健身指导与服务、全民参与和全民健身宣传等方面进行新的制度设计。

(三) 全民健身法律法规的特点

1. 广泛性

全民健身活动是社会文化生活的重要组成部分,这一活动几乎涉及每个社会成员，渗透到社会的每个细胞，具有广泛的群众性。全民健身法律法规是一种特殊的社会规范，是调整人们在全民健身活动中各种关系的行为准则。全民健身法律法规将不同阶层、不同职业、不同年龄的人们在全民健身活动中的各种社会关系固定化、制度化、法律化，并以国家强制力保证实施。把人们从事全民健身活动的行为纳入一定的轨道，以一定的全民健身法律法规对其进行有效的调节和控制。全民健身法律法规明确地规定了人们在某种情况下可以做什么、应该做什么、不能做什么，以此把参与全民健身的各种行为和管理关系纳入一定的规范范围，保证全民健身活动的健康发展。

2. 稳定性

全民健身法律法规的稳定性是指法律法规在颁布生效以后，它的效力要维持适当的时间，不能朝令夕改，更不能因领导人的改变而改变，不因领导人的看法和注意力的改变而改变。一经颁布，要保证在同样情况下可以反复使用，保持稳定。全民健身法律法规的稳定性是其权威性的要求。全民健身法律法规保持稳定，可以在一定程度上保持全民健身各种关系的稳定，保证全民健身在有秩序状态下发展变化。若全民健身法律法规经常变化，则全民健身现状的合法性处于不定状态，全民健身发展目标也处于不定状态，人民无法适应。全民健身法律法规的稳定性也是其规范性的要求，全民健身法律法规具有对本人全民健身行为的指导作用，对他人全民健身行为的评价作用，对一般人全民健身行为的警诫作用或教育作用，对全民健身违法者的强制作用。这些作用并不能自然地发挥，它除有赖于法律的强制性外，还有赖于法律的稳定性。

3. 规范性

全民健身法律法规能够为人们在全民健身行为中提供正当性支持，体现规范性，同时是人们进行全民健身行为的依据。全民健身法律法规的语言必须严谨、准确、具体，明确规定组织或个人在规定情况下，应该有什么样的行为举止，并以此判断人的行为是否合法，规范、约束组织和个人的行为。全民健身法律法规较其他社会规范在结构上更为严谨，为人们的行为设定了一种模式、标准或方向。每个规范不但规定全民健身行为本身，而且对作出或抑制某种全民健身行为的情况和条件，以及违反此项规定的法律后果也要予以规定。这些规范对国家管理群众性的全民健身活动起到了积极的指导作用和良好的推动作用，成为管理全民健身活动的基本依据，也是进行科学管理的基本手段。

二、全民健身法律法规的分类

全民健身法律法规按照不同角度可以进行不同分类，主要是从立法效力等级和立法内容两个方面进行分类。

（一）以立法效力等级为标准的分类

1. 《宪法》中的有关条文

《宪法》为全民健身法律法规的制定提供了基本指导思想和立法依据。《宪法》第二十一条第二款规定，国家发展体育事业，开展群众性的体育活动，增强人民体质。该规定对体育及全民健身的地位予以明确，指出了全民健身的目的、任务，具有重要指导意义。

2. 《体育法》及有关法律的相关规定

《体育法》是体育领域的基本法，阐明了国家发展体育事业的基本方针、原则和任务，突出了全民健身的重要地位。《体育法》规定："国家实施全民健身战略，构建全民健身公共服务体系，鼓励和支持公民参加健身活动，促进全民健身与全民健康深度融合。国家倡导公民树立和践行科学健身理念，主动学习健身知识，积极参加健身活动。国家实行社会体育指导员制度。社会体育指导员对全民健身活动进行指导。"此外，《教育法》、《义务教育法》、《中华人民共和国未成年人保护法》（以下简称《未成年人保护法》）、《中华人民共和国残疾人保障法》（以下简称《残疾人保障法》）等都有相关规定，保障广大公民参加体育活动的权益。

3. 《全民健身条例》等行政法规的相关规定

《全民健身条例》明确保护公民的体育健身权益，明确全民健身在体育事业发展中的地位和作用，明确县级以上地方人民政府应当将全民健身事业纳入本级国民经济和社会发展规划，有计划地建设公共体育设施，加大对农村地区和城市社区等基层公共体育设施建设的投入，促进全民健身事业均衡协调发展。地方各级人民政府应当依法保障公民参加全民健身活动的权利。此外,《公共文化体育设施条例》《外国人来华登山管理办法》等也有相关规定。

4. 地方性法规和规章中的相关规定

此处的地方性法规和规章主要包括省、自治区、直辖市的人民代表大会及其常务委员会或者地方人民政府，根据本行政区的特点和需要，在宪法、体育法及行政法规的指导下，制定的适合本地区全民健身发展的地方性法规和规章。例如，地方的全民健身条例、体育条例、体育彩票公益金管理办法、体育设施条例、地方全民健身实施计划、地方公共体育设施布局规划、游泳场所管理办法、地方体育局行政许可实施办法等。

5. 部门规章的相关规定

此处的部门规章主要是指国家体育总局和其他部门单独或联合发布的有关全民健身的规章，或其他规章中有关全民健身的内容。此类部门规章包括《体育类民办非企业单位登记审查与管理暂行办法》《航空体育运动管理办法》《国内登山管理办法》《健身气功管理办法》《社会体育指导员管理办法》《经营高危险性体育项目许可管理办法》《彩票管理条例实施细则》等。

6. 其他法规性或规范性文件的相关规定

此处的其他法规性或规范性文件主要包括《全民健身计划纲要》《全民健身计划（2021—2025年）》《国务院办公厅关于加快发展健身休闲产业的指导意见》《国务院办公厅关于进一步扩大旅游文化体育健康养老教育培训等领域消费的意见》《"健康中国2030"规划纲要》《国务院办公厅关于加快发展生活性服务业促进消费结构升级的指导意见》《国务院关于促进健康服务业发展的若干意见》《中共中央·国务院关于进一步加强和改进新时期体育工作的意见》等。

（二）以立法内容为标准的分类

全民健身法律制度是全民健身法律法规的核心，主要包括国务院和各地方制定的《全民健身条例》，以及推动全民健身计划实施的主要法规性文件，如《全民健身计划纲要》《全民健身计划（2021—2025年）》等。

1. 体育锻炼标准法律法规

国家体育锻炼标准制度是体育的一项基本制度，也是重要的全民健身法律制度。继20世纪50年代具有广泛影响的《劳卫制》和60年代的《青少年体育锻炼标准》之后，国家体育总局公布了《普通人群体育锻炼标准》，并从2003年5月10日起在全国施行。《普通人群体育锻炼标准》公布施行后，和先前出台的《学生体质健康标准》《军人体育锻炼标准》《公安民警体育锻炼达标标准》等一起，构成一个综合的、更加完整的国家体育锻炼标准。

2. 社会体育指导员法律法规

社会体育指导员是全民健身的宣传者、科学健身的指导者、群众活动的组织者、体育场地的维护者、健康生活方式的引领者。社会体育指导员分为公益性和职业性两类，分别采用不同的法律制度予以确认与保障。公益性社会体育指导员主要适用《社会体育指导员管理办法》，职业性社会体育指导员主要适用《社会体育指导员国家职业标准》。

3. 国民体质测定与监测法律法规

为了指导群众科学了解自身的体质状况，促进全民健身活动的开展，国家体育总局2000年开展了全国性的国民体质监测工作，同时制定了《国民体质监测工作规定》。之后国家体育总局又联合有关部委于2003年7月发布了《国民体质测定标准施行办法》，使我国国民体质测定标准形成完整的制度体系。

4. 农村体育法律法规

农村体育是我国体育事业的重要组成部分，也是全民健身发展的难点，国家颁布系列法规文件予以支持，主要包括《关于发挥乡镇综合文化站的功能进一步加强农村体育工作的意见》《中央支持地方公共文化服务体系建设补助资金管理办法》《中共中央关于推进农村改革发展若干重大问题的决定》《中共中央·国务院关于切实加强农业基础建设进一步促进农业发展农民增收的若干意见》《中共中央·国务院关于进一步加强和改进新时期体育工作的意见》《关于进一步加强新形势下老年人体育工作的意见》《国务院办公厅转发国家体委关于深化改革加快发展县级体育事业意见的通知》等。

5. 残疾人体育法律法规

残疾人应当享有与其他公民同样的体育权利，并为其权利实现予以保障，《体育法》《残疾人保障法》《中华人民共和国公共文化服务保障法》等都对此进行了规定。此外,《国务院办公厅关于进一步加强残疾人体育工作的意见》《全民健身计划（2021—2025年）》《中国残疾人事业"十二五"发展纲要》《国务院关于印发国家基本公共服务体系"十二五"规划的通知》《国务院关于加快推进残疾人小康进程的意见》《国务院关于印发"十三五"推进基本公共服务均等化规划的通知》等也有相关规定。

6. 职工体育法律法规

职工体育是全民健身发展的一种重要形式,相关法律法规主要包括《关于进一步加强职工体育工作的意见》《中华全国总工会、国家体育总局关于开展全国职工体育示范单位创建活动的通知》《"全民健身与奥运同行"系列活动实施意见》《国务院关于进一步加强新时期爱国卫生工作的意见》《全民健身计划纲要》等。

7. 民族传统体育法律法规

弘扬、保护民族传统体育项目是全民健身工作的重要任务,相关法律法规主要包括《中华人民共和国民族区域自治法》《国务院实施〈中华人民共和国民族区域自治法〉若干规定》《国务院关于印发"十三五"促进民族地区和人口较少民族发展规划的通知》《国务院办公厅关于加快发展健身休闲产业的指导意见》《国务院关于加快发展体育产业促进体育消费的若干意见》《国务院关于促进牧区又好又快发展的若干意见》《健身气功管理办法》《全国少数民族传统体育运动会组织管理办法》《关于实施中华优秀传统文化传承发展工程的意见》《中共中央·国务院关于新时代推进西部大开发形成新格局的指导意见》等。

第二节 全民健身法律法规内容

一、《宪法》中的全民健身法律法规内容

《宪法》是国家最高权力机关（即全国人民代表大会）制定的国家根本大法。《宪法》对体育事业发展、全民健身活动开展、行政领导与管理机构等进行规定,为全民健身法律法规提供基本指导思想和立法依据,为全民健身的发展提供发展

方向。全民健身是体育的一个组成部分，是体育事业的重要内容，根本目的是增强人民体质。《宪法》明确了体育的发展目的与方向，鼓励开展群众性体育活动。全民健身以娱乐休闲为主，主要目的是强身健体、丰富社会文化生活、促进精神文明建设，是一种有组织的社会活动。通过强身健体，增强人民体质，进而提高民族素质，这是由我国的社会主义性质、党和政府为人民服务的宗旨所决定的，是社会进步和经济发展的需要。国民体质健康水平是衡量社会发展进步的重要指标，是实现健康中国、体育强国的重要保证，因此必须大力发展全民健身，开展全民健身活动。《宪法》第八十九条明确了国务院行使领导和管理教育、科学、文化、卫生、体育和计划生育工作的职权，对全民健身的发展予以保障。

二、《体育法》中的全民健身法律法规内容

《体育法》是全国人民代表大会制定的体育领域的基本法。1995年的《体育法》第二条规定，"国家发展体育事业，开展群众性的体育活动，提高全民族身体素质。体育工作坚持以开展全民健身活动为基础，实行普及与提高相结合，促进各类体育协调发展"，充分体现全民健身在整个体育事业发展中所具有的根本性和基础性地位。该法的第二章对全民健身进行规定。经 2022 年修订后的《体育法》，将第二章改为全民健身，全民健身活动相关规定大部分被全民健身相关规定代替。全民健身是发展到一定阶段的更深层、更广泛的体育发展要求，其人群覆盖率更大、活动内容更广泛。新《体育法》规定，国家实施全民健身战略，构建全民健身公共服务体系，鼓励和支持公民参加健身活动，促进全民健身与全民健康深度融合。

国家倡导公民树立和践行科学健身理念，全面主动学习健身知识，积极参加健身活动。国家推行全民健身计划，制定和实施体育锻炼标准，定期开展公民体质监测和全民健身活动状况调查，开展科学健身指导工作。国家建立全民健身工作协调机制。县级以上人民政府应当定期组织有关部门对全民健身计划实施情况进行评估，并将评估情况向社会公开。国家实行全民健身指导员制度。全民健身指导员对全民健身活动进行指导。全民健身指导员管理办法由国务院体育行政部门规定。地方各级人民政府和有关部门应当为全民健身活动提供必要的条件，支持、保障全民健身活动的开展。国家机关、企业事业单位和工会、共产主义青年团、妇女联合会、残疾人联合会等群团组织应当根据各自特点，组织开展日常体

育锻炼和各级各类体育运动会等全民健身活动。居民委员会、村民委员会及其他社区组织应当结合实际，组织开展全民健身活动。全社会应当关心未成年人、妇女、老年人、残疾人参加全民健身活动的情况。各级人民政府应当采取措施，为未成年人、妇女、老年人、残疾人安全参加全民健身活动提供便利和保障。《体育法》还规定，县级以上地方人民政府应当按照国家有关规定，根据本行政区域经济社会发展水平、人口结构、环境条件及体育事业发展需要，统筹兼顾，优化配置各级各类体育场地设施，优先保障全民健身体育场地设施的建设和配置。公共体育场地设施管理单位应当公开向社会开放的办法，并对未成年人、老年人、残疾人等实行优惠。免费和低收费开放的体育场地设施，按照有关规定享受补助。以上各项规定内容覆盖面广、具体而全面，对全民健身工作的开展起到纲领性和指导性的作用，对全民健身事业的发展起到推动和保障作用。

三、《全民健身条例》

全民健身是一项社会系统工程，需要明确政府的责任，坚持政府负责的原则，明确政府的职责范围与管理程度，以便更好地发挥政府主导作用，尽可能释放社会和市场活力。政府要统筹、协调、完善全民健身公共服务体系，实现基本公共服务均等化，真正做到全民健身，实现全民健康。全民健身公共服务体系的核心任务和目标应当是建设全面覆盖的基本公共服务网络，以农村社区和城市社区为服务基地，综合平衡，保证全民健身服务的均等化实现。

为了进一步促进全民健身活动的开展，保障公民参加全民健身活动的权利，2009年国务院公布《全民健身条例》。《全民健身条例》首次提出"公民有依法参加全民健身活动的权利。地方各级人民政府应当依法保障公民参加全民健身活动的权利"。这是国家第一次以法规形式确认公民享有体育健身的权利及政府负有为公民体育健身提供公共服务的责任，具有重要意义。体育事业发展以满足广大人民群众日益增长的体育文化需求为出发点，把增强人民体质、提高全民族整体素质作为根本目标。要将增强人民体质、提高全民族整体素质体现在体育立法上，最重要的是确认和保障体育权利。体育权利是一种复合性的宪法权利，人们行使这些体育权利，一方面享有选择参加体育运动的自由，另一方面需要有场地设施、器材用品和经费投入，需要有人进行组织、管理、训练、指导，需要有一定的舆论导向、宣传教育和科技服务，还需要有政策、法规、制度及其他政府和社会的保障。国家对公民负有推动体育运动发展和提供开展体育活动必要条件的责任及积极义务，以保护国民身心和谐发展的权利。

《全民健身条例》共六章、四十条，内容包括总则、全民健身计划、全民健身活动、全民健身保障、法律责任和附则。该条例明确规定了公民在全民健身活动中的权利，强调了各级政府及有关部门发展全民健身事业的责任，并对全民健身的体育场地设施予以保障，还对全民健身指导员人员进行明确规定，区分了公益性全民健身指导员和职业性全民健身指导员，要求在高危险性体育项目经营中进行健身指导的全民健身指导员应当取得国家规定的职业资格证书，并对经营高危险性体育项目许可进行详细规定，强调国家支持、鼓励、推动与人民群众生活水平相适应的体育消费及体育产业的发展。

四、《全民健身计划》

为了更广泛地开展群众性体育活动，增强人民体质，推动全民健身活动，推进我国社会主义现代化建设事业的发展，国务院于1995年6月20日第一次正式公布并在全国施行《全民健身计划纲要》。在此基础上，相关部门设计了具体实施方案，在1995—2010年开展两期工程。第一期工程的时间跨度为1995—2000年，分为三个阶段：1995—1996年为第一阶段，进行宣传发动和改革试点，初步掀起一个全民健身活动热潮；1997—1998年为第二阶段，通过重点实施、逐步推进，形成崇尚健身、参与健身的社会环境和社会风气；1999—2000年为第三阶段，全面展开全民健身计划的各项工作并普遍取得成效，建立具有中国特色的全民健身体系的基本框架。第二期工程的时间跨度为2001—2010年，经过十年的努力，把全民健身工作提高到一个新的水平，基本建成具有中国特色的全民健身体系。2011年，为了进一步发展全民健身事业，推进体育强国建设进程，国务院制定了《全民健身计划（2011—2015年）》，整体全民健身公共服务体系基本形成。2016年，为了实施全民健身国家战略，提高全民族的身体素质和健康水平，国务院制定了《全民健身计划（2016—2020年）》。2021年，为推进全民健身国家战略深入实施，国务院制定并发布了《全民健身计划（2021—2025年）》。《全民健身计划（2021—2025年）》共分总体要求、主要任务、保障措施三部分、十四个方面。该计划的总体要求是：以习近平新时代中国特色社会主义思想为指导，贯彻落实党的十九大和十九届二中、三中、四中、五中全会精神，坚持以人民为中心，坚持新发展理念，深入实施健康中国战略和全民健身国家战略，加快体育强国建设，构建更高水平的全民健身公共服务体系，充分发挥全民健身在提高人民健康水平、促进人的全面发展、推动经济社会发展、展示国家文化软实力等方面的综合价值与多元功能。

《全民健身计划（2021—2025年）》的发展目标是：到2025年，全民健身公共服务体系更加完善，人民群众体育健身更加便利，健身热情进一步提高，各运动项目参与人数持续提升，经常参加体育锻炼人数比例达到38.5%，县（市、区）、乡镇（街道）、行政村（社区）三级公共健身设施和社区15分钟健身圈实现全覆盖，每千人拥有全民健身指导员2.16名，带动全国体育产业总规模达到5万亿元。主要任务：一是加大全民健身场地设施供给；二是广泛开展全民健身赛事活动；三是提升科学健身指导服务水平；四是激发体育社会组织活力；五是促进重点人群健身工作开展；六是推动体育产业持续健康发展；七是推进全民健身融合发展；八是营造全民健身社会氛围。设置的具体保障措施为：①加强组织领导；②壮大全民健身人才队伍；③加强全民健身安全保障；④提供全民健身智慧化服务。国务院如期印发《全民健身计划（2021—2025年）》，充分体现了党和国家对全民健身工作的重视。这是在我国全面建成小康社会、实现第一个百年奋斗目标并向实现第二个百年奋斗目标继续前进的重大节点，是有关全民健身事业发展的重要顶层设计，是"十四五"时期开展全民健身工作的指南，也是今后一个时期促进全民健身更高水平、更高质量发展，更好满足人民群众的健身和健康需求的重要部署，是"十四五"时期全民健身工作的总体规划和行动纲领。坚持以人民为中心的发展思想，在新的历史起点上对继续推动全民健身公共服务高质量发展，具有十分重要的意义。在国家制定《全民健身计划（2021—2025年）》之际，地方省市陆续制定了全民健身计划实施方案，为全民健身计划的实施提供了保障。

五、《国家体育锻炼标准》

20世纪50年代初期，国家提出逐步建立基层体育组织及推行"准备劳动与保卫祖国"的体育制度。北京市的部分学校制定并实行体育锻炼标准，原国家体委总结了经验，学习并仿照苏联的办法，制定了适用于我国青少年的统一锻炼标准，即《准备劳动与卫国体育制度》，于1954年公布试行。随后又多次修改，改称《劳动与卫国体育制度》，简称《劳卫制》，1964年改称《青少年体育锻炼标准》。

1974年，国家体委重新制定了锻炼标准的试行条例，在重点试行的基础上进行修改，1975年改称《国家体育锻炼标准》，在全国普遍推行，其目的在于鼓励广大儿童和青少年自觉地锻炼身体，为实现社会主义现代化、培养德智体全面发展的建设人才服务，同时为提高中国运动技术水平打下基础。

从1979年开始，相关部门结合实践经验不断对《国家体育锻炼标准》进行修改订正，重新修改的《国家体育锻炼标准》于1982年8月经国务院批准并全国施行。1989年12月9日，国务院批准发布《国家体育锻炼标准施行办法》。1990年1月6日，国家体委发布《国家体育锻炼标准施行办法》，使国家体育锻炼标准成为一项具有广泛群众基础的基本体育制度。2003年，国家体育总局联合七个部委对《国家体育锻炼标准》进行了第三次修订，印发了《普通人群体育锻炼标准》，它与同时期出台的《学生体质健康标准》互为补充。2013年12月16日，国家体育总局、教育部、全国总工会对《国家体育锻炼标准施行办法》进行修订。2017年，经国务院批准，原国家体委于1990年1月6日发布的《国家体育锻炼标准施行办法》被废止。

六、《社会体育指导员管理办法》与《社会体育指导员国家职业技能标准》

社会体育指导员是全民健身队伍建设的主要人员，为我国公共体育服务体系的构建、全民健身事业的发展、广大公众身体素质的提高作出了重要贡献，也是全国各省市全民健身条例及实施计划的重要保证。在我国，社会体育指导员主要分为两类，即公益性社会体育指导员和职业性社会体育指导员。最早发展壮大的是公益性社会体育指导员，主要由1993年颁布的《社会体育指导员技术等级制度》来规范管理。公益性社会体育指导员具有公益性、自愿性、无偿性、专业性、长期性等特点，参与大众健身指导，其主要目的是利用自己掌握的知识服务于大众，帮助大家提高身体素质，从中完成自我社会价值的实现，自愿负责自己附近健身场所的指导服务。健身指导关系到大众锻炼的身体健康，社会体育指导员必须掌握科学的健身方法，对被指导者给予正确的指导，因此，要求每位社会体育指导员对自己的指导项目有充分的了解。这就需要经过严格的资格考核，确保其具有一定的专业水平，这不但可以提高被指导者对社会体育指导员的信任程度，而且会减少错误的指导引起的伤害事故的发生。2011年，国家体育总局公布了《社会体育指导员管理办法》,《社会体育指导员技术等级制度》随之失效。

《社会体育指导员管理办法》共分九章、四十三条,包括总则、组织管理、培训教育、申请审批、注册办理、工作保障、服务规范、奖励处罚和附则。该办法明确,社会体育指导员通过自愿申请进行培训,培训合格后依照规定获得相应的社会体育指导员技术等级称号,得到相应等级的资格证书,并且由批准授予的体育主管部门颁发国家体育总局统一制作的证书、证章和胸章。社会体育指导员不仅应当享有免费得到定期教育、培训的权利,还应当享有获得指导服务活动真实、准确、完整信息的权利。同时,社会体育指导员有义务履行志愿指导服务的承诺,经常性从事指导服务工作,热心为指导对象服务,积极从事全民健身工作。各级体育行政主管部门、社会体育指导员协会或相关组织要日益加强对社会体育指导员志愿服务的组织管理等。

1993年11月,党的十四届三中全会通过的《中共中央关于建立社会主义市场经济体制若干问题的决定》中提出"要把人才培养和合理使用结合起来""要制订各种执业的资格标准和录用标准,实行学历文凭和职业资格证书两种证书制度"。《中华人民共和国劳动法》(以下简称《劳动法》)第六十九条规定:"国家确定职业分类,对规定的职业制定职业技能标准,实行职业资格证书制度,由经备案的考核鉴定机构负责对劳动者实施职业技能考核鉴定。"《职业教育法》从国家基本法律的角度确立了我国职业资格证书制度的法律地位。在此背景下,2001年,劳动和社会保障部颁布的《社会体育指导员国家职业标准》将社会体育指导员作为我国正式职业纳入国家职业分类大典。2004年,国家体育总局专门成立职业技能鉴定中心,在体育行业推行国家职业资格证书制度。《社会体育指导员国家职业标准》是培养、发展和规范体育劳动力市场的重要依据,对促进劳动者就业能力和工作能力具有积极作用。职业性社会体育指导员作为满足不同健身需求的重要指导力量,已经成为全民健身工作不可或缺的重要组成部分。由于国家长期缺少统一的专业技术要求,各个项目特点不统一,大量在健身场所中从业的指导人员,特别是在高危项目中从业的指导人员,情况复杂、水平参差不齐。为了加强对全民健身经营场所的技术指导和安全管理,保障人民群众参与健身活动的安全与科学,我国2020年对原职业标准进行修订,颁布了《社会体育指导员国家职业技能标准(修订版)》。

《社会体育指导员国家职业技能标准(2020年版)》以《中华人民共和国职业分类大典(2015年版)》为依据,严格按照《国家职业技能标准编制技术规程

(2018年版)》有关要求进行规范细致规定，共下设91个项目，并依据有关规定将职业分为五个等级，与2001年的标准相比，新标准充分考虑经济发展和产业结构变化对本职业的影响，完善了技能要求和相关知识要求，符合培训、鉴定和就业工作的需要。随着我国休闲体育的大力发展，健身行业需求日益增长，健身人员对于健身指导服务的要求也进一步提高，各种经营性健身场所对于社会体育指导员的要求也不断提高。另外，高危险性体育项目与健身人员的人身安全密切相关。2004年施行的《中华人民共和国行政许可法》（以下简称《行政许可法》）设立了对高危险性体育项目进行健身指导的从业许可，要求从事相应健身指导并以此为职业的社会体育指导人员必须取得职业资格证书。《全民健身条例》第三十二条规定，经营高危险性体育项目，必须具有达到规定数量的取得国家职业资格证书的社会体育指导人员和救助人员。2013年，国家体育总局公布的《经营高危险性体育项目许可管理办法》也规定，经营高危险性体育项目必须具有达到规定数量、取得国家职业资格证书的社会体育指导人员和救助人员。申请经营高危险性体育项目应当提交社会体育指导人员、救助人员的职业资格证明，其许可证也必须载明社会体育指导人员和救助人员数量。经营者应当将社会体育指导人员和救助人员名录及照片张贴于经营场所的醒目位置。该办法第二十四条专门规定，社会体育指导人员和救助人员应当持证上岗，并佩戴能标明其身份的醒目标识；在法律责任一章中还明确规定，违反规定的，社会体育指导员由县级以上地方人民政府体育主管部门责令限期改正，逾期未改正的，处2万元以下的罚款。

七、《国民体质测定标准施行办法》

体质是人类生产和生活的物质基础，党和政府历来十分重视并不断采取有效措施增强人民体质。《全民健身计划纲要》和《体育法》都明确要实施体质测定制度，制定体质测定标准。2000年，国家体育总局会同十个有关部门对3~69周岁的国民进行了首次全国性体质监测，获取了我国20世纪末的国民体质状况资料。此后，国家体育总局组织专家利用这些翔实的数据，在《中国成年人体质测定标准》的基础上制定了《国民体质测定标准》。随后，为了推动和规范《国民体质测定标准》的施行工作，指导国民科学健身，促进全民健身活动的开展，提高全民族的身体素质，根据《体育法》和《全民健身计划纲要》，国家体育总局与有关部委于2003年7月联合发布了《国民体质测定标准施行办法》。

《国民体质测定标准施行办法》是运用科学的方法对国民个体的形态、机能和身体素质等进行测试与评定，科学指导全民健身活动的开展，发挥体育对增强人民体质的积极作用的有效手段，是落实《体育法》和《全民健身计划纲要》，构建面向大众的体育服务体系的一项重要工作，是在新的历史时期，贯彻党的体育方针，坚持体育为人民服务根本宗旨的具体体现。该办法的适用范围是3～69周岁国民个体的形态、机能和身体素质的测试与评定，按年龄分为幼儿、青少年、成年人和老年人四部分，提倡国民在经常参加体育锻炼的基础上，定期按照《国民体质测定标准》进行体质测定。国务院体育行政部门主管全国的施行工作，地方各级体育行政部门主管本行政区域内的施行工作，国务院教育行政部门负责在全国各级各类学校实行《学生体质健康标准》。国务院卫生、民政、劳动保障、农业、民族等部门，以及工会、共青团、妇联等社会团体，在各自的职责范围内负责施行《国民体质测定标准》。各级体育行政部门应当将施行《国民体质测定标准》与开展国民体质监测结合进行，各级国民体质监测中心应当将施行《国民体质测定标准》作为工作职责。城市街道办事处应当将施行《国民体质测定标准》作为社区建设的内容，全国城市体育先进社区和有条件的社区应当建立体质测定站，发挥居民委员会等社区基层组织的作用，为居民提供体质测定服务。县、乡镇应当将施行《国民体质测定标准》作为农村体育工作的重要内容，与农村医疗卫生工作相结合，创造条件建立体质测定站，为农民提供体质测定服务。机关、企业事业单位和社会团体应当有组织、有制度地开展体质测定工作。开展体质测定应当严格按照《国民体质测定标准》规范操作，为受试者提供测定结果并给予科学健身指导，保存测定数据和资料，对受试者的测定结果保密。对体质有特殊要求的部门和单位可将《国民体质测定标准》作为招生、招工、保险等体质考核的参考依据。

八、其他法律法规

全民健身的开展必然与其他社会领域产生各种交集与联系。因此，全民健身的有序开展除涉及专门的体育法律法规外，还涉及很多公共服务方面的法律法规，特别是公共卫生及安全方面，如《公共场所卫生管理条例实施细则》等。《公共场所卫生管理条例实施细则》于2011年3月10日经卫生部部务会议审议通过并发布，自2011年5月1日起施行。该实施细则规定，国民健身的体育场（馆）、游泳场（馆）、公园属于公共场所，国家对公共场所实行卫生许可证管理。公共场所卫生许可证由卫生部负责制定，由县级以上卫生行政部门签发，有效期为4年。

未取得公共场所卫生许可证的公共场所，不得营业。对未依法取得公共场所卫生许可证擅自营业的，由县级以上地方人民政府卫生行政部门责令限期改正，给予警告，并处以500元以上5000元以下罚款；有下列情形之一的，处以5000元以上3万元以下罚款。①擅自营业曾受过卫生行政部门处罚的；②擅自营业时间在3个月以上的；③以涂改、转让、倒卖、伪造的公共场所卫生许可证擅自营业的。对涂改、转让、倒卖有效公共场所卫生许可证的，由原发证卫生行政部门予以注销。公共场所经营者安排未获得有效健康合格证明的从业人员从事直接为顾客服务工作的，由县级以上地方人民政府卫生行政部门责令限期改正，给予警告，并处以500元以上5000元以下罚款。逾期不改正的，处以5000元以上15000元以下罚款。公共场所保持空气流通，室内场所空气质量应当符合国家卫生标准和要求，使用集中空调通风系统的场所，须经卫生检测或卫生学评价合格后方可正常投入使用。

　　随着全民健身的快速发展，以及人们对体育需求的不断增加，通过市场化手段或措施来激励和促进全民健身发展的方式越来越普遍。例如，各类场地器材的委托管理、场馆的有偿使用等，在利用好社会其他资源的同时，不可避免会出现各类纠纷和矛盾。在纠纷的处理中，不仅要依据体育法律法规，还要依据《民法典》等相关法律法规。例如，当全民健身活动中出现人身伤害时，可依据《民法典》的相关规定进行处理。《民法典》第一千一百九十八条规定："宾馆、商场、银行、车站、机场、体育场馆、娱乐场所等经营场所、公共场所的经营者、管理者或者群众性活动的组织者，未尽到安全保障义务，造成他人损害的，应当承担侵权责任。因第三人的行为造成他人损害的，由第三人承担侵权责任；经营者、管理者或者组织者未尽到安全保障义务的，承担相应的补充责任。经营者、管理者或者组织者承担补充责任后，可以向第三人追偿。"《民法典》第一千一百七十九条规定："侵害他人造成人身损害的，应当赔偿医疗费、护理费、交通费、营养费、住院伙食补助费等为治疗和康复支出的合理费用，以及因误工减少的收入。造成残疾的，还应当赔偿辅助器具费和残疾赔偿金；造成死亡的，还应当赔偿丧葬费和死亡赔偿金。"《民法典》第一千一百八十二条规定："侵害他人人身权益造成财产损失的，按照被侵权人因此受到的损失或者侵权人因此获得的利益赔偿；被侵权人因此受到的损失以及侵权人因此获得的利益难以确定，被侵权人和侵权人就赔偿数额协商不一致，向人民法院提起诉讼的，由人民法院根据实际情况确定赔偿数额。"

第三节 案例分析

一、孙某诉某物业公司赔偿案

（一）案例

2022年4月，孙某在某广场上使用上肢牵引器锻炼时，器材手环绳索突然断裂，致使孙某摔落并受伤住院，其伤情经诊断为右股骨骨折，后行右侧全髋关节置换术，共产生医疗费2万余元，伤情经司法鉴定构成九级伤残。孙某认为，其摔落受伤系健身器材管理维护缺位导致，于是向靖江法院起诉，要求物业公司及开发商赔偿其损失10万余元。在案件审理过程中，被告开发商以该小区的建设已经过相关部门的验收且合格、健身器材已移交给物业公司为由，认为不应当承担赔偿责任；被告物业公司则以其已经尽到管理维护义务，以及孙某自身操作不当、体质较弱等理由拒绝承担赔偿责任，但无法提供对健身器材已经尽到管理、保养、维护义务的相关证据。法院审理认为，物业公司对其管理区域内的公共设施负有管理和维护的义务，其未能积极履行义务，造成受害人遭受损害，应当为损害后果的发生承担一定责任。

最终，该案件经过孤山法庭主持调解，被告物业公司同意赔偿原告损失6万元，双方纠纷一次性解决。

（二）评析

在这起案件中，物业公司作为小区健身器材的管理人，应当对健身器材进行日常管理和维护，器材存在安全隐患的，物业公司应设置安全警示标志并及时维修，以保障他人使用器材时的安全。如果因物业公司履职不到位，对业主常用的健身器材未尽到维护、保养义务，致使业主锻炼过程中受伤，则应依法承担相应赔偿责任。随着我国城市化进程的不断推进和房地产市场的快速发展，物业服务已经成为居民生活的重要内容，在实践中也出现了大量的物业服务合同纠纷。《民法典》专章规定了"物业服务合同"，在吸收以往法律法规和司法解释的基础上，对物业服务合同的定义、内容、主体的权利义务等作出了更加全面的规定。对于物业公司提供物业服务的标准，除了应当符合合同约定，还要考虑物业的使用性质，如应当对健身器材进行日常的必要管理和维护，及时排除安全隐患，切实保障业主的人身安全。

二、李某健身意外摔倒诉酷某健身公司致害赔偿案

（一）案例

2023年7月，澳门居民李某在酷某健身公司购买课程，学习室内蹦极。第二次上课时意外受伤，经医院诊断为右侧内踝骨折。法院审理认为，健身公司已尽安保义务，不承担赔偿责任，仅支持了李某返还课程费的诉请。李某认为，酷某健身公司未在健身场所内贴有警示标志，对室内蹦极这种危险动作未采取适当的保护措施，教练员没有予以足够的安全指导，未切实履行学员在运动健身过程中的安全保障义务，应承担侵权责任，起诉要求酷某健身公司赔偿其医疗费2746.58元、误工费349948元，并返还课程费4944元等。酷某健身公司认为，教练员全程指导并陪同运动，向学员讲解了运动动作和安全提示，同时带领包括李某在内的学员进行热身准备，已履行相应的安全保障义务，并且运动期间，李某未声称脚受伤，课程结束后自行驾车离开。横琴粤澳深度合作区人民法院审理认为，李某作为完全民事行为能力人，应对室内蹦极课程训练的风险有一定的了解，并且在购买课程前，酷某健身公司已对其做了风险提示。根据《民法典》第一千一百九十八条规定，李某主张案涉受伤损失赔偿，需要举证证明健身公司未尽到安全保障义务。现场视频及截图显示，李某训练时落地不慎受伤，并非酷某健身公司提供的绳索断裂或其他设施缺陷所致，属于意外事件。李某也未提交证据证实因酷某健身公司未尽到安全保障义务致其受伤，故李某赔偿诉求理据不足。李某因意外受伤，其要求酷某健身公司退回未消费的课程费理由充分。最终，法院判决酷某健身公司向李某退回剩余课时费4753.85元。

（二）评析

健身房作为经营性场所，其经营者需要对该场所承担安全保障义务，否则应当对遭受损害的受害人承担赔偿责任。在本案例中，李某在运动课程中受伤，健身房的经营者是否需要承担赔偿责任，关键在于其是否已经履行了安全保障义务。酷某健身公司提供的运动器材和设施等符合安全性要求，也向李某告知了动作要领和安全防范事项。据此，酷某健身公司已履行相关安全保障义务，不承担相关

赔偿责任。法官提醒，任何运动都伴随着一定的运动风险。成年健身者是自身安全的第一责任人，应对自身安全负有谨慎注意义务，应尽量遵循自己的身体健康状况，选择合适的健身运动项目。

思考与练习

1. 简述全民健身法律法规的概念、原则与特点。
2. 简述全民健身法律法规内容。
3. 简述《全民健身计划（2021—2025年）》的保障措施。
4. 讨论《社会体育指导员管理办法》与《社会体育指导员国家职业技能标准》的区别。
5. 试述全民健身法律法规的稳定性。

主要参考文献

[1] 郑璐，刘舒辉，张记国. 体育法律问题研究[M]. 北京：中国社会科学出版社，2016.
[2] 刘子华. 大众体育宏观调控法律问题研究[M]. 北京：知识产权出版社，2018.
[3] 国家体育总局. 中华人民共和国体育法规汇编（2009—2010）[M]. 北京：人民体育出版社，2011.
[4] 国家体育总局. 中华人民共和国体育法规汇编（2011—2012）[M]. 北京：人民体育出版社，2013.
[5] 国家体育总局. 中华人民共和国体育法规汇编（2013—2014）[M]. 北京：人民体育出版社，2015.
[6] 国家体育总局政策法规司. 体育事业"十二五"规划文件资料汇编[M]. 北京：人民体育出版社，2011.
[7] 国家体育总局政策法规司. 《体育发展"十三五"规划》文件汇编[M]. 北京：人民体育出版社，2019.
[8] 国家体育总局体育经济司. 体育场所服务标准和有关法律法规汇编（标准卷）[M]. 北京：中国标准出版社，2005.
[9] 《中华人民共和国民法典》编写组. 中华人民共和国民法典[M]. 北京：人民出版社，2020.

[10] 李芳. 我国学校体育伤害事故归责原则的研究[J]. 体育科技，2017，38（2）：121-122，157.

[11] 赵豫. 体育人身伤害侵权纠纷的法律适用探讨[J]. 中国体育科技，2004，40（3）：23-26.

[12] 汤卫东. 学校在学校体育伤害事故中的归责原则及法律责任[J]. 体育学刊，2002，9（3）：1-3.

[13] 薛文传，余威，高义前，等. 全民健身视域下社会体育伤害事故的法律问题研究[J]. 体育研究与教育，2018，33（3）：24-27.

第五章 青少年和学校体育法律法规

要点提示：本章主要介绍青少年和学校体育法律法规的概念、类别、特点，以及青少年和学校体育法律法规所体现的青少年和学校体育工作原则，重点分析体育课教学的性质与基本要求，课外体育活动、课余体育训练与竞赛的发展，青少年和学校体育保障与评价，结合案例分析青少年和学校体育存在的主要问题。在学习本章内容时，需要注意对青少年和学校体育法律法规的概念、所体现的原则、类别进行掌握，了解体育课教学的基本要求，了解课外体育活动、课余体育训练与竞赛的发展，掌握青少年和学校体育保障与评价的主要内容，明确青少年和学校体育事故中的学校过错行为、受害人过错行为等。

第一节 青少年和学校体育法律法规概述

一、青少年和学校体育法律法规的概念

青少年和学校体育法律法规是指有关青少年和学校体育的法律、法规、规章及其他规范性文件。这些法律、法规、规章明确了我国青少年和学校体育的地位及作用，在一定程度上既保证了我国青少年和学校体育工作的顺利进行，又保障了体育教师实施体育教学和学生接受体育教学活动的合法权益，从而促进了我国青少年和学校体育健康、有序发展。

《宪法》第四十六条规定，国家培养青年、少年、儿童在品德、智力、体质等方面全面发展。历年来，党和政府十分重视与关心青少年体质健康的发展，十分重视青少年和学校体育工作，通过颁布一系列的法规政策保证青少年和学校体育工作的正常开展，促进学生身心的健康成长，通过法律制度明确青少年和学校体育在社会主义教育事业和体育事业中的重要地位，并不断提升青少年和学校体育的法律地位。《教育法》《义务教育法》明确要培养德、智、体等方面全面发展的社会主义事业的建设者和接班人。《体育法》第二十六条规定："学校必须按照国

家有关规定开齐开足体育课，确保体育课时不被占用。学校应当在体育课教学时，组织病残等特殊体质学生参加适合其特点的体育活动。"第二十七条规定："学校应当将在校内开展的学生课外体育活动纳入教学计划，与体育课教学内容相衔接，保障学生在校期间每天参加不少于一小时体育锻炼。鼓励学校组建运动队、俱乐部等体育训练组织，开展多种形式的课余体育训练，有条件的可组建高水平运动队，培养竞技体育后备人才。"

《学校体育工作条例》规定，学校体育工作是指普通中小学校、农业中学、职业中学、中等专业学校、普通高等学校的体育课教学、课外体育活动、课余体育训练和体育竞赛。青少年和学校体育工作的基本任务是：增进学生身心健康，增强学生体质；使学生掌握体育基本知识，培养学生体育运动能力和习惯；提高学生运动技术水平，为国家培养体育后备人才；对学生进行品德教育，增强组织纪律性，培养学生的勇敢、顽强、进取精神。2020年，中共中央办公厅、国务院办公厅印发的《关于全面加强和改进新时代学校体育工作的意见》进一步指出，学校体育是实现立德树人根本任务、提升学生综合素质的基础性工程，是加快推进教育现代化、建设教育强国和体育强国的重要工作，对于弘扬社会主义核心价值观，培养学生爱国主义、集体主义、社会主义精神和奋发向上、顽强拼搏的意志品质，实现以体育智、以体育心具有独特功能。健全的青少年和学校体育法律制度体系，是实行依法管理青少年和学校体育工作，确保青少年和学校体育工作向规范化、制度化、科学化的方向发展的基本前提，更是青少年和学校体育工作完成其所担负的使命与责任的基本保障。

二、青少年和学校体育法律法规所体现的青少年和学校体育工作原则

《学校体育工作条例》第四条规定，学校体育工作应当坚持普及与提高相结合、体育锻炼与安全卫生相结合的原则，积极开展多种形式的强身健体活动，重视继承和发扬民族传统体育。青少年和学校体育工作必须重点坚持的基本原则如下。

1. 普及与提高相结合

普及与提高相结合是我国开展体育工作的一项重要方针，《体育法》第二十五条规定："教育行政部门和学校应当将体育纳入学生综合素质评价范围，将达到国家学生体质健康标准要求作为教育教学考核的重要内容，培养学生体育锻炼习惯，提升学生体育素养。体育行政部门应当在传授体育知识技能、组织体育训练、举

办体育赛事活动、管理体育场地设施等方面为学校提供指导和帮助,并配合教育行政部门推进学校运动队和高水平运动队建设。"青少年和学校体育工作的基本任务既包括面向全体学生增强体质与健康、传授体育运动知识与运动技能的任务,也包括提高运动技术水平、培养体育后备人才的任务。只有将二者有机结合,做到普及与提高的协调发展,才能全面完成青少年和学校体育工作的基本任务。国家颁布的系列法规文件进一步明确并强化普及与提高的基本原则,健全体育锻炼制度,广泛开展普及型体育运动,强化青少年和学校体育教学训练,推动学生积极参与常规课余训练和体育竞赛,促进学生养成终身锻炼的习惯,加强体教融合,共同开展体育教学、训练、竞赛,将高校高水平运动队建设与中小学体育竞赛相衔接,纳入国家竞技体育后备人才培养体系。

2. 体育锻炼与卫生安全相结合

青少年和学校体育工作都是围绕增进学生身心健康开展的,坚持"健康第一"的教育理念贯穿青少年和学校体育工作的全过程。因此,在保障学生身心健康的过程中,体育锻炼与卫生安全是密不可分的两部分,国家颁布的系列法规文件对此予以明确。例如,《学校体育工作条例》第八条规定,体育课教学应当遵循学生身心发展的规律,教学内容应当符合教学大纲的要求,符合学生年龄、性别、特点和所在地区地理、气候条件。《学校卫生工作条例》第十条规定,学校体育场地和器材应当符合卫生和安全要求。运动项目和运动强度应当适合学生的生理承受能力和体质健康状况,防止发生伤害事故。第十二条规定,学校在安排体育课及劳动等体力活动时,应当注意女学生的生理特点,给予必要的照顾。《全民健身条例》也强调应当根据学生的年龄、性别和体质状况,组织实施体育课教学,开展广播体操、眼保健操等体育活动,指导学生的体育锻炼,提高学生的身体素质。《学生伤害事故处理办法》第四条规定,学校的举办者应当提供符合安全标准的校舍、场地、其他教育教学设施和生活设施。因此,只有坚持体育锻炼与卫生安全相结合,体育锻炼才能产生积极的效果,并得到有效的保障。

3. 提高身体素质与青少年全面发展相结合

体育不但可以促进青少年身体健康,而且对于心理健康教育和思想品质教育也有重要价值,丰富多彩的体育活动可以培养青少年的创新能力和动手能力,促使其形成完善的人格、坚强的意志,以及自信、自强、自立的优秀品质。《体育法》

第十条规定:"国家优先发展青少年和学校体育,坚持体育和教育融合,文化学习和体育锻炼协调,体魄与人格并重,促进青少年全面发展。"第二十五条规定:"教育行政部门和学校应当将体育纳入学生综合素质评价范围,将达到国家学生体质健康标准要求作为教育教学考核的重要内容,培养学生体育锻炼习惯,提升学生体育素养。"第三十条规定:"学校应当建立学生体质健康检查制度。教育、体育和卫生健康行政部门应当加强对学生体质的监测和评估。"第三十六条规定:"教育行政部门、体育行政部门和学校应当组织、引导青少年参加体育活动,预防和控制青少年近视、肥胖等不良健康状况,家庭应当予以配合。"

三、青少年和学校体育法律法规的特点

我国现行青少年和学校体育法律法规主要体现为各类国家机关出台的关于青少年和学校体育的各类规范性文件,它们对我国青少年和学校体育的发展产生了巨大的推动作用。青少年和学校体育法律法规的特点如下。

(一)基础性与保障性

青少年和学校体育法律法规明确了青少年和学校体育工作的方向及地位,规定教育行政部门和学校要完善体育设施,促进学生健康发展,从而使青少年的体育运动得到了应有的重视,增进青少年学生的身体健康,有效地促进了青少年和学校体育工作的改进及完善。

青少年和学校体育的发展离不开体育法律法规建设,青少年和学校体育法律法规是青少年和学校体育健康发展的保证。青少年和学校体育法律法规确立了青少年和学校体育发展方针、目标,促使青少年和学校体育事业在发展方向、建设任务及目标上有法可依,进一步促进青少年和学校体育的稳定可持续发展。青少年和学校体育法律法规在思想观念上把青少年和学校体育纳入法制化轨道,强化青少年和学校体育建设及发展的规范性,提高民众对青少年和学校体育的认识,取得社会各阶层人士的支持和积极参与,为青少年和学校体育的建设和发展奠定坚实的基础。青少年和学校体育法律法规也为青少年和学校体育的顺利开展提供有效保障,保障学生在学校享有体育学习、体育锻炼、体育比赛及体育锻炼的卫生安全保障权利。《体育法》第三十八条规定:"各级各类体育运动学校应当对适龄学生依法实施义务教育,并根据国务院体育行政部门制定的教学训练大纲开展业余体育训练。教育行政部门应当将体育运动学校的文化教育纳入管理范围。各

级人民政府应当在场地、设施、资金、人员等方面对体育运动学校予以支持。"第三十二条规定："学校应当按照国家有关标准配置体育场地、设施和器材，并定期进行检查、维护，适时予以更新。学校体育场地必须保障体育活动需要，不得随意占用或者挪作他用。"第三十三条规定："国家建立健全学生体育活动意外伤害保险机制。教育行政部门和学校应当做好学校体育活动安全管理和运动伤害风险防控。"

（二）层次性与区域性

我国现行青少年和学校体育法律、法规、规章散见于宪法和有关法律、行政法规、地方性法规、规章之中。《宪法》是各级行政机构制定青少年和学校体育法律、法规、规章的基本依据。《教育法》《体育法》是调整体育领域中带有普遍性、根本性、全局性问题的基本法律。

青少年和学校体育行政法规是对我国青少年和学校体育事业发展实施行政管理的规范性文件，青少年和学校体育规章制度是国务院各部门，特别是国家教育和体育主管部门制定、颁布的调整青少年和学校体育关系的规定、办法、规程、意见、大纲、标准、通知等规范性文件。地方性青少年和学校体育法规与规章是地方国家权力机关根据国家法律法规及规章的规定并结合本地区的体育发展实际所制定的关于本地区或区域的青少年和学校体育的条例、规定、通知、办法等规范性文件，具有从属性、区域性、操作性。例如，江苏省出台的《江苏省中小学校体育工作专项督导评估实施方案》《关于全面加强和改进新时代学校体育工作的实施方案》《关于深化体教融合促进青少年健康发展的实施意见》等规范性文件对落实国家青少年和学校体育法律法规及实施江苏省青少年和学校体育工作方案起到了重要推动作用。

（三）评价性与操作性

当前我国青少年和学校体育法律法规表现为越来越具体，青少年和学校体育工作要求越来越量化，体育素养进入学生学业考试成为考试内容，其评价性与操作性的特点显著。这对有效落实青少年和学校体育工作，促进青少年身心健康具有重要的时代价值。《体育法》第二十五条规定："教育行政部门和学校应当将体育纳入学生综合素质评价范围，将达到国家学生体质健康标准要求作为教育教学考核的重要内容，培养学生体育锻炼习惯，提升学生体育素养。"第二十九条规定：

"国家将体育科目纳入初中、高中学业水平考试范围,建立符合学科特点的考核机制。"第三十条规定:"学校应当建立学生体质健康检查制度。教育、体育和卫生健康行政部门应当加强对学生体质的监测和评估。"

四、青少年和学校体育法律法规的类别

根据不同的标准可以将青少年和学校体育法律法规分为不同的类别。根据法律法规的制定机关和实施范围不同,可以将其分为全国性青少年和学校体育法律法规与地方性青少年和学校体育法律法规。根据法律法规的级别表现形式不同,可以将其分为宪法类、法律类、行政法规类、规章类等。从总体上,可以将其分为青少年和学校体育的纵向法律法规与青少年和学校体育的横向法律法规。

(一)青少年和学校体育的纵向法律法规

我国颁布了一系列有关青少年和学校体育的法规文件,按照法的效力等级,青少年和学校体育法律法规从纵向看,涉及宪法中的青少年和学校体育部分、体育和教育法律、行政法规、地方性法规、部门规章、地方政府规章、规范性文件。我国青少年和学校体育法律性规范内容主要分布在《教育法》《义务教育法》《体育法》《教师法》《中华人民共和国高等教育法》等法律文件中。专门的行政法规有《学校体育工作条例》,在《学校卫生工作条例》《全民健身条例》《教师资格条例》《公共文化体育设施条例》《中共中央-国务院关于加强青少年体育增强青少年体质的意见》等行政法规中也有青少年和学校体育相关内容。地方性法规主要分布在教育或体育法规中,如地方性青少年和学校体育相关的安全条例、人身伤害事故处理办法等政策文件中。在规章层面,与青少年和学校体育有关的规章有《学生伤害事故处理办法》等。目前有关青少年和学校体育颁布最多的是各种规范性文件,效力等级相对较低,但是随着国家法律制度的完善,规范性文件的实施效果不断提升,在各种配套政策的支持下对青少年和学校体育的全面提高及发展发挥越来越重要的作用。

(二)青少年和学校体育的横向法律法规

青少年和学校体育的横向法律法规是指根据我国教育立法体系,以教育类型为主要标准,同时考虑现代教育发展和教育事业特殊性质的法律法规,分为基础

教育法律法规、高等教育法律法规、职业教育法律法规、成人教育法律法规、教师法等。根据青少年和学校体育法律法规的调整对象不同，可以将其分为规范体育教师行为的法律法规、规范学生行为的法律法规、规范学校与教育管理部门管理行为的法律法规。根据青少年和学校体育工作开展的内容不同，可以将其分为体育课教学法律法规、课余体育活动法律法规、课外体育训练与体育竞赛法律法规等。根据法律法规调整内容不同，还可以将其分为综合性的青少年和学校体育法律法规与专门性的青少年和学校体育法律法规。

第二节 青少年和学校体育法律法规内容

一、体育课教学

（一）体育课教学的性质

青少年和学校体育工作是指在教育行政部门领导下，由学校组织实施，并接受体育行政部门指导，面向全体学生，积极推行国家体育锻炼标准。体育课教学是青少年和学校体育工作的重要内容，是实现青少年和学校体育目的与任务的主要途径，是青少年和学校体育活动的基本组织形式。体育课是学校课程体系的重要组成部分，教学形式灵活多样，要不断改进教学方法，改善教学条件，提高教学质量。

我国体育法律法规文件对体育课教学性质、地位及基本要求等方面作出了明确规定。在国家教育行政部门颁发的各类教育计划的规定中，体育课始终是各级各类学校开设的必修课程。20世纪80年代，各级各类学校根据《中、小学体育工作暂行规定》和《高等学校体育工作暂行规定》的要求，将提高体育课教学质量、加重理论教学比重、改革教法作为重点。1990年制定、2017年修订的《学校体育工作条例》规定，学校应当根据教育行政部门的规定，组织实施体育课教学活动；普通中小学校、农业中学、职业中学、中等专业学校各年级和普通高等学校的一、二年级必须开设体育课；普通高等学校对三年级以上学生开设体育选修课。2001年7月，教育部颁布的《体育与健康课程标准》也明确了体育与健康课程的性质，指出体育与健康课程是以身体练习为主要手段，以增进中小学生健康为主要目的的必修课程，是学校课程体系的重要组成部分，是实施素质教育和培养德、智、体、美、劳全面发展人才不可缺少的重要途径。2002年8月，教育部印发的《全国普通高等学校体育课程教学指导纲要》指出："体育课程是大学生以身体练习为主要手段，通过合理的体育教育和科学的体育锻炼过程，达到增强体质、增进健康和提高体育素养为主要目标的公共必修课程；是学校课程体系的重要组成部分，是高等学校体育工作的中心环节。"该指导纲要还说明，体育课程是实施素质教育和培养全面发展人才的重要途径。

《学校体育工作条例》设专章规定体育课教学，对不按规定开设或者随意停止体育课的行为追究必要的法律责任。体育课是学生毕业、升学考试科目；学生因病、残免修体育课或者免除体育课考试的，必须持医院证明，经青少年和学校体育教研室（组）审核同意，并报学校教务部门备案，记入学生健康档案。《体育法》第二十六条也规定："学校必须按照国家有关规定开齐开足体育课，确保体育课时不被占用。学校应当在体育课教学时，组织病残等特殊体质学生参加适合其特点的体育活动。"2018年，习近平总书记在全国教育大会上强调要"开齐开足体育课"。2020年，中共中央办公厅、国务院办公厅印发的《关于全面加强和改进新时代学校体育工作的意见》也提出要开齐开足体育课，使教育教学质量全面提高。

（二）体育课教学的基本要求

为了保证体育课教学的科学性和实效性，根据《学校体育工作条例》《体育法》等法律法规的规定，体育课教学应符合以下基本要求。

1. 体育课教学应遵循教育规律，从实际出发

体育课教学是通过学生的体育锻炼和思维活动的紧密结合进行的，必须考虑教育对象的实际情况，遵循学生身心发展的规律，教学内容和方法的选择与应用应符合学生的年龄和性别特征。例如，《学校卫生工作条例》规定，学校在安排体育课时，应当注意女学生的生理特点，给予必要的照顾。同时，有必要根据该地区的地理和气候条件安排体育教育。为残疾学生组织适合自己特点的体育活动创造条件。《体育法》和《学校体育工作条例》均规定，学校应当在体育课教学时，组织病残等特殊体质学生参加适合其特点的体育活动。

2. 体育课教学的形式应灵活多样，并不断改进

体育课教学应体现对学生身心、社会适应能力的积极影响，激发学生对体育锻炼的兴趣。要不断改革体育教学模式，积极学习先进的教育理念，采用一些现代教育技术手段和方法，开展学生自主学习和探究学习，要严格落实青少年和学校体育课程开设的刚性要求，不断拓宽课程领域，逐步增加课时，丰富教学资源，提高体育课教学水平和质量。

3. 体育课教师应当履行职责，规范教学，爱护学生

体育课教师需要按照教学大纲合理安排教学内容，并选择合适的场地、器材等；每次课前检查场地设施及学生装备；开展教学活动前，依学生年龄和认知能力进行安全教育与风险告知；对特异体质等不适宜参加体育运动的学生做合理安排；做好准备活动，严格按照规定进行教学组织与管理，指导过程中采取正确保护与帮助；控制教学强度、难度和时间，不能超过学生的正常承受能力；合理分组，不得体罚、侮辱学生；对学生的危险行为及时告诫、制止；学生受伤害时，及时救助、告知、报告；遵守工作与职业道德，不擅离职守等。

二、课外体育活动、课余体育训练与竞赛

（一）课外体育活动、课余体育训练及竞赛的规定与发展

课外体育活动、课余体育训练及竞赛是青少年和学校体育的组成部分及教育手段，是体育课的延伸与补充，它历来受到党和政府的重视，在青少年和学校体育中占有重要地位，并且随着时代的发展，在内容和形式上都有所创新。1954年，《准备劳动与卫国体育制度》的颁布施行大力推动了学校课外活动的开展，各级各类学校采取种种措施和手段，调动和要求学生参加体育锻炼。在广泛开展群众性体育活动的基础上，各级各类学校根据具体条件，在课余时间，基于学生自愿原则，组成班级、年级、校级业余运动队，由体育教师指导训练，并经常组织班级、年级、校级比赛，以及参加市赛、省赛、全国赛等。20世纪80年代，各级各类学校结合本地实际情况，开展形式多样的课外体育锻炼，主要围绕传统体育项目、民族体育项目、《国家体育锻炼标准》项目开展锻炼，利用体育日、体育周和节假日吸引广大学生参加，提高学生的兴趣与体育素养。另外，青少年和学校体育活

动得到新发展使校内和校际竞赛活动日益多样化，各级各类比赛广泛并形成制度，有效地促进我国青少年和学校体育工作的开展，为青少年和学校体育工作注入新活力。1990年发布的《学校体育工作条例》明确以法律形式对课外体育活动、课余体育训练与竞赛予以确认，指明其是青少年和学校体育工作的重要组成部分，并分设专章进行规定。

《学校体育工作条例》第十条规定，开展课外体育活动应当从实际情况出发，因地制宜，生动活泼。普通中小学校、农业中学、职业中学每天应当安排课间操，每周安排三次以上课外体育活动，保证学生每天有一小时体育活动的时间（含体育课）。中等专业学校、普通高等学校除安排有体育课、劳动课的当天外，每天应当组织学生开展各种课外体育活动。第十一条规定，学校应当在学生中认真推行国家体育锻炼标准的达标活动和等级运动员制度。学校可根据条件有计划地组织学生远足、野营和举办夏（冬）令营等多种形式的体育活动。第十二条规定，学校应当在体育课教学和课外体育活动的基础上，开展多种形式的课余体育训练，提高学生的运动技术水平。有条件的普通中小学校、农业中学、职业中学、中等专业学校经省级教育行政部门批准，普通高等学校经国家教育委员会批准，可以开展培养优秀体育后备人才的训练。第十三条规定，学校对参加课余体育训练的学生，应当安排好文化课学习，加强思想品德教育，并注意改善他们的营养。普通高等学校对运动水平较高、具有培养前途的学生，报国家教育委员会批准，可适当延长学习年限。第十四条到第十六条主要是关于青少年和学校体育竞赛的内容，贯彻小型多样、单项分散、基层为主、勤俭节约的原则。学校每学年至少举行一次以田径项目为主的全校性运动会。青少年和学校体育竞赛应当执行国家有关的体育竞赛制度和规定，树立良好的赛风。同时对全国中学生运动会和大学生运动会进行相应规定。为了保障课外体育活动与竞赛的有序开展，《学校体育工作条例》规定，未保证学生每天一小时体育活动时间的单位或个人要承担相应法律责任。《体育法》规定，学校应当将在校内开展的学生课外体育活动纳入教学计划，与体育课教学内容相衔接，保障学生在校期间每天参加不少于一小时体育锻炼；鼓励学校组建运动队、俱乐部等体育训练组织，开展多种形式的课余体育训练，有条件的可组建高水平运动队，培养竞技体育后备人才；国家定期举办全国学生（青年）运动会；地方各级人民政府应当结合实际，定期组织本地区学生（青年）运动会；学校应当每学年至少举办一次全校性的体育运动会。

（二）新时期课外体育活动、课余体育训练与竞赛的要求

2002 年，中共中央、国务院发布《中共中央-国务院关于进一步加强和改进新时期体育工作的意见》，为包括青少年和学校体育工作在内的体育工作指明方向。2007 年，中共中央、国务院印发《中共中央-国务院关于加强青少年体育增强青少年体质的意见》，要求充分保证青少年和学校体育课及学生体育活动，广泛开展群众性青少年体育活动和竞赛，确保学生每天锻炼一小时，注重发展学生的体育运动兴趣和特长，使每个学生都能掌握两项以上体育运动技能。2012 年，为了推动青少年和学校体育科学发展，促进学生健康成长，国务院办公厅转发教育部等部门提出的《关于进一步加强学校体育工作的若干意见》，要求实施好课外体育活动，严禁挤占学生校园体育活动时间，建立健全学生体育竞赛体制，引导学校合理开展课余体育训练和竞赛活动，积极鼓励创建青少年体育俱乐部，组织开展丰富多彩的学生群众性体育活动。各级、各类学校实施大课间和课外体育活动一体化的阳光体育运动，增强体育活动的趣味性和吸引力，着力培养学生的体育爱好、运动兴趣和技能特长，大力培养学生的意志品质、合作精神和交往能力，使得学生养成良好的体育锻炼习惯和健康生活方式。

为了建设健康中国和人力资源强国，实现中国梦，党的十八届三中全会作出了强化体育课和课外锻炼的重要部署。2016 年，国务院对加强青少年和学校体育提出明确要求，发布《关于强化学校体育促进学生身心健康全面发展的意见》，按照《国家中长期教育改革和发展规划纲要（2010—2020 年）》的要求，以"天天锻炼、健康成长、终身受益"为目标，坚持课堂教学与课外活动相衔接，强化课外锻炼，将学生在校内开展的课外体育活动纳入教学计划，列入作息时间安排，与体育课教学内容相衔接，切实保证学生每天一小时校园体育活动落到实处，形成家庭、学校、社区联动，共同指导学生体育锻炼的机制，形成覆盖校内外的学生课外体育锻炼体系，积极开展课余体育训练，完善竞赛体系。

2018 年，习近平总书记在全国教育大会上提出四位一体的发展目标，国家相关部门又相继颁布系列法规文件予以保障。2020 年 8 月，国家体育总局、教育部印发《关于深化体教融合 促进青少年健康发展的意见》，明确要推动青少年文化学习和体育锻炼的协调发展，开展丰富多彩的课余训练、竞赛活动，扩大校内、校际体育比赛覆盖面和参与度，组织夏（冬）令营等选拔性竞赛活动，通过政府购买服务等形式支持社会力量进入学校，丰富青少年和学校体育活动，开展青少

年学生军训，支持大中小学校成立青少年体育俱乐部，大中小学校在广泛开展校内竞赛活动基础上建设学校代表队，参加区域内乃至全国联赛。

2020年10月，中共中央办公厅、国务院办公厅印发《关于全面加强和改进新时代学校体育工作的意见》，进一步强调健全体育锻炼制度，广泛开展普及性体育运动，定期举办学生运动会或体育节，组建体育兴趣小组、社团和俱乐部，推动学生积极参与常规课余训练和体育竞赛。合理安排校外体育活动时间，着力保障学生每天校内、校外各一小时体育活动时间，促进学生养成终身锻炼的习惯。建立融校内竞赛、校际联赛、选拔性竞赛为一体的大中小学体育竞赛体系，构建国家、省、市、县四级青少年和学校体育竞赛制度及选拔性竞赛（夏令营）制度。大中小学校建设学校代表队，参加区域乃至全国联赛。加强体教融合，广泛开展青少年体育夏（冬）令营活动，鼓励学校与体校、全民健身俱乐部合作，共同开展体育教学、训练、竞赛，促进竞赛体系深度融合等。

三、青少年和学校体育保障与评价

（一）改善体育场地设施，配齐配强体育教师

青少年和学校体育工作虽然取得积极进展，但从总体上看，场地设施缺乏、体育教师短缺等问题仍然突出。《体育法》规定，学校应当按照国家有关标准配置体育场地、设施和器材，并定期进行检查、维护，适时予以更新；青少年和学校体育场地必须保障体育活动需要，不得随意占用或者挪作他用；学校应当按照国家有关规定，配足合格的体育教师，保障体育教师享受与其他学科教师同等待遇。学校可以设立体育教练员岗位。学校优先聘用符合相关条件的优秀退役运动员从事青少年和学校体育教学、训练活动。《教育法》《义务教育法》《教师法》《学校体育工作条例》《学校卫生工作条例》均有相关规定，《未成年人保护法》要求学校、幼儿园、托儿所不得在危及未成年人人身安全、健康的校舍和其他设施、场所中进行教育教学活动。《学生伤害事故处理办法》《中小学幼儿园安全管理办法》也对校园场地设施安全进行规范。《关于强化学校体育促进学生身心健康全面发展的意见》提出，各地要利用现有政策和渠道，按标准配齐体育教师和体育教研人员，鼓励优秀教练员、退役运动员、全民健身指导员、有体育特长的志愿人员兼任体育教师。《关于全面加强和改进新时代学校体育工作的意见》对场地器材与体育教师的配备提出新的标准与要求。

（二）推进青少年和学校体育评价改革，保障体育教师权益

国家颁布系列法规文件，明确要建立学生体格健康检查制度。结合新时代发展需求，建立日常参与体质监测和专项技能测试相结合的考查机制，将达到国家学生体质健康标准要求作为教育教学考核的重要内容，建立科学合理的体育教学质量评估标准，运用现代化科技手段监测、监控体育教学过程，提升体育教育质量，建立、健全青少年和学校体育评价及奖惩机制，加强青少年和学校体育督导与问责机制，突出过程管理，从学生出勤、课堂表现、健康知识、运动技能、体质健康、课外锻炼、参与活动等方面进行评价。要推出适宜的青少年和学校体育工作评价机制及青少年和学校体育成果评价机制，要把学生体育锻炼、体育课效果纳入对学生的整体评价中，作为升学和评优评奖方面的考虑因素。还要保证体育教师权益，完善体育教师绩效工资和考核评价机制。完善体育教师职称评聘标准，确保体育教师在职务职称晋升、教学科研成果评定等方面与其他学科教师享受同等待遇。提升体育教师科研能力，提高青少年和学校体育的理论水平，使青少年和学校体育的改革及发展更符合科学规律。

（三）统筹整合社会资源，合力推动青少年和学校体育工作开展

加强青少年体育运动、改善青少年体质健康是一项系统工程，要有良好的舆论环境、社会环境等。习近平总书记曾多次强调，体育在提高人民身体素质和健康水平、促进人的全面发展、丰富人民精神文化生活、推动经济社会发展、激励全国各族人民弘扬追求卓越与突破自我的精神方面，都有着不可替代的重要作用。加强青少年和学校体育要积极营造全社会关心的氛围，形成共建青少年和学校体育的合力。要通过各种媒体大力宣传和普及科学的教育观、人才观和健康观，形成鼓动青少年积极参加体育锻炼的宣传声势。完善学校和公共体育场馆开放互促共进机制，推进青少年和学校体育场馆向社会开放、公共体育场馆向学生免费或低收费开放，提高体育场馆开放程度和利用效率。鼓励学校和全民健身场馆合作开设体育课程。统筹好学校和社会资源，城市和社区建设规划要统筹学生体育锻炼需要，新建项目应优先建在学校或其周边。综合利用公共体育设施，将开展体育活动作为解决中小学课后"三点半"问题的有效途径和中小学生课后服务工作的重要载体。

第三节 案例分析

一、小学生在校园内意外相撞致人受伤赔偿案

（一）案例

小平是通州区某小学的四年级在校学生，小哲是该校一年级入学新生。2019年8月，在一次课间结束、上课铃声响起时，小平匆忙跑向操场准备上体育课，小哲自操场返回教学楼，二人在教学楼连廊意外相撞，致使小哲摔倒、眼镜破碎、额头两处受伤、面部一处受伤，小平则因身材较为壮实而未形成损伤。双方经过多次协商未果，最终小哲将小平及其父母、通州区某小学起诉至通州法院，要求被告共同赔偿医疗费、交通费、营养费、精神损害抚慰金等共计19033.5元，并共同赔偿眼镜损坏、角膜塑形镜配备费等财产损失18987元。

通州区某小学认为，学校已尽到教育、管理、保护的义务，在新生入学、家长会等场合都进行了安全宣讲，在日常的学生安全教育中尽到了应尽职责，不存在过错，对小哲受到的损害，学校不应承担任何责任。另外，事故发生在课间，学校无法阻止学生奔跑玩耍，即使现场有教师提醒制止，也无法必然阻止事故发生，应当由二人按照过错分担责任。对于小哲主张的包括角膜塑形镜配备费在内的财产损失、医疗费、交通费、营养费、精神损害抚慰金等，亦不认可，小哲提供的证据不能证明存在相关损失，产生的费用也与学校无关。经核实，事发时小平为限制民事行为能力人，对安全隐患及危险具有相应的辨识和控制能力，应当知道人员较多的情况下，快速奔跑是会有安全隐患的，因此小平对于事故的发生是有过错的，他的父母作为监护人应当承担相应的赔偿责任。事发时，小哲尚为一年级学生，为无民事行为能力人，但小哲作为在校一年级学生，也应具有与年龄和智力相适应的辨识能力，对安全隐患和危险具有一定程度的认知。对于本次事故的发生，小哲自身也应当承担相应的责任。

（二）评析

学校应采取多种措施尽到管理职责。学校作为教育机构，对在校学生负有教育、监护、管理职责。《民法典》第一千一百九十九条规定，无民事行为能力人在

幼儿园、学校或者其他教育机构学习、生活期间受到人身损害的,幼儿园、学校或者其他教育机构应当承担侵权责任;但是,能够证明尽到教育、管理职责的,不承担侵权责任。《民法典》第一千二百条规定,限制民事行为能力人在学校或者其他教育机构学习、生活期间受到人身损害,学校或者其他教育机构未尽到教育、管理职责的,应当承担侵权责任。

二、学生在课后活动中受伤赔偿案

(一) 案例

2020年8月11日,9岁的小言和11岁的小宇参加了本校组织的课后服务活动,小言参加了美工活动,小宇参加了体育活动。视频监控画面显示,小宇在体育小组集合地点排队时与其他学生嬉笑打闹,小言等其他兴趣小组同学突然穿过小宇所在队伍向集合地点跑去,小言在奔跑过程中与正在和其他同学打闹的小宇相撞摔倒,学校老师当即将小言送至医院。经诊断,小言上口唇软组织挫伤,上颌中切牙部分缺失,左胸壁软组织损伤,等等。小言及其父母将小宇及其父母、双方所在学校诉至法庭,经所在学校申请,追加了学校投保的保险公司作为被告。

法院经审理认为,小言与小宇均为限制民事行为能力人,其所在学校作为教育机构,依法负有教育、管理和安全保护的义务。小学生认知能力有限、安全防范意识较差,对自身的行为后果缺乏一定的预见性,故学校需要承担的注意义务更重,更应采取有效的教育管理措施以保障在校学生的安全。由于事发地点为操场,不同方向的人流量较大,加上小学生生性活泼,课间极易奔跑嬉戏,故学校应当积极采取安全防护措施。在本案例中,学校未履行相关教育、管理职责,其应当承担侵权责任。同时,两名小学生奔跑打闹,对自身安全未尽到合理的注意义务,亦存在过错,应承担部分责任。

因此,根据本案例各方过错,认定被告小学承担70%的责任,被告小宇承担10%的责任,原告小言自行承担20%的责任。同时小宇系限制行为能力人,应由其父母承担其部分责任。被告小学在保险公司投保校园责任险,由保险公司在保险限额内代其承担责任。

(二) 评析

学校对学生在校学习、生活期间的人身安全负有保障义务,在司法实践中,学校是否承担责任需要结合学校管理制度、日常安全教育、管理行为过失及学校工作与伤害事故发生的因果关系等情况综合判断。本案例虽事发于课后，但并不能免除学校对在校学生的安全保障责任。学校应通过加强人员配备、场所安全隐患排查等方式不断提升校园安全管理工作水平，筑牢校园安全防线。同时，家长也应做好对未成年人的安全教育，提高其安全意识和自我防范能力。

思考与练习

1. 简述青少年和学校体育法律法规的类别。
2. 简述体育课教学的基本要求。
3. 论述新时期课外体育活动、课余体育训练与竞赛的要求。
4. 结合案例简述青少年和学校体育应具备的保障条件。

主要参考文献

[1] 唐勇．体育法基本问题研究[M]．北京：法律出版社，2020．
[2] 董小龙，郭春玲．体育法学[M]．3版．北京：法律出版社，2018．
[3] 周爱光．体育法学概论[M]．北京：高等教育出版社，2015．
[4] 潘绍伟，于可红．学校体育学[M]．3版．北京：高等教育出版社，2015．
[5] 韩勇．学校体育伤害的法律责任与风险预防[M]．北京：人民体育出版社，2012．
[6] 郝光安，王东敏．体育伤害事故案例解读[M]．北京：高等教育出版社，2010．
[7] 闫旭峰．体育法学与法理基础[M]．北京：北京体育大学出版社，2007．
[8] 国家体育总局.学校体育工作条例[EB/OL]．(2017-03-01)[2024-01-05]．https://flk.npc.gov.cn/detail2.html?ZmY4MDgwODE2ZjNlOThiZDAxNmY0MjA2MzkxMzAzMTQ．
[9] 中华人民共和国全国人民代表大会．中华人民共和国体育法[EB/OL]．（2022-06-25）[2024-01-05]．https://www.gov.cn/xinwen/2022-06/25/content_5697693.htm．
[10] 中华人民共和国全国人民代表大会．中华人民共和国民法典[EB/OL]．（2020-06-01）[2024-01-05]．https://www.gov.cn/xinwen/2020-06/01/content_5516649.htm．
[11] 胡伟．新时代我国体育法学研究中的理论问题探究[J]．天津体育学院学报，2021，36（3）：280-286，292．

[12] 朱麒瑞. 论新时代体育强国建设背景下的中国体育法研究[J]. 沈阳体育学院学报, 2020, 39（6）: 57-64.

[13] 赵毅, 王晓蕾. 改革开放 40 年来我国体育法学研究的成就、论题与展望[J]. 成都体育学院学报, 2019, 45（1）: 28-34.

[14] 蒋占玉, 田金华. 我国学校体育法律法规贯彻执行现状探析[J]. 山西大同大学学报（自然科学版）, 2018, 34（4）: 82-85.

[15] 杨万文, 李欢. 对我国现行学校体育法律法规体系的探讨[J]. 武汉体育学院学报, 2013, 47（9）: 10-14.

第六章 竞技体育法律法规

要点提示：本章主要介绍竞技体育法律法规的概念、原则、特点，并从主要社会表现形式对竞技体育法律法规进行分类，详细展示竞技体育法律法规内容。在学习本章内容时，需要掌握竞技体育本身的特点、内容和规则，从而进一步了解竞技体育法律法规的特点、内容和原则，了解运动员、裁判员和教练员注册与流动的相关内容。

第一节 竞技体育法律法规概述

一、竞技体育法律法规的概念与原则

（一）竞技体育法律法规的概念

竞技体育是体育运动的重要组成部分，是一种制度化、体系化的竞争性体育活动，也是一项独立而特殊的社交活动。参与者通过最大限度地挖掘和发挥人（个人或群体）在体力、心理、智力等方面的潜力，提高竞技水平，创造优异成绩，夺取比赛优胜，从而彰显和突出个人或团体的存在及力量。竞技体育法律法规是指对高水平专业运动员的培养、训练、比赛、选拔等一系列相关工作的组织管理进行规范和保障，管理和调节竞技体育发展过程的法律规范的总和。从竞技体育实践过程方面看，运动员选材、运动训练、运动竞赛和竞技体育管理这四个相互联系的部分构成了竞技体育的内容。从1979年国际奥林匹克委员会（以下简称国际奥委会）恢复我国在国际奥委会的合法席位开始，到2008年北京奥运会的成功举办，再到2022年北京冬奥会举办权的成功申请，中国竞技体育取得了举世瞩目的辉煌成就。优异成绩的取得不仅得益于我国经济的高速发展，还得益于竞技体育相关政策文件的出台。随着我国不断建立和完善竞技体育法律法规体系，我国竞技体育正在向社会化、法制化、职业化、国际化方向发展。竞技体育本身具有竞争性、规范性、公平性、集群性、公开性、不确定性、观赏性、功利性、娱乐

性等一系列特征。众多特征的不断发展和更新，使我国竞技体育在新时代、新形势下面临着比以往更多、更复杂的社会关系和体育社会问题。为了竞技体育事业的更好发展，我国制定了一系列竞技体育法律法规。1995 年《体育法》颁布之后，国家体育部门依据《宪法》和《体育法》，陆续发布了《奥林匹克标志保护条例》《关于申办国际体育活动报批程序的规定》《全国性体育竞赛检查禁用药物暂行规定》《2001—2010 年奥运争光计划纲要》《关于加强和发展优秀运动队职业教育的意见》《关于进一步推动体育职业教育改革与发展的意见》等一系列法律法规，为我国竞技体育的发展提供了法律保障。

（二）竞技体育法律法规的原则

从新修订的《体育法》中可以看出，当前我国竞技体育立法原则，从只注重运动员激励变为重视运动员的权利保障。运动成绩的取得不能以牺牲运动员文化教育权、就业权等核心权利为代价，已成为普遍共识。新修订的《体育法》在原有条文"国家对优秀运动员在就业或者升学方面给予优待"的基础上，规定了具有操作性的可行举措，强调"各级人民政府加强对退役运动员的职业技能培训和社会保障，为退役运动员就业、创业提供指导和服务"。增加了保障运动员权利的条款，有利于实现运动员全面发展。同时，为解决学训矛盾等制约运动员全面发展的现实问题，规定了国家依法保障运动员接受文化教育的权利等内容。职业体育是商品经济条件下竞技体育自身演进的产物。在社会主义市场经济条件下，职业体育既有提高竞技运动水平的功能与使命，又有遵循市场规律、发展体育产业的内在驱动。《体育法》增设了职业体育条款，增加了职业体育健康可持续发展原则，同时在"竞技体育"章中首次规定"国家促进和规范职业体育市场化、职业化发展，提高职业体育赛事能力和竞技水平"，强调了职业体育的竞技属性。

二、竞技体育法律法规的特点

（一）公平性

法律与竞技体育法律法规在价值取向上存在高度的一致性，均旨在追求公平、公正、平等。公平竞争是竞技体育的内在要求，也是奥林匹克精神的重要内容和一切竞技比赛都必须坚持及遵守的原则。公平竞争是推动竞技体育健康发展的不竭动力，是人类竞技体育追求的最高境界的源泉。竞技体育所崇尚的是重在参与、公平竞争、积极向上、增进友谊的精神，它体现的是人们的共同愿望。在我国，法律具有最高效力，基于法律与竞技体育法律法规在价值取向和宗旨目的上的相似，两者在其他方面也具有高度关联性。竞技体育法律法规是依据"法律面前人人平等"的基本原则构成的，是保证竞技体育开展、公平竞争的法律性文件。

（二）明确性

竞技体育法律法规与其他法律文件一样，必须明确规则适用的条件和不同的项目适用的规则。不同性质和级别的比赛要制定不同的条款，一般不能借用和类推。竞技体育法律法规必须对赛场上的各种动作行为作出明确的规定，并说明哪些是允许的或禁止的，以供运动员、教练员遵守。与一切逻辑上完整的法律一样，竞技体育法律法规也指明了违反规则后应承担的法律后果。任何竞技体育法律法规都具有罚责，并规定了对违例行为的处理方法。在激烈竞赛中的双方能够保持头脑清醒，做到令行禁止，和规则具有强制性是分不开的；如果一场比赛没有规则，那么将非常混乱，还有可能酿成悲剧。如果是格斗比赛没有规则，则可能会付出生命的代价。竞技体育法律法规要明确指出判别胜负和得分与失分标准，这是与一般法律不同的地方；竞技体育法律法规必须具有权威性，形成文字，经过国家体育权力机构或国际单项运动会联合审定公布，任何人无权随意修改和解释。竞技体育法律法规对各种竞赛行为明确的规定亦是裁判员"执法"的依据。

三、竞技体育法律法规的类别

根据竞技体育的社会性意义不同，可以将竞技体育划分为以娱乐健身为目的的非正规竞技体育、正规组织化的竞技体育和被利益化的商业竞技体育三类。根据竞技体育的运动竞赛方式不同，可以将竞赛项目划分为竞争类竞赛项目和对抗类竞赛项目两大类。根据竞技体育主要社会表现形式不同，可以将竞技体育划分为运动训练、体育竞赛、体育裁判、体育仲裁、体育竞赛组织管理等类别。

竞技体育法律法规可以根据竞技体育的不同分类而分为不同的类别。比较常见的分类方法是按照主要社会表现形式进行划分，可以分为训练类、竞赛类、裁判类等。训练类竞技体育法律法规是指规范各种训练活动行为的法律法规。训练类竞技体育法律法规主要包括运动训练过程中运动员、教练员和其他管理服务人员应该遵守的相关法律法规，如《体育运动学校办校暂行规定》《少年儿童体育学校管理办法》《国家体育训练基地管理办法》等，这些法律法规文件规定了我国运动训练相关人员应该遵守的各种规定。竞赛类竞技体育法律法规主要规定体育赛事活动的申办审批、组织服务与监管，进一步明确主承协办的关系和各自的法律责任及义务。2020年出台的《体育赛事活动管理办法》对之前的体育赛事办法进行整合和细化，对规范体育赛事活动、推动体育赛事法制化进行具有重要的意义。裁判类竞技体育法律法规是指为加强裁判员队伍的建设，保证体育竞赛公正有序进行，根据体育运动的规律及竞赛精神，规范裁判员及其他组织或相关人员行为的规则和规程。裁判类竞技体育法律法规规定了我国裁判员应该遵守的各种规定，如《体育竞赛裁判员管理办法》《全国冰雪项目体育竞赛裁判员管理办法（试行）》等，通过规范相关行为可以保证各种运动训练工作的顺利开展，并有效保护相关利益主体的权利，同时规定了相关利益主体的义务，使相关利益能够切实得到保障。

第二节　竞技体育法律法规内容

竞技体育法律法规内容是指相关法律法规对竞技体育相关事项的具体规定。对我国竞技体育活动进行规定的法律法规文件有多种，有些规定得比较具体，有些规定得比较笼统，也有些只针对竞技体育的某一方面进行了规定。不管是何种法律法规文件，其涉及的内容包括运动训练、体育竞赛管理、侵权行为及违法犯罪行为处理等方面。

一、运动训练

运动训练是指为提高运动员的竞技能力和运动成绩，在教练员的指导下，有组织、有计划开展的一系列体育活动，它是竞技体育的重要组成部分。运动训练的主要参与者是运动员和教练员，在运动训练过程中，运动员和教练员必须遵循运动训练的客观规律和相关准则。相关法律法规文件对我国运动训练中所涉及的各种行为进行了规范，相关主体在运动训练活动中必须遵守这些法律规范，否则需要承担相应的法律责任。

（一）业余训练

业余训练是我国体育事业的基础，也是我国体育事业的重要组成部分，是我国竞技体育的希望工程，它直接关系到我国竞技体育的实力与后续实力，也直接关系到我国群众体育及青少年和学校体育的普及与发展。长期以来，我国业余训练采取了多种形式，并根据不同级别明确不同训练形式的不同性质和任务。青少年业余体校是我国业余训练的主要形式。我国较为正规的青少年业余训练发端于1955年国家体委在北京、天津、上海试办的三所青少年业余体育训练学校。规模化的训练制度建立始于1956年，当时国家体委要求各省、自治区、直辖市体委建立青少年业余体校，并颁布《青年业余体育学校章程》《少年业余体育学校章程》。随着我国运动训练体制的不断改革，我国已经由单一的少年儿童业余体校发展到多种业余体育训练形式并存的形式，不仅有体育机构管辖的各类业余体校、传统体育项目学校和体育后备人才试点学校，还有教育机构管辖的高水平运动队的试点高校。

基于我国业余体育运动训练体系复杂且涉及元素广的现状，相关法律法规的引导和规范作用非常关键。我国的业余训练有分属体育和教育部门的两套组织系统。两者的训练目标具有一定的一致性，在物质条件、时间等方面则有较大差别。我国一直重视业余训练工作的法规建设，针对业余训练先后颁布了大量的法规制度。《体育法》第三十八条规定，各级各类体育运动学校应当对适龄学生依法实施义务教育，并根据国务院体育行政部门制定的教学训练大纲开展业余体育训练。教育行政部门应当将体育运动学校的文化教育纳入管理范围。

国家体育总局与教育部联合颁发的《少年儿童体育学校管理办法》规定："本办法所称少年儿童体育学校是指九年义务教育阶段培养少年儿童体育专项运动技能的体育特色学校（含体育中学、单项体育运动学校、少年儿童业余体育学校，以下简称少体校）。少体校的主要任务是为国家和社会培养、输送具有良好思想品德、文化素质和体育特长的优秀体育后备人才。"《课外体育培训行为规范》从总体要求、场地设施要求、课程要求、从业人员要求、内部管理要求、安全要求、附则七个方面为体育培训机构的标准化运营、服务环节设置提供了具体的指导。国家体育总局与教育部联合印发的《体育传统项目学校管理办法》规定，传统项目应在学校开展体育教学科研工作，保证学生每天有一小时校园体育活动时间，积极开展特色项目训练竞赛，改善体育条件，推进青少年和学校体育场馆向公众开放，推广学校传统项目，在增进学生身心健康和培养体育后备人才等方面发挥骨干示范作用。此外，《中共中央-国务院关于进一步加强和改进新时期体育工作的意见》《中共中央-国务院关于加强青少年体育增强青少年体质的意见》《国家中长期教育改革和发展规划纲要（2010—2020年）》《关于进一步加强学校体育工作的若干意见》《关于加强管理社会力量办各类体校的通知》《关于加快体育俱乐部发展和加强体育俱乐部管理的意见》等对业余训练均有相应规定。国家体育总局于 2002 年 11 月 19 日公布的《2001—2010 年奥运争光计划纲要》中也为促进、引导、鼓励社会力量创办各种形式的业余训练组织，拓宽业余训练渠道，扩大业余训练网络，加强体教结合做了具体规定。这些法规制度确定了各级各类体校的性质，明确了各级业余训练的任务。

（二）专业训练

专业训练体系包括国家集训队、省级（解放军、各行业）优秀运动队。随着竞技体育的社会化，省级优秀运动队已逐步向行业体协和大型企业扩展，部分有条件的高校也在试办高水平运动队，拓宽了我国培养高水平运动员的途径。为了加强对优秀运动队和国家集训队的训练管理，国家体育总局曾发布系列法规文件。1995 年的《体育法》第二十六条规定："参加国内、国际重大体育竞赛的运动员和运动队，应当按照公平、择优的原则选拔和组建。"2022 年的《体育法》第四十一条规定："国家加强体育运动学校和体育传统特色学校建设，鼓励、支持开展业余体育训练，培养优秀的竞技体育后备人才。"1986 年，国家体委发布了《优秀运动队工作条例（试行）》。2002 年 11 月 19 日，国家体育总局公布了《2001—2010 年奥运争光计划纲要》。2005 年 4 月 18 日，教育部、国家体育总局公布《关于进一步加强普通高等学校高水平运动队建设的意见》，对运动训练的主要任务、训练要求、训练内容、训练时间等做了具体规定。为了加强射击竞技体育运动枪支的管理工作，促进射击运动健康发展，根据《中华人民共和国枪支管理法》和《体育法》，国家体育总局局长办公会议于 2010 年 6 月 11 日审议通过《射击竞技体育运动枪支管理办法》。为规范和促进国家体育训练基地的建设和发展，更好地发挥国家体育训练基地的服务保障功能，根据有关法律法规，国家体育总局于 2013 年 12 月 23 日发布《国家体育训练基地管理办法》，对体育训练基地的评审和命名、国家体育训练基地的权利和义务做了具体规定。这些相关文件对专业训练的任务、原则、内容、目标与计划、保障条件等做了明确规定，使我国的竞技体育法规逐步得到完善，保障了我国竞技体育的健康发展和成长，有力地推动了竞技体育的发展。

二、体育竞赛管理

体育竞赛是竞技体育的有机组成部分，是竞技体育赖以生存和发展的土壤，是提高运动技术水平、锻炼队伍、检验训练成果、提高成绩、培养人才最有效的手段。为使竞技体育竞赛管理规范化、科学化、制度化，国家体育总局于 1998 年 5 月 21 日发布了《全国城市运动会申办办法》，2014 年 9 月 25 日印发了《国家高水平体育后备人才基地认定办法》，2015 年 12 月 21 日印发了《体育赛事管理办法》之后，又陆续发布了《体育运动中兴奋剂管制通则》《竞技体育"全国体育事业突出贡献奖"评选办法》《运动员、教练员体育运动奖章授予办法》等一系列的管理办法。2020 年，国家体育总局对之前发布的《体育总局关于推进体育赛事审批制度改革的若干意见》《全国性单项体育协会竞技体育重要赛事名录》《体育赛事管理办法》《关于进一步加强体育赛事活动监督管理的意见》进行整合和细化，正式发布《体育赛事活动管理办法》，对规范体育赛事活动、健全体育赛事法制化具有重要的意义，使体育竞赛管理更加合理、合法、合规。2023 年，国家体育总局修订了《体育赛事活动管理办法》，增加了赛事安全、风险防范、赛事监管等方面的规定。2021 年，国家体育总局冬季运动管理中心结合现有裁判员团队情况及北京冬奥会实际需求，对《全国冰雪项目体育竞赛裁判员管理办法（试行）》进行修订，加强了我国冰雪运动竞赛裁判员队伍建设，规范裁判员资格认证、培训、考核、注册、选派、处罚等监督管理工作，扩大了我国冰雪项目体育竞赛裁判员队伍，保证冰雪运动竞赛公平、公正、有序进行。

（一）体育赛事分级分类管理

我国对不同等级的体育赛事进行了分类。《体育法》第五十条规定，国家对体育赛事活动实行分级分类管理。《体育赛事管理办法》第四条规定，举办体育赛事遵循谁主办谁负责的原则，实行分级分类管理。国家体育总局负责对在我国举办的全国性体育赛事的监管。全国单项体育协会负责本项目全国性体育赛事的具体监管。各省（自治区、直辖市）人民政府体育主管部门或地方单项体育协会及全国行业体育协会负责对本地区、本行业的相关体育赛事的具体监管。2017 年 2 月 3 日，国家体育总局印发了《全国综合性运动会组织管理办法》，规范了全国综合性运动会组织工作，加强了指导、管理、监督力度。这些规定体现了分级分类管理的原则，有利于各地根据本地实际情况确定本地区的竞赛管理办法，做好与本地区其他各项事业的协调及与全国性体育竞赛的衔接。我国许多省、市也制定了适合本地区的体育竞赛法规。例如，2006年6月，北京市人民政府发布《北京市体育竞赛管理办法》；2011年12月，辽宁省人民政府发布《辽宁省体育竞赛管理办法》；2011年12月，内蒙古自治区人民政府发布《内蒙古自治区体育竞赛管理办法》；2014年7月，山东省人民政府发布《山东省体育竞赛管理办法》；2017年12月，浙江省人民政府发布《浙江省体育赛事管理办法》；2020年2月，上海市人民政府发布《上海市体育赛事管理办法》；等等。地方性体育管理办法的出台，推进了我国体育竞赛的安全进行，丰富了我国体育竞赛管理法律法规体系。

（二）运动员、教练员和裁判员注册与交流

为了适应我国竞技体育事业发展需要，促进运动人才资源合理配置，加强对运动员注册与交流工作的规范化管理，2003年8月，国家体育总局对原国家体委印发的《运动员参加全国比赛代表资格注册管理办法》和国家体育总局印发的《全国运动员交流管理办法》（试行）进行了修订，发布了《全国运动员注册与交流管理办法（试行）》，规定运动员参加国家体育总局主办的全国综合性运动会和全国单项比赛，应代表具有注册资格的单位进行注册。各省、自治区、直辖市、新疆生产建设兵团、解放军、行业体协，以及经过国家体育总局、全国性单项体育协会或运动项目管理中心批准认可参加的全国成年、青年和少年比赛的单位，是具有注册资格的单位（香港和澳门特别行政区除外）。教练员的注册与交流涉及对教练员的资格认定和管理，以确保他们的专业素养和技能水平，促进教练员的流动和交流，通过建立注册制度和交流机制，有助于提高教练员的专业水平和素养，促进体育事业的发展和进步。为了加强对裁判员注册与交流工作的规范化管理，2015年9月23日公布的《体育竞赛裁判员管理办法》规定，裁判员实行注册管理制度。各全国单项协会应当根据本项目的特点确定裁判员的注册年龄限制、注册时限、停止注册和取消注册等条件。

（三）竞赛纪录审批制度

为了鼓励运动员在竞技体育比赛中争创佳绩，国家体育总局颁布了《体育运动全国纪录审批制度》《关于我国运动员创造的世界纪录、亚洲纪录和全国纪录管理办法》《运动员技术等级管理办法》等。2014年公布的《运动员技术等级管理办法》第七条规定，等级称号的管理实行分级审批、分级授权；第八条规定，总局审批国际级运动健将和运动健将；第九条规定，总局授予各省级体育行政部门、新疆生产建设兵团体育局、总参军训部军事体育训练局、总政宣传部文化体育局一级运动员、二级运动员、三级运动员审批权；第十条规定，各省级体育行政部门根据实际情况，可以将二级运动员、三级运动员审批权授予本行政区域内地市级体育行政部门，可以将三级运动员审批权授予本行政区域内县级体育行政部门。

三、侵权行为及违法犯罪行为处理

竞技体育是为了战胜对手取得优异运动成绩最大限度发挥和提高个人、集体在体能、心理及运动能力等方面的潜力，所进行的科学、系统的运动，包括运动训练和运动竞赛两种形式。在竞技体育中，经常发生侵权行为，根据侵害的对象不同，分为侵犯人身权的行为和侵犯财产权的行为，处理这些致人损害的行为适用《民法典》《刑法》等。《民法典》第一千一百七十九条规定："侵害他人造成人身损害的，应当赔偿医疗费、护理费、交通费、营养费、住院伙食补助费等为治疗和康复支出的合理费用，以及因误工减少的收入。造成残疾的，还应当赔偿辅助器具费和残疾赔偿金；造成死亡的，还应当赔偿丧葬费和死亡赔偿金。"《刑法》第二百三十四条规定："故意伤害他人身体的，处三年以下有期徒刑、拘役或者管制。"

竞技体育中的犯罪问题，随着体育领域里一些违法犯罪行为的出现和发展而逐步产生。体育受贿罪是指国家工作人员利用职务上的便利，索取他人财物或者非法收受他人财物，为他人谋取利益的行为。很多犯罪对象具有国家工作人员的身份，适用《刑法》第三百八十八条："国家工作人员利用本人职权或者地位形成的便利条件，通过其他国家工作人员职务上的行为，为请托人谋取不正当利益，索取请托人财物或者收受请托人财物的，以受贿论处。"《刑法》第一百六十三条规定："公司、企业或者其他单位的工作人员，利用职务上的便利，索取他人财物或者非法收受他人财物，为他人谋取利益，数额较大的，处三年以下有期徒刑或者拘役，并处罚金；数额巨大或者有其他严重情节的，处三年以上十年以下有期徒刑，并处罚金；数额特别巨大或者有其他特别严重情节的，处十年以上有期徒刑或者无期徒刑，并处罚金。"因此，在官方举行的体育赛事中，如果裁判员因收受他人贿赂而吹黑哨，则足以构成受贿罪，行为人也应当承担受贿罪的刑事责任。

第三节 案例分析

一、体育活动自甘风险案

（一）案例

小明（12周岁）与小凯（13周岁）在事发时均系某学校学生，小明为校足球队队员。2021年，在参加体育课自由活动时段同学们自发组织的足球比赛时，小明正在带球，小凯从侧前方跑来防守小明，小凯伸脚断球，脚触碰到足球后未及时收脚，将小明绊倒。小明通过学校门卫电话拨打母亲电话，告知自己受伤情况，其母亲将小明接走。后小明到医院进行救治，被诊断为锁骨骨折，实际住院11天，花费医疗费27000元。小明诉讼至法院，要求小凯赔偿，同时要求学校承担责任。法院判决驳回了小明的诉讼请求。判决后，小明不服一审判决提起上诉，经审理，判决驳回上诉，维持原判。

此次事故发生在体育课自由活动期间，该足球活动系小明等人自发组织参加的，而足球运动中出现的正当损害后果是被允许的，并且本次事故为瞬间发生，学校和教师对于损害结果都无力控制，要求教师及时避免，对学校来说过于苛刻。小明受伤并非学校场地、器械等存在安全隐患或学校疏于安全教育管理导致，小明主张学校没有尽到教育、管理职责，但并未提交证据证实事故发生或损害后果扩大系学校未尽到教育、管理职责所致。因此对于小明的诉讼请求，不予支持。

（二）评析

《民法典》第一千一百七十六条规定了自甘风险原则，指受害人事先知晓某项行为可能伴随着风险、损失或者事故，仍自愿为此行为，并同意自行承担可能的后果。根据《民法典》第一千一百九十九条、第一千二百条可知，对于无民事行为能力人来说，学校承担过错推定责任，即受到伤害后，推定学校未尽到教育、管理职责，学校需要证明自己无过错，否则就推定学校有过错；对于限制民事行为能力人来说，学校承担一般过错责任。但归根结底，学校对于学生承担的是教育、管理职责，并非监护职责。对于学生因遭遇偶然和难以防范的意外等而发生事故的，学校并无管理的过错。

二、人身损害赔偿案

（一）案例

张某和刘某均系南召县某镇初级中学在校学生。2021年4月20日，张某与刘某在其所就读学校操场打篮球的过程中，刘某故意挤抗张某身体抢夺篮球，导致张某失去平衡后摔倒受伤。张某受伤后被送往某镇卫生院，后转至南阳某骨科医院住院治疗。后因赔偿事项无法达成一致，张某遂将刘某诉至法院。

南召法院皇路店法庭法官审理认为，公民的生命健康权受法律保护，因生命、健康、身体遭受侵害的，赔偿权利人有权要求赔偿义务人赔偿经济损失。张某与刘某在学校进行打篮球活动，虽然是自愿参加的文体活动，鼓励拼搏精神，但应遵守规则、讲究方法，如果有故意或重大过失，则仍应承担相应的责任。法官结合事发经过，酌定刘某对张某人身损害的损失承担45%的赔偿责任，张某承担自身损害后果的40%的责任，被告南召县某镇初级中学承担15%的赔偿责任。被告南召县某镇中学的赔偿责任由被告人保财险南阳市分公司在责任限额内承担。后刘某不服判决，依法向南阳市中级人民法院提出上诉。南阳市中级人民法院认为，原判决认定事实清楚，适用法律正确，应予维持，最终驳回上诉，维持原判。

（二）评析

《民法典》第一千一百七十六条第一款："自愿参加具有一定风险的文体活动，因其他参加者的行为受到损害的，受害人不得请求其他参加者承担侵权责任；但是，其他参加者对损害的发生有故意或者重大过失的除外。"

思考与练习

1. 简述竞技体育法律法规的主要内容。
2. 简述业余训练的基本要求。
3. 竞技体育运动中运动员、教练员和裁判员应该遵守哪些法律法规？
4. 结合案例谈谈竞技体育法律法规的特点。

主要参考文献

[1] 赵波. 论高校课余体育竞赛活动的改革[D]. 重庆：西南师范大学，2005.

[2] 张彩红. 竞技体育犯罪法律治理研究[D]. 北京：北京体育大学，2011.

[3] 林子晨. 论职业竞技体育中运动员的侵权责任[D]. 金华：浙江师范大学，2019.

[4] 朱霖. 竞技赛事中运动员权利法律保护研究[J]. 体育文化导刊，2018（2）：78-82.

[5] 巩庆波. 教练员权利表现特征与保障机制研究[J]. 西安体育学院学报，2015，32(6)：662-667.

[6] 王昌杰. 竞技体育伤害行为的刑法评价[D]. 南京：南京大学，2020.

[7] 谢望原，陈琴. 体育竞技中贿赂犯罪比较研究[J]. 政法论丛，2004（6）：34-38.

[8] 杨国庆，闫成栋. 新时代我国竞技体育改革发展的法治保障——基于《体育法》竞技体育部分修改思路和内容的探讨[J]. 体育科学，2019，39（2）：15-21.

[9] 任海，张佃波，单涛，等. 体育改革的总体思路和顶层设计研究[J]. 体育学研究，2018，1（1）：1-12.

[10] 刘谢慈. 多元解纷的法治协同：内部体育纠纷的司法治理[J]. 体育学刊，2023，30（3）：48-57.

[11] 刘纯献，刘盼盼. 新修订《体育法》是建设体育强国的制度资源[J]. 体育学刊，2023，30（1）：54-59.

[12] 江珊，王萍. 以法治力量助推体育强国建设[J]. 中国人大，2023（18）：35-37.

[13] 姜熙. 新修订《体育法》"竞技体育"章的条文解读、立法评析和配套立法完善[J]. 武汉体育学院学报，2022，56（9）：45-55.

[14] 江小涓. 贯彻落实新版《中华人民共和国体育法》，加快建设现代体育强国——修法过程、增改重点和学习体会[J]. 体育科学，2022，42（10）：3-11，45.

第七章　反兴奋剂法律法规

要点提示：本章主要介绍反兴奋剂法律法规的概念、原则、特点和类别，并从国际、国内两个视角分析反兴奋剂法律法规的具体内容，以及具体的兴奋剂事件审理程序。学习本章内容时，需要掌握反兴奋剂法律法规的概念、原则、特点和类别等，从而进一步了解反兴奋剂法律法规的内容，并对相关案例进行思考。

第一节　反兴奋剂法律法规概述

一、反兴奋剂法律法规的概念与原则

（一）反兴奋剂法律法规的概念

兴奋剂的使用与竞技体育相伴而生，现代体育竞技日趋激烈的争夺使运动员对兴奋剂的依赖越来越大。滥用兴奋剂不仅违背奥林匹克公平竞赛原则，还会对运动员的身体健康甚至生命构成威胁。使用兴奋剂是指参与或准备参与体育竞技比赛的运动员采用某些药物，出于非治疗目的或以非正常剂量摄入体内，以及用不正常途径摄入生理性物质，或采取其他不正当手段，企图以运动训练以外的方式增强或辅助增强自身的体能，达到提高比赛成绩和战胜对手的目的。

1963年，法国颁布了反兴奋剂条例，是世界上最早以立法形式反兴奋剂的国家，此后又多次对其进行完善和修改。其他国家纷纷仿效，英国、澳大利亚、挪威、德国相继将反兴奋剂写入法律。这些反兴奋剂法律规范文件的颁布和实施，在国际上逐步形成了反兴奋剂的基本法律制度。1989年，中国体育界正式提出对兴奋剂问题要实行"严令禁止、严格检查、严肃处理"的方针，并颁发了《全国性体育竞赛检查禁用药物暂行规定》。各国反兴奋剂法律法规的界定均以禁止和防止兴奋剂使用行为为核心，同时涉及药物的定义、禁用名单、调查和制裁等内容。反兴奋剂法律法规是指为了保护体育运动参加者的身心健康，维护体育竞赛的公

平竞争,在提倡健康、文明的体育运动的前提下,对违反规定使用兴奋剂的违禁行为进行严令禁止、严格检查、严肃处理的法律、法规、规章及其他规范性文件的总称。

(二)反兴奋剂法律法规的原则

依据反兴奋剂法律法规界定,在制定和实施反兴奋剂法律法规时,必须遵循的原则有:以预防为主,灵活施策;公平、公正、公开;维护运动员及其辅助人员的合法权益。确保反兴奋剂法律法规的权威性、合法性和有效性,以有效保护运动员的健康和权益,保障体育竞技的公正和高效。

1. 预防为主,灵活施策

当前世界各国与各反兴奋剂组织对兴奋剂的共识是,通过教育来预防和阻止兴奋剂的使用是反兴奋剂斗争中最为重要的,国际奥委会将预防和反对在体育运动中使用兴奋剂作为其重要使命。《反对在体育运动中使用兴奋剂国际公约》第四章"教育与培训"的第十九条至第二十三条规定了缔约国在反兴奋剂教育和培训中的义务。根据规定,缔约国应当在其力所能及的范围内,支持、制定和实施反兴奋剂教育和培训计划。反兴奋剂教育计划的主要目标是预防,预防运动员故意或者非故意使用禁用物质和禁用方法。反兴奋剂教育计划应当向运动员及其辅助人员提供最新和准确的反兴奋剂信息。反兴奋剂教育的对象主要包括学校和体育俱乐部的年轻人、父母、成年运动员、体育官员、教练员、医务人员和媒体,对于年轻人的反兴奋剂教育要适合他们的成长阶段。

国际体育仲裁院(The Court of Arbitration for Sport,CAS)指出,对所有使用兴奋剂的行为都适用一个固定期限的处罚措施是不理想且不公平的。更为可行的方式应是根据运动员的过错程度规定一个比较灵活的、滑动的处罚期限措施,力求充分明确需要统一的问题,在其他方面则高度概括,在如何实施反兴奋剂原则方面具有灵活性。世界反兴奋剂规则具有传统仲裁规则灵活自主、尊重当事人意思自治、注重追求效率等特点。

2. 公平、公正、公开

反兴奋剂法律法规的制定目的之一是增进世界范围内运动员的健康和平等、比赛的公平和公正。保证干净无兴奋剂的比赛,通过完美呈现个人自然禀赋追求卓越，禁止使用或涉嫌使用兴奋剂的运动员参加比赛，给予运动员公平比赛的环境，同时给予运动员法律保障，避免被陷害及过失带来的权益侵害。实质法治要求法律必须体现公平、正义、自由和尊严，追求法的实质平等，强调不同问题区别对待，认为公平是第一价值选择；兴奋剂处罚对运动员来说存在着错误追究和不公正仲裁等程序风险，程序公正是实体公正的保障，具有辅助实体法适用的作用，要求为运动员或其他当事人提供及时、公平、公正的听证机会；公开是现代法治对裁判的要求，法官要依照法律精神、立法目的将裁判理由详细写明予以公布。公开听证是仲裁程序公平的重要体现，反兴奋剂法律法规应最大限度地做到公平、公正、公开、中立、独立。

3. 维护运动员及其辅助人员的合法权益

2015 年版《世界反兴奋剂条例》（World Anti-Doping Code，WADC）从实体权利和程序权利两个方面强化对运动员合法权益的保护，惩罚违规运动员时广泛采用比例原则，规定条例主旨在于弘扬人权精神，切实维护运动员及其辅助人员的合法权益，确立慎罚观念，减少处罚权行使的恣意性。2015 年版《世界反兴奋剂条例》多次强调尊重人权和比例原则，在兴奋剂违规认定的严格责任、处罚过程的公平听证程序及兴奋剂处罚机制等方面强化对运动员的权益保护。2021 年版《世界反兴奋剂条例》回应俄罗斯系统性兴奋剂违规事件，加大兴奋剂违规行为的打击力度，增强运动员权利保护程度。在反兴奋剂立法和实践中，实现了从重惩罚到重权利保障的价值转换，以更好地平衡反兴奋剂处罚及运动员权利之间的关系。

二、反兴奋剂法律法规的特点

（一）关系主体不平等或不对等

反兴奋剂管理机构与运动员主体之间存在管理与被管理、命令与服从、监督与被监督的关系；法律主体权利与义务具有强制属性，即主体权利与义务不能随意被转让或放弃。正是因为这种纵向（隶属）的法律关系，所以代表公权利的反兴奋剂管理机构与代表私权利的运动员个体不可避免地产生了冲突。具体体现为公权利（权力）与运动员自由权的冲突、公权利（权力）与运动员隐私权的冲突等结构性的权利冲突。其中，运动员行踪报告制度就是一个显著的例子。运动行踪报告制度是从 2009 年始，世界反兴奋剂机构（World Anti-Doping Agency, WADA）所推行的一种新的药检制度。该制度规定，在一些运动项目范围内，运动员一周七天，从早上 6 点到晚上 7 点，都要向主管单位提供其所在的地理位置，并在一小时之内赶到临时抽检的实验室。该制度实施之初即遭到国际足联和欧洲足联的拒绝，它们指出，鉴于集体项目与个体项目之间的差异，应考虑以队伍而非以个人为单位进行行踪报告，其发表声明说道：国际足联和欧洲足联不同意在球员短期休假时也对他们进行兴奋剂检测。在这里，行政权力（公权利）与私权利产生了冲突，兴奋剂的检测权触及了运动员个人的自由权和隐私权，从而遭到来自运动员个体及代表其权益的行业联合会本能的反抗。

（二）法治教育与惩罚并重

对兴奋剂违规行为进行惩处只是反兴奋剂斗争的手段而不是目的，反兴奋剂斗争的目的是在体育活动中不使用兴奋剂，实现纯洁体育。当前世界各国与各反兴奋剂组织对兴奋剂的共识是通过教育预防和阻止兴奋剂的使用，加强反兴奋剂防控机制。《反兴奋剂条例》"总则"第三条第一款规定了反兴奋剂的基本原则，其中包括反兴奋剂教育："国家提倡健康、文明的体育运动，加强反兴奋剂的宣传、教育和监督管理，坚持严格禁止、严格检查、严肃处理的反兴奋剂工作方针，禁止使用兴奋剂。"因此，反兴奋剂管理机构需要强化法治和规则意识，坚持"法治教育与惩罚并重"的防控理念。在反兴奋剂治理研究中，应区分性质恶劣程度、轻重程度及后果情形等不同情况，并分别作出相应处理，真正契合教育与惩罚各自内涵的偏向性、指向性和侧重性。加强反兴奋剂教育研究，严格按照《反兴奋剂管理办法》规定，加强各级人民政府体育主管部门、国家反兴奋剂机构及全国性体育社会团体等相关人员的反兴奋剂教育，实现反兴奋剂教育入脑、入心、入行。明确各教育主体严格按照《反兴奋剂教育工作实施细则》中工作标准的总体要求、计划制定、教育活动实施及教育工作总结等进行反兴奋剂教育，最后由反兴奋剂中心负责对全国反兴奋剂教育工作的总体情况进行考核和评估。法治教育研究内容除《反兴奋剂教育工作实施细则》中规定的 11 项教育内容外，还应加强对国际反兴奋剂规则的学习，扩大教育受众到基层体育教师、教练员、学生运动员、青少年体育爱好者、社会大众体育参与者等，并辅以多样化的反兴奋剂宣传教育媒体手段，运用数字手段推动反兴奋剂宣传教育从"大水漫灌"到"精准滴灌"，加强普法，推动普法智能优化效果。与此同时，分类型、分梯度、分层次进行立体完善的综合惩戒体系的搭建和配置，并根据个案情形，坚持大小相称、轻重适度、罪错相当、罚当其罪及综合治理等原则，采取明刑弼教、双管齐下的方法，从而使作为后置法、保障法的刑事法发挥重要的威慑与惩戒作用。

（三）专门机构与部门协调联动治理

兴奋剂治理工作必须依靠政府管理职能的施效。体育行政部门的性质为公共机构，具有明显的资源优势和财力优势，便于在群众中开展宣传、教育等工作，因此，新修订的《体育法》反兴奋剂专章以法律的形式明确反兴奋剂宣传教育工作应作为体育行政部门政府职责的重要内容。与此同时，反兴奋剂工作还是一项系统工程，需要除体育行政部门外的多方主体的共同协作。因而新修订的《体育法》第五十四条就全面的、多部门合作的反兴奋剂综合治理机制进行了指引性规定，以专门机构与部门协调联动治理为手段开展反兴奋剂工作。2007年10月，国务院决定成立国家体育总局牵头、公安与司法等多部门综合治理协调小组，共建国内兴奋剂综合治理工作机制。随着国际及国内兴奋剂问题的变化，我国的兴奋剂综合治理工作机制与时俱进、逐步完善。近年来，我国不断推动建立各级、各类反兴奋剂工作机构，专门落实反兴奋剂工作。截止到2022年，我国已有30个省份建立了省级反兴奋剂机构。除此之外，还持续推进由全国性体育社会团体、国家运动项目管理单位成立专门机构、设立专门岗位、明确专职人员、配备专项经费从而开展的反兴奋剂工作。新修订的《体育法》第五十四条第二款将兴奋剂综合治理上升到法律层面，明确了综合治理的主体除体育行政部门外，还涉及卫生健康、教育、公安、工信、商务、药品监管、交通运输、海关、农业、市场监管等相关部门。这一规定将上述部门纳入综合治理主体的范围，为健全兴奋剂综合治理机制提供了法律依据和制度基础。目前，兴奋剂目录由国务院体育主管部门会同国务院食品药品监督管理部门、国务院卫生主管部门、国务院商务主管部门和海关总署制定、调整并公布。兴奋剂目录一般每年公布一次，确保该目录与当年的《禁用清单国际标准》同步更新，同时实施，协调一致。新修订的《体育法》第五十六条规定，在政府主管部门开展兴奋剂综合治理过程中，对相关禁用物质、禁用方法的认定，都应以兴奋剂目录为标准。同时，考虑到兴奋剂综合治理主体不断扩大的可能，法条在部门前增加了"等"字，为之后的兴奋剂形势变化保留了空间，以便更好地实现兴奋剂综合治理，齐抓共管。

三、反兴奋剂法律法规的类别

（一）国际反兴奋剂法律法规

为了应对 20 世纪中叶以来使用兴奋剂案例激增造成恶劣影响的问题，同时为了统一欧洲国家的反兴奋剂政策，加强兴奋剂打击力度，1989 年，欧洲理事会（The European Council）签署了《欧洲反兴奋剂公约》（*European Anti-Doping Convention*）及其附加议定书，并于 1990 年正式生效。《欧洲反兴奋剂公约》秉承的理念是各个国家和政府在反兴奋剂立法、司法及执法领域设立一个共同的标准。该公约有助于调试融合缔约国反兴奋剂政策和实践做法的冲突，进而助力签署国政府反兴奋剂计划的实施。但因为加入该公约的国家仅有 40 多个，并且多数为欧洲国家，所以不具有全球效力。2005 年 10 月，联合国大会通过了《反对在体育运动中使用兴奋剂国际公约》（*International Convention Against Doping in Sport*）。该公约作为第一个在反兴奋剂领域具有全球普遍性和国际约束力的法律文件，在协调体育道德失范问题、维护运动员健康方面为各国政府提供了法律参考。

2003 年 3 月 5 日，世界反兴奋剂机构审议通过了《世界反兴奋剂条例》，同时，全球 80 多个国家政府共同签署了《反对在体育运动中使用兴奋剂哥本哈根宣言》（*Copenhagen Declaration on Anti-Doping in Sport*，以下简称《哥本哈根宣言》），力求各国在反兴奋剂工作中完善协作和衔接机制，以在反兴奋剂领域形成更为广泛的道德约束和法律共识。《世界反兴奋剂条例》作为全世界范围反兴奋剂工作的行为准则，以及各体育组织制定反兴奋剂规则的基本准则，为协调全球范围内反兴奋剂工作提供了法律保障，自 2004 年 1 月 1 日正式生效。《世界反兴奋剂条例》分别于 2009 年、2015 年、2021 年进行过三次修订，每次修改都会针对实践中新出现的问题作出回应并不断完善。例如，2009 年版《世界反兴奋剂条例》在修订过程中强化了卫生、医药、国家行政执法部门等反兴奋剂主体的责任，着眼于打击药物的生产、运输、销售行为；2015 年版《世界反兴奋剂条例》主要聚焦于人权保护、兴奋剂违规认定、加重兴奋剂违规处罚等内容；当前实施的 2021 年版《世界反兴奋剂条例》则强化了对运动员基本权利的保护。值得一提的是，虽然《哥本哈根宣言》本身没有法律上的拘束力，但其表明了各国政府面对体育运动中使用兴奋剂时的鲜明态度和整改决心，并为世界反兴奋剂机构工作取得各国政府支持和《世界反兴奋剂条例》及其国际标准的全面实施提供了依据与支撑。

(二) 国家反兴奋剂法律法规

2022年修订的《体育法》由第十三届全国人民代表大会常务委员会第三十五次会议修订通过，自2023年1月1日开始施行。这是自1995年颁布施行《体育法》后，时隔27年进行的第一次全面系统的修订。2022年修订的《体育法》中专门设立了"反兴奋剂"章，表明我国对于兴奋剂的"零出现""零容忍"，非常严肃地将其作为一种法律制度明确下来，与已经发布实施的《刑法修正案（十一）》和相关的司法解释、反兴奋剂条例及规章共同构成了我国反兴奋剂法律制度体系，实现了法律与规则补充协调，国内法与国际法、国际体育规则相互衔接的法律制度体系。我国强调针对反兴奋剂的"预防为主，教育为本"方针，加大对于反兴奋剂教育的重视程度，开设了中国反兴奋剂中心和反兴奋剂教育平台，并出台了一系列相关政策法规。《体育法》"反兴奋剂"章的第五十三条到第六十条，分别规定了反兴奋剂的原则、制度、规范、目录、机构、宣传教育、科学技术研究和国际合作，既有国内国际反兴奋剂规则的原则性规定与衔接，也有实际工作中已经行之有效的具体制度。法律明确禁止在体育运动中使用兴奋剂，从法律上明确了体育组织及个人的基本义务；将国家在实践中建立起来的反兴奋剂基本制度工作机制固化，明确了各级政府有关部门的相关职能，强化了国家的责任和态度；明确国家反兴奋剂机构的职能，以制定和公布兴奋剂目录的形式在法律上确定了兴奋剂的范围，使反兴奋剂工作的内涵与外延更为明晰；鼓励反兴奋剂的科学技术研究，推广先进的技术、设备和方法，使反兴奋剂法律制度的具体执行有科学保障，提高前瞻性和可行性；明确国家应该承担的国际法义务，表明大国的反兴奋剂担当和对外开放的基本态度，体现出国家法律对国际法和国际规则的尊重，在国际上树立了良好的反兴奋剂法治形象。

第二节 反兴奋剂法律法规内容

通过梳理世界反兴奋剂机构和诸多国家的反兴奋剂法律法规可知，反兴奋剂法律法规的基本内容包括兴奋剂违规行为法律法规、兴奋剂犯罪法律法规、反兴奋剂教育法律法规、兴奋剂处罚法律法规。

第七章 反兴奋剂法律法规

一、兴奋剂违规行为法律法规

有关兴奋剂违规行为的种类和形式，主要遵循《世界反兴奋剂条例》的规定。

对兴奋剂违规行为，2021年版《世界反兴奋剂条例》先是在第一条中对使用兴奋剂的行为进行概括性定义，继而在第二条中详细列举了兴奋剂违规行为的具体表现形式：①在运动员的样本中发现禁用物质或其代谢物或标记物；②运动员使用或企图使用某种禁用物质或禁用方法；③运动员逃避、拒绝或未完成样本采集；④运动员违反行踪信息管理规定；⑤运动员或其他当事人篡改或企图篡改兴奋剂管制过程中的任何环节；⑥运动员或运动员辅助人员持有某种禁用物质或禁用方法；⑦运动员或其他当事人从事或企图从事任何禁用物质或禁用方法的交易；⑧运动员或其他当事人赛内对运动员施用或企图施用任何禁用物质或禁用方法，或赛外对运动员施用或企图施用任何赛外禁用的禁用物质或禁用方法；⑨运动员或其他当事人共谋或企图共谋；⑩运动员或其他当事人禁止合作；⑪运动员或其他当事人阻止或报复向当局举报的行为。相较2015年版《世界反兴奋剂条例》，2021年版《世界反兴奋剂条例》对兴奋剂违规行为，新增了阻止或报复向当局举报的行为。关于阻止或报复向当局举报的行为主要涉及两个方面：一是任何威胁或企图恐吓他人的行为，目的是阻止其向世界反兴奋剂机构、反兴奋剂组织、执法机构、监管机构或职业纪律机构、听证机构或为世界反兴奋剂机构或反兴奋剂组织开展调查的人员，善意举报与涉嫌兴奋剂违规或涉嫌不遵守《世界反兴奋剂条例》的行为有关的信息；二是对向世界反兴奋剂机构、反兴奋剂组织、执法机构、监管机构或职业纪律机构、听证机构或为世界反兴奋剂机构或反兴奋剂组织开展调查的人员，善意提供与涉嫌兴奋剂违规或涉嫌不遵守《世界反兴奋剂条例》的行为相关的证据或信息的人员进行打击报复。

我国《反兴奋剂条例》规定了三种兴奋剂违规行为：运动员使用兴奋剂的；运动员辅助人员、运动员管理单位向运动员提供兴奋剂的；运动员、运动员辅助人员、运动员管理单位拒绝、阻挠兴奋剂检查的。国家体育总局颁发的《反兴奋剂管理办法》则对兴奋剂违规行为种类列举了11种之多，有的和《世界反兴奋剂条例》规定一致，有的则是根据我国兴奋剂使用实际情况而具体制定的，如组织使用兴奋剂。

二、兴奋剂犯罪法律法规

通过对西方国家反兴奋剂法律的考察可以发现，意大利、法国、德国、芬兰、澳大利亚等国在反兴奋剂法律中对兴奋剂犯罪的罪名、罪状和法定刑做了具体规定。在罪名方面，芬兰于2002年颁布的新刑法在第四十四章"侵犯生命、健康和财产罪"中增加了反兴奋剂的条款，明确了哪些行为属于兴奋剂犯罪，哪些属于严重犯罪，哪些属于轻微犯罪，并对兴奋剂犯罪的概念进行法律界定。在罪状和法定刑方面，这些国家都规定得十分明确具体，有些国家通过创制刑法规范来对兴奋剂犯罪的罪状和法定刑进行具体规定，为司法机关对兴奋剂犯罪认定立案和定罪量刑提供了方便。世界上许多国家根据兴奋剂犯罪情节的不同，规定了法定刑和法定加重刑。在我国，国家体育总局于1998年颁发《关于严格禁止在体育运动中使用兴奋剂行为的规定（暂行）》（该规定现已失效），该规定第十五条明确："对情节严重、造成严重后果的，依法追究民事或刑事责任。"关于对兴奋剂违规行为予以刑罚追究、要求行为人承担刑事责任的规定多次出现在我国的反兴奋剂法律规范文件中。我国《反兴奋剂条例》在第五章"法律责任"中多次规定，对于严重的兴奋剂违规行为需要负刑事责任，具体在第三十七条至第四十条。

三、反兴奋剂教育法律法规

当前世界各国与各反兴奋剂组织对兴奋剂的共识是，通过教育来预防和阻止兴奋剂的使用是反兴奋剂斗争中最为重要的，故诸多反兴奋剂公约和国内反兴奋剂法规都对反兴奋剂教育进行了充分的规定。

《反对在体育运动中使用兴奋剂国际公约》第四章"教育与培训"的第十九条至第二十三条规定了缔约国义务、教育的对象和相应的教育内容。根据规定，缔约国应当在其力所能及的范围内，支持、制定、实施反兴奋剂教育和培训计划。反兴奋剂教育的对象包括一般体育运动参加者、运动员和运动员辅助人员。政府在对体育运动参加者、运动员进行反兴奋剂教育时应当提供最新的准确资料，包括使用兴奋剂对体育运动道德价值观带来的损害、使用兴奋剂对健康造成的后果。政府在对运动员辅助人员进行反兴奋剂教育时，尤其是在初期训练中，除提供最新的准确资料外，还应提供：兴奋剂的检查程序；在反兴奋剂方面运动员的权利与义务、《世界反兴奋剂条例》及有关体育运动组织和反兴奋剂组织的反兴奋剂政策,包括对违反反兴奋剂规则的行为的处理;禁用药物和禁用方法,以及不包括在禁用之列的治疗性使用;营养补充品。该公约第二十三条"教育与培训方面的合作"规定:"缔约国应当相互合作并与有关组织合作,根据情况分享关于有效反兴奋剂计划的信息、专门知识和经验。"另外,第二十二条"体育组织和持续的反兴奋剂教育与培训"规定:"缔约国应当鼓励各体育组织和反兴奋剂组织持续地对所有运动员和运动员辅助人员开展第十九条所确定内容的教育和培训。"

《世界反兴奋剂条例》第二部分"教育与研究"的第十八条对反兴奋剂教育的基本原则和主要目标、计划与活动、职业行为守则、协调与合作进行了规定。根据规定,无兴奋剂体育的反兴奋剂教育计划的基本原则是为了使体育免受兴奋剂危害,从而维护体育精神。反兴奋剂教育计划的主要目标是预防,预防运动员故意或者非故意使用禁用物质和禁用方法。缔约国应当促进和支持运动员及其辅助人员积极参与无兴奋剂体育的反兴奋剂教育计划。

对于反兴奋剂教育,我国《反兴奋剂条例》没有以专章的形式进行规定,而是主要散见于第一章"总则"和第三章"反兴奋剂义务"中。《反兴奋剂条例》"总则"第三条第一款规定了反兴奋剂的基本原则,第四条第一款和第五条规定了反兴奋剂教育的主管机构,包括国务院体育主管部门、县级以上人民政府体育主管部门。广播电台、电视台、报刊媒体及互联网信息服务提供者应当开展反兴奋剂的宣传。因此我国反兴奋剂教育和宣传工作的主要职能部门是县级以上各级别的政府体育主管部门,其目的是提高运动员和普通民众的反兴奋剂意识。

《反兴奋剂条例》第三章"反兴奋剂义务"中分别规定了对专业运动员的反兴奋剂教育和对中学生与大学生的反兴奋剂教育:体育社会团体应当对在本体育社会团体注册的运动员和教练员、领队、队医等运动员辅助人员加强监督管理,以及反兴奋剂的教育、培训;运动员管理单位应当加强对所属的运动员及其辅助人员的监督管理和反兴奋剂的教育、培训;运动员辅助人员应当教育、提示运动员不得使用兴奋剂,并为运动员提供有关反兴奋剂规则的咨询;实施中等及中等以上教育的学校和其他教育机构,应当加强反兴奋剂教育,体育专业教育应当包括反兴奋剂的教学内容。但对于反兴奋剂教育的内容,我国《反兴奋剂条例》没有进行具体规定,对社会公众的反兴奋剂教育也仅限于原则性规定。

四、兴奋剂处罚法律法规

兴奋剂处罚的种类主要包括体育类处罚、行政类处罚、经济类处罚和刑事处罚。在很多国家的反兴奋剂法律规范中,兴奋剂处罚的种类主要是体育类处罚,行政类处罚、经济类处罚和刑事处罚相对较少。刑事处罚已有论述,在此主要讨论体育类处罚、行政类处罚和经济类处罚。在 2015 年版《世界反兴奋剂条例》实施之前,兴奋剂处罚的对象主要是运动员;2015 年版《世界反兴奋剂条例》根据中国的做法和一些查处的兴奋剂违规案件增加了对教练员、队医等运动员辅助人员的处罚。

(一)体育类处罚

根据《世界反兴奋剂条例》和很多国家的反兴奋剂规范,兴奋剂违规行为的体育类处罚主要包括自动取消比赛成绩和禁赛。

1. 自动取消比赛成绩

若运动员兴奋剂检测结果呈阳性,则自动取消比赛成绩。在个人项目比赛中,如果赛内检查发现兴奋剂违规行为,则在该项比赛中所获得的比赛成绩自动取消,同时取消该次比赛成绩所获得的奖牌、奖金和积分。该赛事中其他比赛的成绩是否取消,则取决于相关的因素,如运动员兴奋剂违规行为的严重程度、运动员在其他比赛中兴奋剂检测结果是否为阴性。如果运动员证明自己对兴奋剂违规行为没有过错或者过失,则该运动员在该赛事中其他比赛的成绩不应该取消,但已经发生兴奋剂违规行为而被取消成绩的除外。

另外,自阳性样本采集之日起(包括赛内和赛外检查)或自发生其他兴奋剂违规之日起,至临时停赛或禁赛期开始,该运动员在这段时间内所取得的其他所有比赛成绩都应取消,并收回所有奖牌、奖金和积分。但为公平起见,需要另做决定的情况除外。

2. 禁赛

会被处以禁赛的兴奋剂违规行为包括被发现使用或企图使用、持有某种禁用物质和禁用方法,禁赛的期限主要是 4 年和 2 年。如果涉及的物质来自某受污染的产品,根据当事人的过错程度,则可给予警告(不禁赛)至 2 年禁赛的处罚。其他情形的兴奋剂违规行为,可根据过错以外的其他原因缩减或免除禁赛,但最多只能减一半;终身禁赛的不得少于 8 年。当事人(包括运动员)协助反兴奋剂机构、刑事机构或专业纪律机构发现或者证实兴奋剂违规行为的,可免除、减少、暂缓禁赛或其他后果；没有线索的情况下主动承认兴奋剂违规行为的，可减少禁赛至一半；因逃避或拒绝样本采集或篡改样本采集结果而可能被处以 4 年禁赛的当事人，面对反兴奋剂组织指控立刻承认其违规行为的，根据严重程度和过错程度可减少禁赛至 2 年；如果有多种可减少或暂缓禁赛的情况发生，则减少或暂缓的禁赛不得少于可适用禁赛的四分之一。10 年之内多次发生兴奋剂违规行为的，为兴奋剂违规累犯。两次违规的当事人禁赛期会有所延长，并且不适用减少条款；若发生三次违规，则会导致终身禁赛。

(二) 行政类处罚

因兴奋剂违规行为而给予行政处罚的国家比较典型的是法国。法国反兴奋剂法律以专节的形式对行政处罚进行了规定。根据规定，凡隶属于体育单项协会的注册运动员或体育团体的注册成员，在训练或比赛期间，无论是个人自愿还是受到控制，一旦触犯 L 条款第 232-9 条、第 232-10 条和第 232-17 条，即会受到行政处罚。处罚信息由体育单项联合会送达。体育联合会在处罚程序和适用处罚方面都会采用程序规则里的相关规定，程序规则是根据行政法院关于已组织实施控制措施的判定所定义的，在此过程中运动员有辩护的权利。

我国《反兴奋剂条例》对行政处罚也做了规定，主要见于第五章"法律责任"的第三十七条、第四十二条、第四十四条和第四十五条。第三十七条规定："体育主管部门和其他行政机关及其工作人员不履行职责，或者包庇、纵容非法使用、提供兴奋剂，或者有其他违反本条例行为的，对负有责任的主管人员和其他直接责任人员，依法给予行政处分；构成犯罪的，依法追究刑事责任。"第四十二条规定："体育社会团体、运动员管理单位违反本条例规定，负有责任的主管人员和其他直接责任人员属于国家工作人员的，还应当依法给予撤职、开除的行政处分。运动员辅助人员违反本条例规定，属于国家工作人员的，还应当依法给予撤职、开除的行政处分。"第四十四条规定："医师未按照本条例的规定使用药品，或者未履行告知义务的，由县级以上人民政府卫生主管部门给予警告；造成严重后果的，责令暂停 6 个月以上 1 年以下执业活动。"第四十五条规定："体育健身活动经营单位向体育健身活动参加者提供含有禁用物质的药品、食品的，由负责药品监督管理的部门、食品安全监督管理部门依照药品管理法、《中华人民共和国食品卫生法》和有关行政法规的规定予以处罚。"根据这些规定可知，行政处罚的对象主要包括体育主管部门和其他行政机关及其工作人员、属于国家工作人员的运动员、医师、体育健身活动经营单位等；处罚的措施包括撤职、开除、警告、停止执业等。

（三）经济类处罚

对于兴奋剂违规行为实施的经济类处罚是惩罚性的，根据《世界反兴奋剂条例》的规定，反兴奋剂机构可在其规则中规定对兴奋剂违规行为进行经济类处罚或要求部分支付因兴奋剂违规而产生的成本。但经济类处罚不能代替禁赛或其他处罚措施，只能在适用可施加的最长禁赛期之后进行。除此之外，当事人还应当承担因其兴奋剂违规行为而产生的仲裁费用和结果管理费用：首先应当支付国际体育仲裁机构的仲裁费用；其次需要偿还反兴奋剂组织对兴奋剂违规行为进行结果管理而产生的费用。

第三节 案 例 分 析

一、国外兴奋剂案例

（一）案例

"俄罗斯兴奋剂事件"从2014年俄罗斯的国家田径队被调查开始，到2019年世界反兴奋剂机构对俄罗斯的国家田径队作出禁赛决定结束，历时六年，跨越2014年索契冬奥会、2016年里约夏奥会、2018年平昌冬奥会。期间，1000多名俄罗斯竞技运动员被卷入其中，涉及多个体育组织、世界反兴奋剂机构和莫斯科兴奋剂检测中心，经过了国际奥委会、国际残奥会、国际体育仲裁院的多次审理。该事件是世界反兴奋剂史上目前影响面最大的事件，并最终推动世界反兴奋剂机构发布了《签约方合规国际标准》。

在"俄罗斯兴奋剂事件"中，相关机构先后出具了三份独立调查报告，作出几十次处罚决定和仲裁裁决，堪称体育史上最复杂的反兴奋剂事件。该事件波及的人员和影响范围十分广泛，并呈现出系统性和组织性的特点。首先，兴奋剂违规运动员涉及的运动项目较多，除田径项目外，该事件还波及赛艇、皮划艇、帆船、游泳、现代五项、举重、自由式摔跤等30个运动项目，甚至包括残奥会的运动项目。其次，参与者范围较广，不但包括俄罗斯竞技运动员、教练员，而且俄罗斯反兴奋剂机构、俄罗斯田径协会及个别俄罗斯体育企业也参与其中。最后，"俄罗斯兴奋剂事件"中的违规行为是有组织性的，一方面，在俄罗斯联邦安全局、俄罗斯国家田径队体育筹备中心、莫斯科和索契实验室的协助下，俄罗斯体育部对俄罗斯竞技运动员兴奋剂检测样本进行了更换，并对检测结果进行了修改；另一方面，俄罗斯体育部门和俄罗斯反兴奋剂机构通过秘密技术更换了运动员的兴奋剂检测样本，修改了俄罗斯竞技运动员的兴奋剂检测结果报告，从而改变了兴奋剂检测结果。

（二）评析

由于"俄罗斯兴奋剂事件"中的违规行为"史无前例"，俄罗斯的国家体育代表队遭到了世界兴奋剂检测史上最严厉的集体处罚。从对俄罗斯的国家田径队禁赛，到禁止俄罗斯的国家体育代表队参加2016年里约夏奥会和2018年平昌冬奥会，直至对俄罗斯的国家田径队全面禁赛4年。但是，全面禁赛处罚也存在例外，对于符合条件的"干净竞技运动员"，允许以个人名义参加奥运会。与此同时，也为一些受牵连的无辜竞技运动员提供了一条逆向自证清白的救济途径。在"俄罗斯兴奋剂事件"调查过程中，调查机构通过新闻媒体获取信息，并组成独立的专门调查委员会，对俄罗斯竞技运动员涉嫌兴奋剂违规的行为进行了深入调查，出具了详细的调查报告，并依照《世界反兴奋剂条例》作出了处罚建议。这一事件强化了反兴奋剂机构的调查权。

结合《世界反兴奋剂条例》全面分析"俄罗斯兴奋剂事件"，对我国反兴奋剂工作的启示：中国反兴奋剂机构要加强与世界反兴奋剂机构的沟通和联络，建立中国兴奋剂检测监管机制、中国兴奋剂违规处罚纠纷的司法部门介入调查机制，建立中国专门的反兴奋剂仲裁部门。

二、国内兴奋剂案例

（一）案例

山东省某中学两名学生在2019年1月12日和13日的高校体育特长生招生考试田径项目测试中，在赛外被发现使用违禁物质司坦唑醇，高校取消该两名考生的录取资格，之后3年不许报考；在4年内禁止在中国田径协会注册，禁止参加中国田径协会举办的各类比赛，并负担20例兴奋剂检测费用的处罚。他们的教练员被禁赛两年，并负担 20 例兴奋剂检测费用的处罚。

（二）评析

我国《反兴奋剂条例》第二十四条规定，运动员不得在体育运动中使用兴奋剂。第四十条规定，运动员辅助人员向运动员提供兴奋剂，或者协助运动员在体育运动中使用兴奋剂，或者实施影响采样结果行为的，2 年内不得从事运动员辅助工作和体育管理工作；情节严重的，终身不得从事运动员辅助工作和体育管理工作。第四十六条规定，运动员违反本条例规定的，由有关体育社会团体、运动员管理单位、竞赛组织者作出取消参赛资格、取消比赛成绩或者禁赛的处理。在本案例中，两名学生依据中国田径协会的规章及考试制度受到处罚。

思考与练习

1. 简述反兴奋剂法律法规的概念。
2. 简述反兴奋剂法律法规的特点与类别。
3. 论述反兴奋剂法律法规内容。
4. 简述反兴奋剂法律法规体育类处罚、行政类处罚和经济类处罚。

主要参考文献

[1] 董小龙，郭春玲. 体育法学[M]. 4 版. 北京：法律出版社，2023.

[2] SAROJA C. Passing the baton: The effect of the International Olympic Committee's weak anti-doping laws in dealing with the 2016 Russian Olympic Team[J]. Brooklyn journal of international law, 2018, 43(2): 671.

[3] 李智，蓝婕. "俄罗斯兴奋剂事件"的法律争议研究[J]. 首都体育学院学报，2021，33（1）：104-110.

[4] 徐磊，王庆军. 体育热点事件中网络情绪表达的社会文化归因及其影响因素——以 2020 年孙杨兴奋剂判罚事件为例[J]. 体育与科学，2021，42（6）：103-110.

[5] 柴毛毛，郭树理. 由孙杨案看反兴奋剂样本采集程序的合规性问题[J]. 体育学刊，2021，28（1）：56-64.

[6] 李智，刘永平. 从孙杨案看世界反兴奋剂治理架构的完善[J]. 北京体育大学学报，2020，43（4）：64-73.

[7] KAYSER B, MAURON A, MIAH A. Current anti-doping policy: A critical appraisal[J]. BMC medical ethics, 2007, 8(1): 1-10.

[8] BLOODWORTH A, MCNAMEE M. Clean olympians? Doping and anti-doping: The views of talented young British athletes[J]. The international journal of drug policy, 2010, 21(4): 276-282.

第八章 体育组织法律法规

要点提示：本章主要介绍体育组织的概念和特点，体育组织法律法规的概念、基本原则、特点、类别和内容；规范体育组织发展的各类法律法规文件，以及这些文件对体育组织工作的作用。学习本章内容时，需要注意社团类法律法规与体育类法律法规的区别和联系，熟悉中华全国体育总会、中国奥委会、中国体育科学学会、全国性单项体育协会与地方性体育协会的相关法律法规。

第一节 体育组织法律法规概述

《社会团体登记管理条例》明确规定："社会团体，是指中国公民自愿组成，为实现会员共同意愿，按照其章程开展活动的非营利性社会组织。"体育组织则是以体育运动为目的或活动内容的社会团体，具有民间性、非营利性、互益性、同类相聚性等特点。

一、体育组织法律法规的概念、基本原则与特点

（一）体育组织法律法规的概念

体育组织法律法规是体育组织作为一个相对独立的法律关系主体，在其成立和具体的实践活动及管理过程中必须遵循的法律规范的总称。在我国体育事业发展中发挥重要作用的体育组织主要有：中华全国体育总会和地方各级体育总会、中国奥委会、体育科学社会团体、全国性单项体育协会，以及各种青少年体育俱乐部、社区健身组织等。

体育组织法律法规是指涉及体育组织运作和管理的法律文件及规章，旨在规范体育组织的行为，确保其活动符合法律规定，促进体育事业的健康发展。体育组织法律法规包括以下几个方面的内容。①组织结构和管理规定。体育组织法律法规规定了体育组织的组织结构、管理机构和职责分工，包括组织的法人地位、

领导层的产生方式、各级管理机构的职责等方面的规定。②会员资格和权利。体育组织法律法规规定了体育组织的会员资格要求，以及会员在组织内的权利和义务，有助于确保组织的内部运作是透明和公正的。③财务管理和透明度。体育组织法律法规包括对体育组织财务管理的规定，确保组织的经济活动合法、透明，对财务报表的披露和审核等方面进行规范。④选举和任命程序。体育组织法律法规规定了体育组织领导层的产生方式，包括选举和任命程序，有助于确保领导层的合法性和代表性。⑤体育赛事和比赛规则。体育组织法律法规规定了体育组织主办或参与体育赛事的程序、标准和规则，包括比赛的举办、报名资格、奖励规定等。总体而言，体育组织法律法规的概念涵盖了对体育组织内部各方面活动的规范，以确保其在法律框架内合法、公正地运作，是体育组织管理和发展的重要基础。

（二）体育组织法律法规的基本原则

体育组织法律法规具有规范社团成员自由活动，维护团体合法利益的作用。根据《宪法》所赋予的权利及《体育法》和《社会团体登记管理条例》相关维护社会秩序的有关规定，可知体育组织法律法规的基本原则是保障公民的结社自由，维护社会团体的合法权益，促进社会主义物质文明、精神文明建设，符合我国参加的有关国际公约，既要有利于体育组织的自身发展，又要有利于规范和引导体育组织的法制化发展。

（三）体育组织法律法规的特点

体育组织法律法规具有一些显著的特点，涉及自律性、国际性、透明性、体育仲裁、体育特色、会员参与、纪律和处罚多个方面，有助于规范和管理体育组织的运作。①自律性。体育组织法律法规通常具有自律性，是由体育组织自身制定和执行的，有助于体育组织独立地管理和监督其内部事务，以保障其活动的规范性。②国际性。对于国际性体育组织，涉及国际合作、国际比赛、国际仲裁等问题，制定体育组织法律法规有助于协调和规范跨国体育事务。③透明性。体育组织法律法规要求组织在决策和管理过程中保持透明度，包括对财务报告、领导层产生方式、选举程序等方面的透明要求，以维护组织内部运作的公正性。④体育仲裁。体育组织法律法规包括与体育仲裁有关的规定，指导组织内部争端的解决，有助于通过独立的仲裁机构解决争端，确保公正性和客观性。⑤体育特色。体育组织法律法规涉及运动员资格、比赛规则、荣誉与奖励、兴奋剂控制等体育领域的专业问题，需要考虑到体育的独特性和竞技性。⑥会员参与。体育组织法律法规通常涉及组织内的会员，规定了会员的权利、义务、参与方式及内部治理结构，有助于确保组织内部参与者的权益和责任。⑦纪律和处罚。体育组织法律法规通常包括对违反规定的行为设定的纪律和处罚制度，有助于维护组织的纪律性和规范行为，确保成员遵守法规。综上所述，体育组织法律法规的特点使其能够有效地管理和监督体育组织内部事务，确保其运作在法律框架内合法、公正和有序，有助于促进体育组织的健康和可持续性发展。

二、体育组织法律法规的类别

根据体育组织法律法规的表现形式可以将其分为社团类法律法规和体育类法律法规。

（一）社团类法律法规

目前，我国有关社团的法律法规主要有 1998 年民政部颁布的《社会团体登记管理条例》和《民政部主管的社会团体管理暂行办法》、1998 年的《民办非企业单位登记管理暂行条例》、2001 年的《社会团体分支机构、代表机构登记办法》、2012 年的《关于规范社会团体开展合作活动若干问题的规定》、2016 年的《社会团体登记管理条例》(修订草案征求意见稿)、2021 年的《民政部社会组织管理局关于进一步加强全国性社会团体分支机构、代表机构规范管理的通知》等。成立社会团体，应当经其业务主管单位审查同意，并依照《社会团体登记管理条例》的规定进行登记。《社会团体登记管理条例》规定了社团的概念、社团的成立方式、开展活动的性质、成立社团应该具备的基本条件、变更方式、设置章程的要求、需要承担的法律责任等。

（二）体育类法律法规

2001 年，国家体育总局颁布的《全国性体育社会团体管理暂行办法》规定，加强对全国性体育组织的业务指导和管理，保障社团依法行使行业管理职能，充分发挥其在体育改革和发展中的重要作用；体育组织应当根据法律法规和国家体育总局的有关规定，建立健全社团规章制度，并依据章程和各项制度开展业务活动，实施行业管理，规范行业行为，进行社团自律；相关体育组织应按照《社会团体登记管理条例》《基金会管理条例》等规定设置章程，健全内部组织，完善有关制度，坚持民主程序，并本着民主、精干、高效的原则建立组织机构。《体育法》规定，中华全国体育总会和地方各级体育总会是团结各类体育组织和体育工作者、体育爱好者的群众性体育组织，应当在发展体育事业中发挥作用；中国奥委会是以发展体育和推动奥林匹克运动为主要任务的体育组织，代表中国参与国际奥林匹克事务；体育科学社会团体是体育科学技术工作者的学术性体育社会组织，应当在发展体育科技事业中发挥作用；全国性单项体育协会是依法登记的体育社会组织，代表中国参加相应的国际单项体育组织，根据章程加入中华全国体育总会、派代表担任中国奥委会委员；全国性单项体育协会负责相应项目的普及与提高，制定相应项目技术规范、竞赛规则、团体标准，规范体育赛事活动；单项体育协会应当依法维护会员的合法权益，积极向有关单位反映会员的意见和建议；单项体育协会应当接受体育行政部门的指导和监管，健全内部治理机制，制定行业规则，加强行业自律。

第二节　体育组织法律法规内容

一、中华全国体育总会法律法规

中华全国体育总会是全国性的群众体育组织，实行团体会员制，在各省（自治区、直辖市）、市、县建立地方体育分会。各项全国性运动协会、各产业与系统体育协会均为其团体会员。

（一）中华全国体育总会法律法规性质分析

中华全国体育总会于1952年在北京成立，是全国群众性体育组织，是依法成立的非营利性的社团法人，是我国成立最早、会员最多的群众性体育组织。中华全国体育总会的宗旨是遵守国家宪法、法律、法规和各项政策，依据《体育法》《全国性体育社会团体管理暂行办法》等相关法律法规政策，推进《全民健身计划》《奥运争光计划》的实施；联系台湾、香港、澳门地区同胞及海外侨胞中的体育界人士，努力发展体育事业，为全面建设小康社会、推进中国特色社会主义服务；同中国奥委会密切合作，为增进世界人民的友谊服务。中华全国体育总会及其活动接受其业务主管单位（国家体育总局）及社团登记机关（民政部）的业务指导和监督管理。中华全国体育总会实行会员制，省、自治区、直辖市体育总会，全国各单项体育运动协会，以及行业系统体育协会可以申请加入中华全国体育总会，作为其单位会员。地方各级体育总会是新时代党和政府团结、联系广大体育工作者、体育社会组织，热心支持体育事业各方人士的桥梁及纽带，是综合性、枢纽型、非营利性的体育组织，受民政、体育部门委托，承担体育社会组织具体业务监管和服务职责。

《体育法》第六十二条规定："中华全国体育总会和地方各级体育总会是团结各类体育组织和体育工作者、体育爱好者的群众性体育组织，应当在发展体育事业中发挥作用。"这强调了中华全国体育总会在各级体育总会中的领导地位和核心作用，反映了目前各级体育总会会员以团体会员为基础的状况，并明确了上下级体育总会的关系。《体育强国建设纲要》指出，要"发挥全国性体育社会组织示范作用，推进各级体育总会建设"。中共中央办公厅、国务院办公厅印发的《关于构建更高水平的全民健身公共服务体系的意见》明确，"培育一批融入社区的基层体育俱乐部和运动协会""引导体育社会组织下沉社区组织健身赛事活动"。在社会治理方面，中华全国体育总会作为枢纽型社会组织，可以发挥联系服务、资源整合、沟通协调的桥梁及纽带作用，推动体育组织与社会体育协调发展。

（二）中华全国体育总会的职权范围

中华全国体育总会始终承担着发展群众体育运动、开展国际体育交流的职能，《中华全国体育总会章程》始终以普及和宣传群众体育运动为主要任务，国际体育组织普遍认可中华全国体育总会是代表中国的民间性群众体育组织，中华全国体育总会在开展国际体育交流中具有不可替代的作用。

中华全国体育总会的任务是，按照我国发展社会主义体育运动的方针、政策和法律，开展如下工作：①宣传和普及群众体育运动，不断增强人民体质，提高全民族整体素质；②举办或联合举办全国性、境内国际性比赛和体育活动，进一步提高竞技运动水平，攀登世界体育高峰；③大力推进体育改革，对体育事业重大方针政策、发展战略提出建议，为政府决策服务；④通过组织体育活动，向广大群众尤其是向运动员、青少年进行爱国主义、集体主义和社会主义教育，培养其奋勇进取、顽强拼搏、团结友爱等优秀品德，树立遵纪守法观念；⑤组织体育理论、运动技术、科研教学等专题调查研究，促进体育科学化；⑥发展体育产业，培育体育市场，开发无形资产，促进体育产业化；⑦加强与全国各体育组织的联系，沟通情况，交流经验，指导工作；⑧开展国际体育交流，发展同国外体育组织和体育工作者的友好往来；⑨对全国性单项体育协会自律性经济处罚收入实行内部收支两条线管理，对总会收入和支出实行"统一核算，统一管理"。

二、中国奥委会法律法规

中国奥委会成立于1910年，它的标志是"跳动的五颗星星下的五环"，首任主席为王正廷。中国奥委会在中国弘扬奥林匹克主义和奥林匹克价值观，推动奥林匹克运动和中国体育事业的发展，通过体育促进和谐社会构建，遵守国家法律和有关政策，遵守社会道德规范。

（一）中国奥委会法律法规性质分析

中国奥委会是以发展体育和推动奥林匹克运动为任务的全国群众性、非营利性体育组织，代表中国参与国际奥林匹克事务。在各国家地区奥委会中，唯有中国奥委会有权代表全中国的奥林匹克运动。中国奥委会接受国家体育总局、民政部社团登记管理机关的业务指导和监督管理，其宗旨是：遵守宪法、法律、法规和国家政策，遵守社会道德风尚；在中国领土上宣传和发展奥林匹克运动。根据《奥林匹克宪章》规定，中国奥委会在非营利的活动范围内享有在中国举办的与奥运会和奥林匹克运动有关的活动中使用奥林匹克名称、标志、旗、格言和会歌的权利，并有在中国领土上保护奥林匹克名称、标志、旗、格言和会歌不受非法使用的责任与义务。

中国奥委会法律法规是为了规范和管理奥林匹克运动在中国的组织、管理及运作而制定的文件。中国奥委会法律法规性质分析从五个方面进行，即行业性质、组织自律性、国家性质、国际接轨性、内外协调性。①行业性质。中国奥委会法律法规属于体育法律法规的一部分，具有明显的行业性质，主要涉及奥林匹克运动的各个方面，包括运动员资格、比赛规则、奖励制度、运动员权益等，因此，它是一种专门为奥林匹克运动领域而设计的法律法规。②组织自律性。中国奥委会法律法规是由中国奥委会自身制定和执行的，用于规范自身的运作和成员行为，有助于保障奥林匹克运动在中国内部的规范性和公正性。③国家性质。中国奥委会法律法规具有国家性质，因为中国奥委会是中国国家体育总局领导下的国家性体育组织，中国奥委会法律法规在一定程度上受到国家法律法规的指导和约束，确保了其在国家法制框架内的合法性。④国际接轨性。中国奥委会法律法规需要与国际奥委会的规定相协调，作为国际奥林匹克运动的一部分，需要与国际奥委会的规章制度保持一致，以确保中国在国际奥林匹克运动中的参与和合作。⑤内外协调性。中国奥委会法律法规在国内外都需要协调一致，在国内，需要与国家体育总局和其他相关体育机构的法规协调一致；在国际上，需要与国际奥委会和其他国际体育组织的规定相衔接。总体而言，中国奥委会法律法规的独特性质使其成为维护奥林匹克运动在中国合法权益、规范运动员行为、促进体育事业健康发展的重要法律依据。

《体育法》第六十三条规定："中国奥林匹克委员会是以发展体育和推动奥林匹克运动为主要任务的体育组织，代表中国参与国际奥林匹克事务。"这明确了中国奥委会的主要任务。《体育法》第六十五条第一款规定："全国性单项体育协会是依法登记的体育社会组织，代表中国参加相应的国际单项体育组织，根据章程加入中华全国体育总会、派代表担任中国奥林匹克委员会委员。"该规定理顺了中华全国体育总会、中国奥委会和全国性单项体育协会之间的关系，准确反映了中国奥委会群众性组织的性质，凸显了中国奥委会在发展体育事业方面的独特地位。

（二）中国奥委会的职权范围

中国奥委会按照国家体育总局颁布的《全国性体育社会团体管理暂行办法》、民政部颁布的《社会团体登记管理条例》和《奥林匹克宪章》履行相应的责任与义务，并接受相关单位的业务指导和监督管理。《奥林匹克宪章》规定：①中国奥委会在全国范围内发展和维护奥林匹克运动，宣传奥林匹克主义的基本原则，保证《奥林匹克宪章》在本国得到遵守；②促进竞技体育和群众体育的发展，鼓励和支持妇女全面参加体育竞赛和体育活动；③全权代表中国组团参加地区性的、洲级的和世界性的综合体育赛事，包括冬、夏季奥运会，冬、夏季亚运会和东亚运动会等，以及其他与奥林匹克运动有关的活动；④在有关全国单项体育协会的合作下，选拔运动员组成中国奥林匹克代表团参加上述运动会，并为该团提供必要的费用和体育装备；⑤协助其他全国性体育组织举办全国综合性的比赛活动；⑥反对体育运动中任何形式的歧视和暴力，禁止使用国际奥委会或国际单项体育联合会禁用的药物和方法；⑦在中国选定适于举办奥运会、亚运会、东亚运动会等综合性国际赛事的城市。

三、中国体育科学学会法律法规

中国体育科学学会（China Sport Science Society，CSSS），成立于 1980 年，由全国热心体育科学技术的科技工作者和有关单位自愿组成，是在民政部依法登记的全国性、非营利性的学术性群众团体，并接受国家体育总局、民政部的业务指导和监督管理。

（一）中国体育科学学会法律法规性质分析

体育科学学术组织是党和政府发展体育科技事业的助手。《体育法》第六十四条规定："体育科学社会团体是体育科学技术工作者的学术性体育社会组织，应当在发展体育科技事业中发挥作用。"目前，我国的体育科学学术组织主要是体育科学学会，包括中国体育科学学会和各省、自治区、直辖市的体育科学学会。与此同时，中国体育科学学会是体育科学技术工作者的学术性群众团体，是依法成立的社团法人，是党和政府联系体育科技工作者的纽带及发展体育科技事业的助手，接受业务主管单位（中国科学技术协会）及登记管理机关（民政部）的业务指导和监督管理。它的宗旨是：团结和组织广大科技工作者，倡导献身、创新、求实、协作的科学精神，在严格遵守国家宪法、法律和社会道德风尚的前提下，广泛开展体育科技活动，促进体育科技事业的发展和体育科技人才的成长，为增强人民体质、提高运动技术水平服务。

（二）中国体育科学学会的职权范围

中国体育科学学会按照国家体育总局颁布的《全国性体育社会团体管理暂行办法》与民政部颁布的《社会团体登记管理条例》等相关法律法规规定，依法制定了《中国体育科学学会章程》，规定了体育组织章程。中国体育科学学会的主要任务是：①开展学术交流，活跃学术思想，促进学科发展和体育事业的进步；②普及体育科学技术知识，传播先进技术和经验；③开展继续教育，帮助体育科技人员和管理人员补充新的知识，提高业务水平；④发动会员对重大体育决策有关的问题提供咨询服务，接受委托承担课题研究及科技项目论证、成果鉴定等；⑤编辑出版体育科技学术书刊、科普读物和体育信息资料；⑥加强同境外体育科学技术团队和科学技术工作者的联系与交往，开展国际和地区间的体育学术交流；⑦开发、推广体育科技成果，开展科技咨询服务，促进科技成果的转化，引导会员自觉为经济建设服务;⑧举荐人才,表彰、奖励在学会活动中作出优异成绩的会员和学会兼职工作人员;⑨向有关部门反映体育科技工作者的意见和要求,维护他们的合法权益,举办为体育科技工作者服务的活动。

中国体育科学学会根据学术活动需要,设立若干分支机构,其主要任务是在理事会领导下,分别负责组织有关专业的学术活动,编辑出版本会学报。分会、专业委员会设正副主任委员、秘书长及委员若干人,编委会设正副主编及编委若干人。为便于工作,分支机构可设立常务委员会或常务编委会。分支机构不另立章程,其成员由理事会或常务理事会聘任。除特殊情况并经常务理事会批准外,分会、专业委员会的名称不得直接冠以"中国""中华""全国"等字样。分支机构的设立或取消,由本会常务理事会讨论决定,报中国科学技术协会、国家体育总局和民政部备案。

四、全国性单项体育协会法律法规

单项体育协会是推动我国体育事业发展的重要力量。按照我国《社会团体登记管理条例》规定,全国性单项体育协会作为一个社会团体是在民政部依法进行登记,具有法人资格、独立承担民事责任的非营利性社会组织,依照法律法规及其章程开展活动,任何组织和个人不得非法干涉。政府体育行政部门(国家体育总局)作为业务主管单位对协会行使指导、监督职责。根据国内外学者关于非营利性社会组织的研究,将体育协会纳入体育非营利性体育组织范畴,具有连接政府、市场的"第三部门组织"属性,与政府的关系不是从属关系,而是与体育行政结构和市场机制平行的关系。

(一)全国性单项体育协会法律法规性质分析(性质不突出)

随着我国全国性单项体育协会脱钩和实体化改革进程的稳步推进,全国性单项体育协会将逐步进入切实的依法自治发展模式。对于我国全国性单项体育协会而言,构建妥帖、有效的法律法规体系,可以有效促进我国单项体育协会的可持续性发展。《体育法》关于全国性单项体育协会的规定共有五点,具体内容如下。第六十五条第一款规定:"全国性单项体育协会是依法登记的体育社会组织,代表中国参加相应的国际单项体育组织,根据章程加入中华全国体育总会、派代表担任中国奥林匹克委员会委员。"本条规定明确了其在相应项目上的主导地位。第六十五条第二款规定:"全国性单项体育协会负责相应项目的普及与提高,制定相应项目技术规范、竞赛规则、团体标准,规范体育赛事活动。"本条规定确立了单项体育协会的法律地位,扩大了单项体育协会的职责范围。第一百零四条第一款规定:"国家建立体育项目管理制度,新设体育项目由国务院体育行政部门认定。"本条规定的单项体育协会与体育项目之间的关系为从"同构"到"脱钩"提供了重要的法律支撑,明确了单项体育协会具有"制定相应项目技术规范、竞赛规则、团体标准、规范体育竞赛活动"的职责。第六十六条规定:"单项体育协会应当依法维护会员的合法权益,积极向有关单位反映会员的意见和建议。"本条规定明确了单项体育协会的社会属性,决定了其除了法律授权,还包括其会员权利的契约性让渡,明确了维护会员的合法权应是单项体育协会发展的重点工作,应当重视发展会员,完善会员制度以实现可持续发展。第六十七条规定:"单项体育协会应当接受体育行政部门的指导和监管,健全内部治理机制,制定行业规则,加强行业自律。"本条规定明确了体育行政部门对单项体育协会的指导和监管。

(二) 全国性单项体育协会的职权范围

全国性单项体育协会的职权范围:①宣传和普及某项运动;②根据国家体育行政主管部门和国际体育组织有关规定,协调、组织举办国际性比赛,向有关部门提出国际活动及有关事项的建议,获批准后负责全面实施;③促进国际交流;④协调、组织全国性的各类、各级竞赛和训练工作,加强协会、俱乐部之间的联系与交流;⑤拟定有关教练员、运动员的管理制度、竞赛制度,报请国家体育行政主管部门批准后施行;⑥协调、组织教练员、裁判员、运动员的培训工作;⑦制定运动员、教练员、裁判员技术等级制度;⑧根据国家体育行政管理部门和中华全国体育总会、中国奥委会的规定,负责运动员资格的审查和处理,选拔和推荐国家队教练员、运动员,负责组织国家队集训和参加比赛;⑨负责教练员出国任教的选拔,以及运动员个人到境外训练、比赛的归口管理工作;⑩负责协调和组织科学研究工作。

五、地方性体育协会法律法规

(一) 地方性体育协会法律法规性质分析

除了全国性体育组织,还有地方性体育类学会、研究会、基金会等非营利性社会组织,以及其他各行业、各系统的体育协会等。这些体育组织均以《社会团体登记管理条例》、《体育法》、地方性社团法规和体育法规等法律作为行为准则，并结合当地体育局及民政部所制定的相关政策，设立属于本社团的组织章程，广泛开展体育科技活动，促进体育科技事业的发展和体育科技人才的成长。

民政部2016年颁布的《社会团体登记管理条例》第六条规定，国务院民政部门和县级以上地方各级人民政府民政部门是本级人民政府的社会团体登记管理机关。可以看出，地方性的社会团体，由所在地人民政府的登记管理机关负责登记管理；跨行政区域的社会团体，由所跨行政区域的共同上一级人民政府的登记管理机关负责登记管理。地方性体育协会法律法规治理模式应立足地方区域发展，套用社会自治模式和社会协同模式，建立有效的内部组织和监督机构、挖掘项目自身市场价值等，加强"软法"与"硬法"之间的协同关系，加强自身监督及外部监督建设。例如，陕西省体育局2019年出台的《关于加强新时代体育社会组织建设的意见》指出，要充分发挥本省体育社会组织在筹办十四运会、实施"1155"发展战略中的生力军作用，加快把陕西建设成为体育强省。

（二）地方性体育协会的职权范围

以陕西省柔道摔跤协会为例，该协会将《社会团体登记管理条例》《全国性体育社会团体管理暂行办法》《关于加强新时代体育社会组织建设的意见》等法律法规作为行为准则，并接受陕西省体育局、中国摔跤协会、中国柔道协会的业务指导和监督管理。2020年，陕西省柔道摔跤协会对原有的《陕西省柔道摔跤协会章程》进行了修改，在协会的业务范围中新增了"统一组织协调全省柔术MMA运动的发展，指导群众性柔道、摔跤、柔术MMA活动的普及，积极开展各种形式的柔道、摔跤、柔术MMA活动，将柔道、摔跤、柔术MMA运动带入校园，定期为在校师生讲解演示柔道、摔跤、柔术MMA运动"等内容。

第三节 案例分析

一、贵州某公司诉李某名誉权纠纷案

（一）案例

被告于2019年5月18日投资21万余元至原告公司，共同承包瓮福硫酸厂B

系列地坪防腐工程，由原告公司股东张某（和被告是"老亲关系"）与其对接和商谈合作等事宜。双方达成口头协议，张某口头向被告作出利润承诺。被告自述，投资约24万元，工期3个月，投资利润为14万元，被告不参与工程管理。因在约定的工期内未完工且未获取利润，双方发生矛盾。被告提出解除口头协议，而原告仅同意退回本金，因一时之间无钱退给被告，原告便不定期退还被告所投资金。原告退还被告约20万元款项后，双方矛盾升级，2021年7月7日经派出所协调处理，双方进行了清算，由张某退还被告所投资的款项6075元、生活费11475元，共计17550元，张某当场履行了支付义务。被告得款后因不满原告的做法，即在短视频平台上发布原告是不诚信单位的信息及侮辱性的言论、视频。在派出所告知被告删除完毕后，被告又发布了同样的视频。原告遂于2021年8月4日诉至法院，请求判决内容为：①依法判决被告立即停止发布对原告名誉构成侵害的相关作品及言论；②依法判决被告立即在抖音、微信、报刊及媒体上公开向原告赔礼道歉，消除影响，恢复原告的名誉；③请求依法判决被告赔偿原告商业信誉损失及其他经济损失3万元。宣判结果：被告提出退股，而原告仅同意退回本金，并且未立即兑现，致被告心生不满，被告得款后即在短视频平台上发布原告是不诚信单位言论、视频。后在派出所告知被告删除完毕后，被告又发布了同样的视频，看似构成了对原告的名誉侵权。虽被告无证据证实原告承诺的利润是原告陈述的利润，但作为投资，肯定承诺有利润。原告仅退回被告的投资本金，确有不诚信的行为，被告的行为是事出有因。被告发表侮辱性的言论，并扩大影响范围，超出必要的损失范围，应立即停止侵权。原告主张，被告与股东存在纠纷，与原告无关，虽张某没有原告的委托，但被告的投资原告予以接受，已形成事实上的追认。综上，被告的行为虽构成侵权，但事出有因，对原告请求的赔礼道歉、恢复名誉及赔偿损失等，不予支持。故判决：①被告停止对原告的名誉侵权；②驳回原告的其他诉讼请求。

（二）评析

《民法典》第一千一百六十五条规定："行为人因过错侵害他人民事权益造成损害的，应当承担侵权责任。依照法律规定推定行为人有过错，其不能证明自己没有过错的，应当承担侵权责任。"《最高人民法院关于审理利用信息网络侵害人身权益民事纠纷案件适用法律若干问题的规定》第十一条规定："网络用户或者网络服务提供者采取诽谤、诋毁等手段，损害公众对经营主体的信赖，降低其产品或者服务的社会评价,经营主体请求网络用户或者网络服务提供者承担侵权责任的,人民法院应依法予以支持。"

二、帆船比赛中发生的碰撞侵权责任纠纷案

(一)案例

"白鲨号"游艇、"中国杯24号"游艇分别属于某设备公司及某刀模公司。在帆船比赛期间,"白鲨号"游艇与"中国杯24号"游艇发生碰撞事故,均不同程度受损。某设备公司认为"中国杯24号"游艇构成恶意犯规,应当承担事故的全部责任。某刀模公司确认"中国杯24号"游艇违反了赛事规则,但主张当时处于激烈竞赛环境中,参赛队员没有主观上的过错,并主张"白鲨号"游艇亦违反了赛事规则,应当承担事故的主要责任。某设备公司和某刀模公司对各自游艇进行了修理,但双方对事故责任和赔偿金额未能达成一致,遂诉至审理法院,主张对方赔偿己方损失。审理法院认为,双方当事人在明知帆船比赛危险性的前提下自愿报名参加,在比赛中因对方行为遭受损害产生的争议应当适用《民法典》第一千一百七十六条自甘风险规则审查认定双方当事人的责任。

"中国杯24号"游艇作为上位船未避让处于下位的"白鲨号"游艇,在未减速的情况下左转绕标,导致触碰"白鲨号"游艇尾部,但其在竞赛中左转是为了比赛的绕标要求,当时的行动属于判断失误,现有证据不足以认定"中国杯24号"游艇对碰撞事故的发生具有故意或者重大过失。"白鲨号"游艇在激烈比赛突发紧急状况下未采取避让措施,亦不能认为其对碰撞事故的发生存在故意或者重大过失。双方当事人应当各自承担事故造成的损失。审理法院驳回了某设备公司的诉讼请求和某刀模公司的反诉请求。

(二)评析

本案例是明确体育赛事活动法律责任的典型案例。在比赛过程中发生的帆船碰撞事故,应当根据竞赛规则而非船舶避碰规则审查避碰义务。体育赛事竞技过程中产生的民事损害赔偿责任适用《民法典》第一千一百七十六条规定的自甘风险规则。致害人违反竞赛规则造成损害并不必然承担赔偿责任,人民法院应当结合竞技项目的固有风险、竞赛实况、犯规动作意图、运动员技术等因素综合认定致害人对损害的发生是否有故意或者重大过失,进而确定致害人的民事责任。本

案例裁判对于人民法院积极发挥促进竞技体育发展作用、推动体育赛事活动规范有序发展、实现体育法弘扬中华体育精神及发展体育运动等立法目的，具有积极意义。

思考与练习

1. 简述体育组织法律法规的概念、基本原则和类别。
2. 中国体育组织包含哪几类？
3. 简述中华全国体育总会、中国奥委会、中国体育科学学会、全国性单项体育协会、地方性体育协会的法律法规内容。
4. 结合案例分析体育组织法律法规的主要功能和作用。

主要参考文献

[1] 董小龙，郭春玲. 体育法学[M]. 4版. 北京：法律出版社，2023.

[2] 郑杭生. 社会学概论新修[M]. 5版. 北京：中国人民大学出版社，2019.

[3] 土旭光. 我国体育社团的现状及发展对策研究[M]. 北京：北京体育大学出版社，2008.

[4] 韩勇. 体育法的理论与实践[M]. 北京：北京体育大学出版社，2009.

[5] 许明思，张佃波. 依法治体视域下全球体育治理中自我规制的正当性理由与启示[J]. 天津体育学院学报，2023，38（6）：647-652，711.

[6] 黄亚玲. 论中国体育社团[D]. 北京：北京体育大学，2003.

[7] 汪流. 我国体育社团改革与发展研究[D]. 北京：北京体育大学，2008.

[8] 刘润芝. 我国体育社团的社会责任研究[D]. 北京：北京体育大学，2013.

[9] 戴红磊. 中国体育社会组织治理研究[D]. 大连：大连理工大学，2016.

[10] 张振龙. 我国体育社团基本法律制度研究[D]. 北京：北京体育大学，2012.

[11] 佚名. 中国体育科学学会章程[J]. 体育科学，1996，16（1）：5-7，36.

[12] 卢文云. 改革开放40年中国群众体育发展成就与经验[J]. 体育文化导刊，2019，201（3）：23-28，63.

[13] 袁钢. 全国性单项体育协会改革的法治化路径[J]. 体育科学，2019，39（1）：20-26，46.

[14] 金朝霞，黄亚玲. 脱钩背景下体育社会组织回应性监管体系研究[J]. 成都体育学院学报，

2023，49（2）：107-113.

[15] 王桂红，冯欣欣. 我国体育社会组织治理中政社关系的变迁历程、现实审视与改革路向[J]. 沈阳体育学院学报，2022，41（4）：91-96，103.

[16] 肖鹏. 体育社会组织的法人地位研究[J]. 成都体育学院学报，2018，44（5）：41-46.

[17] 李大为. 体育社团发展研究[J]. 理论月刊，2008，315（5）：90-92.

第九章 体育产业法律法规

要点提示：本章主要介绍体育产业法律法规的概念、原则、特点及分类，围绕国家层面、市场层面、体育层面及其他层面的体育产业法律法规内容展开介绍，结合案例突出体育产业法律法规走向民主化、公开化、多元化、法制化的发展趋势。学习本章内容时，需要掌握体育产业法律法规的概念、原则和特点，准确区分不同类别体育产业法律法规，理解体育产业主要法律法规和相关法律法规的内容，能运用所学知识对体育产业法律法规案例进行分析。

第一节 体育产业法律法规概述

一、体育产业法律法规的概念、原则与特点

（一）体育产业法律法规的概念

体育产业是指为社会提供体育产品的同一类经济活动的集合及同类经济部门的综合。我国体育产业作为国民经济的新的增长点，在法制经济的社会主义市场经济制度下，面临着各种各样的法律问题，为了保证体育产业持续健康地发展，需要制定完善的体育产业法律法规。体育产业法律法规是指为保证体育产业持续健康发展，由特定的主体依据一定的职权和立法程序，运用一定的立法技术，制定的一切有关体育产业管制的规范性法律文件的总称。2002年，中共中央、国务院办公厅发布的《中共中央-国务院关于进一步加强和改进新时期体育工作的意见》，专门强调要大力发展体育产业，积极培育体育市场。国家体育总局发布的《2001—2010年体育改革与发展纲要》，对体育产业发展作出规划，并自2005年起专门制定体育产业五年规划。国务院在北京奥运会前后颁布的《奥林匹克标志保护条例》《彩票管理条例》《全民健身条例》等文件，从不同方面对体育产业加以规范。2010年，国务院办公厅发布《国务院办公厅关于加快发展体育产业的指导意见》，首次在国家层面为体育产业制定专门的法规性文件。2014年，《国务院

关于加快发展体育产业促进体育消费的若干意见》的颁布进一步提升了体育产业在国民经济中的发展地位。随后，国务院办公厅印发《关于加快发展健身休闲产业的指导意见》《关于加快发展体育竞赛表演产业的指导意见》。国家体育总局等机关对于经营高危险性体育项目的管理、体育市场黑名单管理等发布大量规范性文件，对体育产业发展形成较为全面的促进和规范。

（二）体育产业法律法规的原则

由于体育产品既包括有形的体育用品，也包括无形的体育服务，体育经济部门不仅包括市场企业，还包括各种从事经营性活动的其他机构，如事业单位、社会团体乃至个人，体育产业发展综合因素较为复杂，面临着较多复杂的问题。在社会主义市场经济体制下，我国体育产业具有以下四个特点：①空间依存度大，体育产业经营不仅要考虑为从事体育活动的消费者提供必要的体育健身活动场地场馆，还要考虑经营地点的区位因素等；②时间消费明显，大多数体育消费者只有在拥有相对充裕的余暇时间的前提下才可能进行体育消费；③消费层次要求高，只有大众有了一定程度的消费能力和较高层次的精神娱乐需求之后，才可能诞生体育产业；④服务质量要求高，体育服务业是体育产业的核心，体育消费者要通过时间和金钱的消费换取运动满足感、体质增强等多层次消费需求。

针对我国社会政治经济背景，结合体育产业的各类特点，我国体育产业要求相关法律法规及政策遵循实事求是原则、法制统一和系统配套原则、保护体育市场主体权益和公平秩序原则、总结与借鉴相结合原则等。

1. 实事求是原则

实事求是原则是辩证唯物主义的思想路线在我国体育产业法律法规的制定工作中的体现。实事求是就是一切从实际出发，理论联系实际，把马列主义的普遍原理同我国的具体实践相结合。这是我国法制工作的灵魂。在我国体育产业法的制定过程中，实事求是原则具体体现在以下三个方面。第一，我国体育产业立法活动必须从现阶段我国体育产业的状况出发，只有以体育产业实际情况作为立法的出发点，才能保证所制定的体育产业法律法规在实际运用中的时效性。第二，我国体育产业的立法工作应从我国经济建设和体育体制改革的需要及可能出发。一方面，要反对脱离客观实际讨论我国体育产业立法的指导思想与基本原则；另一方面，在现有理论与物质基础已经具备的情况下，规范体育产业发展的配套立法。第三，要严格遵循实事求是原则，做到体育产业法规的制定工作主观要求符合客观实际。加强调查研究，掌握我国体育产业发展存在的法律问题，广泛征集体育管理者、从业者、研究者的意见和建议，只有这样才能制定出对我国经济建设有利且符合体育产业发展客观需求的法律法规。

2. 法制统一和系统配套原则

体育产业涉及面广、产业链长，决定了其法律保护体系是一个以《体育法》为主要内容，横跨经济法、民商法、行政法、社会法及诉讼法等多部门多层次的规范体系。法制统一和系统配套原则与实事求是原则是紧密相连的。坚持法制统一和系统配套原则，要充分理解我国发展体育产业的方针，以此为基点制定体育产业法律法规。做好体育产业的配套立法，首先要把握好整个体育产业法治建设的发展状况，其次要对我国体育产业发展规划有深刻的认识，将主要内容的立法作为体育产业法规体系的重点。坚持系统配套原则，就是要结合体育产业实际情况，找到实现原则所必需的、许可的各种具体形式、方法与措施。如果没有坚定统一配套原则信息预设，就难以把握体育产业立法事项的质与量。加强体育产业立法预测，有利于避免体育产业法律法规与其他已有体育法律法规之间的冲突和脱节，实现相互间的协调，达到体育产业法规体系与国家整个法规体系的合理化和结构组合的优化。

3. 保护体育市场主体权益和公平秩序原则

在体育产业立法中，要体现对各类体育市场主体合法权利的明确设定、积极维护和有效救济，通过体现权利公平、机会公平、规则公平的体育产业立法和系统化的法律制度，实现对体育产业发展和体育消费过程各类主体权利的维护。这些权益关系的调整和维护，取决于规范公平的体育市场秩序的建立。要通过发挥市场在资源配置中的决定性作用和更好发挥政府作用，以保护产权、维护契约、平等交换、公平竞争、有效监管为基本导向，建立公平竞争和规范有序的体育市场法治秩序。

4. 总结与借鉴相结合原则

我国体育产业的立法工作应当总结体育发达国家及其他部门立法的经验。正确分析我国体育产业立法活动所处的阶段，处理好总结、吸收与借鉴的关系。吸收与借鉴应当立足于我国的实际，对适合我国国情的法律条文可以直接移植，对于可借鉴的部分要加以选择，对于不符合我国体育产业发展实际情况的国外立法要予以去除。

（三）体育产业法律法规的特点

我国体育产业法律法规的主要特点包括主体的多元化、手段的特殊性、效力的层次性和演化的动态性。

1. 主体的多元性

西方发达国家的体育产业法律法规主体比较单一，不论是美国给予职业体育的《反垄断法》，还是给予购买职业运动队税收优惠的《税法》，抑或是加拿大的《联合调查法》和《竞赛法》，其法律主体都是以立法机关为主，政府主要是在公共体育场地设施的投资建设方面给予优惠。因此，西方发达国家的体育产业法律法规的主体主要是立法机关和政府。从我国的情况来看，体育产业法律法规的主体除这两者外，还有党政机关。例如，2003年的《中共中央关于完善社会主义市场经济体制若干问题的决定》就是党政机关发布的。我国体育产业法律法规所涉及的政府部门较为复杂，包括国务院、国家体育总局、国家发展和改革委员会（以下简称国家发展改革委）、国家标准化管理委员会、财政部、国家税务总局、海关总署、中国国际贸易促进委员会等多个部门，很多法律法规的制定往往需要几个或多个部门联合实现。例如，2003年的《财政部、国家税务总局、海关总署关于第29届奥运会税收政策问题的通知》就是由财政部、国家税务总局、海关总署等多个部门联合发布的。因此，从体育产业法律法规主体看，我国体育产业法律法规所涉及的主体具有多元性。

2. 手段的特殊性

西方发达国家的体育产业法律法规中运用最多的就是立法和税收手段，这是由其所处的特殊运行环境所决定的。西方发达国家的市场经济体制比较成熟，经济运行更多地依靠市场的自发调节，其调节手段一般是经济和法律手段，而较少运用行政手段。但是体育在国民经济中具有特殊的地位，西方各国政府经常把一部分体育活动作为其增进社会福利的手段，因而不可避免地需要政府在财政支出等方面予以扶持。从我国的情况来看，由于市场机制相对不成熟，我国体育产业法律法规的制定和实施主体多是各级政府部门，其调节手段多为行政手段，立法型的体育产业法律法规较少。从具体的法律法规手段来看，主要包括国家整体的规划和指导意见及国家各部门的意见和规定。

3. 效力的层次性

根据我国体育产业法律法规的各项条款内容不同可大致将其分为三类。第一类是国家整体的发展规划，如《国务院关于加快发展服务业的若干意见》《中华人民共和国国民经济和社会发展第十个五年计划纲要》《中华人民共和国国民经济和社会发展第十一个五年规划纲要》。虽然这些整体性的规划不是专门针对体育产业制定的，但是对体育产业的发展具有战略高度的指导性。第二类是国家和地方各部门出台的与体育产业有关的法律法规，如《财政部、国家税务总局、海关总署关于第 29 届奥运会税收政策问题的通知》《关于推进服务标准化试点工作的意见》，这些法律法规虽然不是直接由体育部门制定的，但是经常针对体育产业的某一个方面，与专门性的体育产业法律法规相互配合，共同发挥作用。第三类是体育主管部门出台的专门针对体育产业发展的法律法规，如《1994—1995 年度体育彩票发行管理办法》《体育产业"十一五"规划》等，这类体育产业法律法规由体育相关部门制定，具有很强的针对性，也是体育产业法律法规的主体部分。总体而言，这三类体育产业法律法规既有法律法规效力上的层次性，又共同构成了我国体育产业法律法规所特有的体系。

4. 演化的动态性

从我国体育产业法律法规发展的历史来看，在体育产业发展的早期，体育产业法律法规依附于其他法律法规，特别是依附于一般性的体育改革法律法规或是经济法律法规，并且其法律法规主体也仅限于体育管理部门，多是由体育主管部门单独制定的。但随着体育产业的发展，体育产业法律法规逐渐从一般性的体育改革法律法规和经济法律法规中独立出来，成为一种独立的法律法规体系。同时越来越多的部门投入到体育产业法律法规的制定中来，体育产业法律法规的演化越来越具有多个部门的协同联动性。

二、体育产业法律法规的分类

我国制定了许多体育产业法律法规，特别是近些年立法速度加快，每年都有不少体育产业法律法规颁布和实施。对体育产业法律法规的分类，可以从不同角度进行。

(一) 根据颁布机构的不同

根据体育产业政策法律法规的制定机关和实施范围不同，可以将体育产业法律法规分为全国人民代表大会通过的体育产业法律法规、国务院颁布的体育产业法律法规、国家各部委颁布的体育产业法律法规、地方政府及其部门发布的体育产业法律法规。

1. 全国人民代表大会通过的体育产业法律法规

1995 年全国人民代表大会常务委员会通过的《体育法》在 2022 年进行了第三次修订。修订后的《体育法》设了体育产业专章。从第六十九条到第七十六条规定：国家制定体育产业发展规划，建立政府多部门合作的体育产业发展工作协调机制；国家支持体育用品制造业创新发展，培育体育服务业态，提高体育服务业水平和质量；为体育企业设置财政、税收、土地等优惠政策，完善职业体育发展体系，建立健全区域体育产业协调互动机制；鼓励社会资本投入体育产业，鼓励有条件的高等学校设置体育产业相关专业，开展校企合作；完善体育产业统计体系，开展体育产业统计监测，定期发布体育产业数据；等等。这为科学指导我国体育产业发展提供了基本法律依据。

2. 国务院颁布的体育产业法律法规

国务院颁布的体育产业法律法规主要着眼于国民经济与体育产业发展的长远性、战略性、全局性问题，以及对国民经济及产业发展带来严重影响的问题，主要为一些规范性文件。例如，2010 年 3 月 24 日，国务院办公厅发布《国务院办公厅关于加快发展体育产业的指导意见》，重点阐述了发展体育产业的基本方针，明确了体育产业发展的中长期目标，重点就体育健身市场、竞赛和表演市场、中介市场、体育用品业等六个方面提出了具体任务要求，还提出了推动体育产业发展的投融资政策、税费政策、无形资产开发保护、市场规范化管理、产业管理人才培养等七个方面的具体政策和措施。2014 年，国务院印发《国务院关于加快发展体育产业促进体育消费的若干意见》，明确要积极扩大体育产品和服务供给，推动体育产业成为经济转型升级的重要力量，促进群众体育与竞技体育全面发展，加快体育强国建设，不断满足人民群众日益增长的体育需求。

3. 国家各部委颁布的体育产业法律法规

国家各部委颁布的体育产业法律法规以规范性文件为主，包括单个部门颁布的体育产业法律法规文件、多部门联合发布的体育产业法律法规文件。在部门职能范围内制定的规范性文件，主要由国家体育总局制定和发布。例如，国家体育总局每五年发布的体育产业规划，从我国的实际状况出发，充分考虑国际国内体育产业发展态势，体育产业发展的定位、产业体系、产业结构、产业链、空间布局、经济社会环境影响、实施方案等。又如，2016年国家体育总局发布《体育发展"十三五"规划》，提出深化体育重点领域改革，促进群众体育、竞技体育、体育产业、体育文化等各领域全面协调可持续发展。把体育产业作为绿色产业、朝阳产业进行扶持，强调向改革要动力，向市场要活力，力争到2025年体育产业总规模超过5万亿元，成为推动经济社会持续发展的重要力量。由多部门联合发布的产业政策则涉及多个部门职能。例如，国家发展改革委等24部委于2016年4月15日联合印发的《关于促进消费带动转型升级的行动方案》，围绕包括"体育健身消费扩容行动"在内的十大扩消费行为，促进消费带动转型升级。

4. 地方政府及其部门发布的体育产业法律法规

地方政府制定体育产业法律法规，一是为了落实国务院（或国务院部委）制定的体育产业法律法规，二是为了推动本地区体育产业发展或满足体育产业发展需要。国家相关法律法规要求各地将发展体育产业、促进体育消费纳入国民经济和社会发展规划，纳入政府重要议事日程，建立多部门工作协调机制。各地区、各有关部门要制定具体实施意见和配套文件，加强督察落实。例如，为贯彻落实《国务院关于加快发展体育产业促进体育消费的若干意见》、《山东省人民政府关于贯彻国发〔2014〕46号文件加快发展体育产业促进体育消费的实施意见》和《青岛市人民政府关于加快发展体育产业促进体育消费的实施意见》等文件精神，加快推进新区体育产业发展，促进体育消费，青岛市体育局结合本区实际，发布《青岛市关于加快发展体育产业促进体育消费的若干意见》，形成国家级、省级和地区级三级联动的体育产业法律法规体系。

（二）根据性质的不同

体育产业法律法规是一个复杂的动态系统，根据体育产业法律法规性质的不同，可以将体育产业法律法规分为体育产业组织性法律法规、体育产业结构性法律法规、体育产业布局性法律法规及体育产业技术性法律法规。

1. 体育产业组织性法律法规

体育产业组织性法律法规是政府为优化体育产业内资源配置，处理体育产业内企业关系，实现体育资源有效利用，推动体育产业发展的法律法规的总和。《体育发展"十三五"规划》提出，把适合由市场和社会承担的体育服务事项，按照法定方式和程序，交由具备条件的社会组织和企事业单位承担，逐步构建多层次、多方式的体育服务供给与保障体系，形成分工细化、协作高效的体育产业组织形态。

2. 体育产业结构性法律法规

体育产业结构性法律法规是政府制定的干预体育产业内资源配置过程以促进体育产业结构协调发展的政策。在"十五"期间，以健身业为主导，开始制定和运用体育产业结构政策。自 20 世纪 80 年代以来，健身体育渐渐成为国际发展的主流，未来健身娱乐业市场或将成为各国体育产业的最大市场。现阶段我国政府对体育产业结构类、发展群众体育类和体育彩票类等方面的体育产业法律法规比较重视，从侧面反映了国家从宏观上对体育工作有合理的调控，这有利于体育产业结构的优化和协调发展，但体育产业的发展水平还不够高，结构不尽合理，体育产业供给侧结构性改革目标的实现仍需要科研界的不断努力。

3. 体育产业布局性法律法规

体育产业布局性法律法规是政府机构根据体育产业的经济技术特性和各类地区的综合条件对体育产业的空间分布进行科学引导和合理调整的政策。我国体育产业布局政策经历从政府对地方实施的均衡性到非均衡性的转变，从地方优势产业到国家核心区域产业的转变，从国家层面向更广阔的国际层面的转变。我国体育产业布局政策的转变不仅仅体现了我国体育产业的立足长远，更体现了与世界接轨的决心。《体育法》七十三条规定："国家建立健全区域体育产业协调互动机制，推动区域间体育产业资源交流共享，促进区域体育协调发展。国家支持地方发挥资源优势，发展具有区域特色、民族特色的体育产业。"

4. 体育产业技术性法律法规

体育产业技术性法律法规是国家对体育产业技术发展实施指导、选择、促进与控制的法律法规的总和,以发展促进我国体育产业总体效应的发挥。体育产业技术性法律法规主要涉及体育技术的研发、运用和保护,以及与技术相关的竞赛规则、安全标准等方面的内容,具体内容如下。①知识产权法律法规。知识产权法律法规包括专利法、商标法、著作权法等,用于保护体育产业中的技术创新成果,保护体育设备、器材、技术方案等方面的知识产权,鼓励创新,并为技术的合法使用提供保障。②体育安全标准。针对体育器材、场馆等的安全性,各国制定了一系列的安全标准和规范,确保体育活动的安全进行。这些标准涵盖了器材的制造、使用、检测等方面,旨在降低运动员和观众的安全风险。③反兴奋剂法律法规。针对体育竞赛中的兴奋剂使用问题,各国制定了相关的法律法规,规定了兴奋剂的使用、检测和处罚标准,以保证竞赛的公平性和健康性。④体育赛事管理规定。针对体育竞赛的组织和管理,制定了一系列的赛事管理规定,包括竞赛规则、裁判标准、赛程安排等,以确保赛事的公正、公平进行。⑤数据保护法规。随着体育产业数据化程度的提高,保护个人隐私和数据安全变得尤为重要,因此,一些国家和地区也开始制定针对体育数据的保护法规,规范数据的收集、使用和存储。

第二节 体育产业法律法规内容

我国体育产业法律法规主要包括国家宏观层面体育产业法律法规、市场层面体育产业法律法规、体育层面法律法规及其他体育产业法律法规。

一、国家宏观层面体育产业法律法规

宏观调控制度是指国家通过制定指导性计划和产业政策,运用财政、金融等经济手段来影响市场主体的利益,调节地区、产业和市场主体的行为,使之符合国家宏观经济和社会目标,从而合理地配置经济资源。体育产业所涉及的关系不但具有一般产业的特点,而且由于其在内容上涉及第一、二、三产业,属于关联面极广的上游产业,具有广泛性的特点。体育产业的发展不仅能满足广大群众的体育消费需求,还能增加国民经济产值,为社会提供广泛的就业机会。因此,通过国家宏观调控来调整和整顿体育产业组织,推动体育产业结构协调发展,改善体育市场资源配置,增强国际竞争力,保证体育经济稳定与增长,实现体育产业

的经济和社会目标是十分必要的。在以法治为特征的市场经济体制下，国家宏观调控的各种手段都需要通过法律制度予以确立和实施。例如，2003年8月1日起正式实施的《公共文化体育设施条例》明确规定："国家有计划地建设公共文化体育设施。对少数民族地区、边远贫困地区和农村地区的公共文化体育设施的建设予以扶持。""各级人民政府举办的公共文化体育设施的建设、维修、管理资金，应当列入本级人民政府基本建设投资计划和财政预算。"此外，国家还通过土地管理法规对体育产业的发展加以引导。例如，《国务院关于加快发展体育产业促进体育消费的若干意见》规定，要将体育设施用地纳入城乡规划、土地利用总体规划和年度用地计划，合理安排用地需求。此外，包括价格、金融、信贷、政府采购法等在内的法律制度方面的规定，都在影响着体育产业的发展，体现了国家对体育产业的宏观管理。

二、市场层面体育产业法律法规

市场准入制度是指规制市场主体进入或退出市场的一种法律制度，在某种意义上说，就是关于市场主体法律资格的制度。体育产业在我国是一门新兴的产业，体育市场处于探索和发展阶段，政府依然是兴办体育产业的引导者和监督者。我国体育产业依然存在投资渠道单一、市场规模小、结构不合理等现象。体育产业需要持续引导、扶持和规范，为各种所有制企业进入体育行业提供宽松的环境，降低进入体育市场的门槛，鼓励社会各界投资体育产业、兴办体育企业，共同开发和繁荣体育市场。与此同时，体育产业作为关联度极高的产业部门，涉及面广，与人民群众生活密切相关，这也就要求体育产业相关产品的生产必须符合一定的行业标准，体育经营活动的开展必须符合体育运动规律，开展体育活动的场地、设施必须符合专业技术标准，具备必要的安全保障措施，避免危及消费者的人身安全。同时，从事体育经营活动的人员、指导人员必须具备必要的技术力量和相应的体育业务技能。这些条件和资格方面的要求是体育产业保持特殊性的必然要求。体育作为一项特殊的产业部门，其从业人员应具有其他行业和部门所不具有的特殊性，即在专业技术、技能等方面有着特定的要求。从事体育技术培训、辅导、咨询、裁判和安全救护等工作的专业技术人员所具备的资格、资质，均是国家对其所具有的专业技术和技能的一种法律上的认定，也是其从事特定体育经营活动的必备条件。例如，根据《劳动法》《职业教育法》《社会体育指导员国家职业标准》等的规定,对于在群众性体育活动中从事运动技能传授、健身指导和组织管理工作的社会体育指导员,我国实行的是社会体育指导员资格证书制度,即从事这一类体育经营活动的人员必须持有社会体育指导员资格证书方能上岗。根据《行政许可法》的规定,国务院已取消了对一般性体育经营活动的行政审批要求。因此,体育产品和服务的标准化工作成为国家实现对体育产业的法治化管理、规范体育市场、促进体育市场健康有序发展的重要工作内容和有效手段。依照《中华人民共和国标准化法》的规定,按标准的制定机关和适用范围,体育标准分为国家标准、行业标准、地方标准和企业标准。对于需要在全国范围内统一的技术要求,应当由国务院标准化行政主管部门制定统一的国家标准。

三、体育层面法律法规

体育不是一个简单的门类,体育产品和服务与人民的生活密切相关,具有一定的特殊性,体育层面法律法规主要包括以下内容。原国家体委发布的《关于加强体育市场管理的通知》《关于进一步加强体育经营活动管理的通知》,规定了从事体育经营活动的资格和要求。《体育法》第一百零二条规定:"县级以上人民政府体育行政部门对体育赛事活动依法进行监管,对赛事活动场地实施现场检查,查阅、复制有关合同、票据、账簿,检查赛事活动组织方案、安全应急预案等材料。"体育法规定,经营高危险性体育项目,举办高危险性体育赛事活动,应当符合特定条件,并向县级以上地方人民政府体育行政部门提出申请。国家体育总局2018年出台《体育市场黑名单管理办法》,规定将以下体育企业列入黑名单:应当取得行政许可而未取得行政许可,擅自从事相关体育经营活动,未按要求限期改正的;采用欺骗、贿赂等不正当手段取得体育经营活动相关行政许可的;在体育经营活动中,受到行政机关罚款以上行政处罚的;在体育经营活动中,一年内受到行政机关两次以上行政处罚的;发生重大兴奋剂违规行为、重大安全事故等,承担主要责任的;被人民法院列为失信被执行人的;按照省级地方性法规或者省级政府规章规定,须列入黑名单或者严重失信名单的。在一定期限内将黑名单向社会公布,实施信用约束、联合惩戒等。

随着我国体育产业的发展,产业类别不断细化,需要规范的体育细分产业日趋增加。到目前为止,我国出台了体育赛事产业专门规范、体育健身休闲产业专门规范、体育项目产业发展规范,其对我国体育产业规范化、规模化和专业化发展具有重要指导价值。2016年，国务院办公厅发布《国务院办公厅关于加快发展健身休闲产业的指导意见》，推进健身休闲产业供给侧结构性改革，提高健身休闲产业发展质量和效益，培育壮大各类市场主体，丰富产品和服务供给，推动健身休闲产业全面健康可持续发展，不断满足大众多层次多样化的健身休闲需求，提升幸福感和获得感，为经济发展新常态下扩大消费需求、拉动经济增长、转变发展方式提供有力支撑和持续动力。2018年，国务院办公厅发布《国务院办公厅关于加快发展体育竞赛表演产业的指导意见》，提出牢固树立和贯彻落实创新、协调、绿色、开放、共享的发展理念，认真落实党中央、国务院决策部署，积极推进体育竞赛表演产业专业化、品牌化、融合化发展，培育壮大市场主体，加快产业转型升级，不断满足人民群众多层次多样化的生活需求，提升人民群众的获得感和幸福感。为加快推动水上运动发展，丰富水上运动产品供给，满足群众水上运动消费需求，激发水上运动产业和关联产业的发展潜力与活力，国家体育总局、国家发展改革委、水利部等九个部门于2016年联合印发了《水上运动产业发展规划》，提出以水上运动产业供给侧结构性改革为主线，以满足群众水上运动需求为导向，以资源要素优化配置、产业潜力深度挖掘为抓手，发展壮大俱乐部规模，推进产业集聚与融合，推动水上运动向市场化、规模化、专业化、品牌化和标准化方向发展，为经济发展新常态下扩大消费需求、拉动经济增长提供有力支撑和持续动力。2017年，国家体育总局联合国家发展改革委、科学技术部、旅游局等多个部门印发《马拉松运动产业发展规划》，提出以马拉松运动产业供给侧结构性改革为主线，以满足群众马拉松消费需求为导向，以资源要素优化配置、产业潜力深度挖掘为抓手，推动马拉松运动产业规范化、市场化、国际化运作与发展，实现全民健身和全民健康深度融合，为经济发展新常态下培育经济发展新动能、拓展经济发展新空间提供有力支撑和持续动力。《冰雪运动发展规划（2016—2025年）》提出把发展冰雪运动、提高人民健康水平作为根本目标，充分发挥市场作用，激发社会参与动力，丰富产品和服务供给，不断满足人民群众日益增长的冰雪运动需求。

四、其他体育产业法律法规

目前我国体育产业发展速度很快，但是专门的法律法规位阶偏低、强制性偏小，多以部门规章、国家体育总局文件、通知的形式出现。体育产业的市场准入、市场监督、质量标准等方面还存在很多不足。在体育产业的常规运转中，涉及市场行为的各种监督管理、民商事权利保护、市场主体资格的认定、市场行为的公平公正等。《民法典》《中华人民共和国公司法》《中华人民共和国合同法》《中华人民共和国著作权法》《中华人民共和国反垄断法》等法律法规文件对体育产业经营主体、消费群体及监管机构具有规范作用，这些法律法规也是体育产业市场各类主体权利实现的重要保障。

第三节　案　例　分　析

一、某数码公司冬奥会纠纷案

（一）案例

某数码公司是某网络视频平台的运营商，于 2022 年获得了中央广播电视总台的授权，许可其在自营的某网络视频平台和 APP 上以短视频、完整赛事节目点播形式向用户提供第 24 届冬奥会赛事节目的点播服务。冬奥会赛程期间，某数码公司发现某科技公司等通过其运营的"电视 X"APP 提供冬奥会赛事节目的直播、回看、点播及相关节目集锦短视频，同时设置了冬奥会专题，整理和推荐某科技公司提供的冬奥会赛事节目，并以冬奥会赛事节目作为"电视 X"APP 的主要宣传点，以此来吸引用户下载使用。某数码公司以某科技公司等的行为构成不正当竞争为由，向审理法院提出诉前行为保全申请，要求某科技公司等立即停止通过"电视 X"APP 提供第 24 届冬奥会赛事节目相关内容。

审理法院认为，某数码公司投入巨大成本获得相应授权，在自营的网络视频平台等传播第 24 届冬奥会开闭幕式、各项赛事活动，此为其参与市场竞争的优势所在。某科技公司等并非合法的被授权主体，其提供冬奥会赛事节目的直播、回看及相关节目短视频等服务的行为减损了某数码公司可能获得的关注度和用户流量，攫取了不当的商业利益，对某数码公司运营的网络视频平台造成现实的、可预见的损害，违反了体育赛事转播应当获得合法授权的商业惯例和法律规定，扰乱市场竞争秩序，构成不正当竞争的可能性极大。审理法院裁定，某科技公司等立即停止在"电视 X"APP 提供第 24 届冬奥会赛事节目相关内容；若不停止侵权，则审理法院将通知相关网络服务提供者在冬奥会期间，停止为"电视 X"APP 提供网络服务。诉前行为保全裁定生效后，某数码公司就本案提起民事诉讼，最终以调解方式化解纠纷。

（二）评析

本案例是保护第 24 届冬奥会相关知识产权的典型案例。《体育法》第五十二条第二款规定："未经体育赛事活动组织者等相关权利人许可，不得以营利为目的采集或者传播体育赛事活动现场图片、音视频等信息。"冬奥会赛程仅有 19 天，相关赛事节目具有极强的时效性，若不及时采取行为保全措施，则将会使获得许可的申请人的合法权益受到难以弥补的损害。审理法院在受理申请后 24 小时内即作出诉前行为保全裁定，责令被申请人立即停止相关侵权行为。为保障执行效果，审理法院在全面衡量损益大小、充分论证可行性后，裁定若被申请人不停止侵权行为，则将通知相关网络服务提供者在冬奥会期间停止为案涉 APP 提供网络服务，这提高了对冬奥会相关知识产权保护的及时性和有效性。人民法院结合案件情况，及时采取行为保全措施，维护权利人的合法权益，规范体育赛事转播市场化运营行为，彰显了人民法院加大知识产权司法保护力度的鲜明态度，有助于促进体育产业的健康发展。

二、李某肖像权案

（一）案例

2022 年 8 月 25 日，李某有限责任公司起诉真功夫餐饮管理有限公司（以下简称真功夫）侵犯李某肖像权和公司商标权案件开庭审理。原告公司法定代表人要求真功夫立即停止使用李某形象、在媒体版面上连续 90 日澄清其与李某无关，并请求法院判令真功夫赔偿其经济损失 2.1 亿元，以及维权合理开支 8.8 万元。国家知识产权局审理认为，李某是一代武术宗师、中国功夫首位全球推广者、好莱坞的首位华人主角，被誉为"功夫之王"，在争议商标申请注册之前，李某已是家喻户晓的公众人物，具有极高的知名度和广泛的影响力。真功夫则在被诉后一日通过微博回应称，真功夫系列商标是由该公司申请、国家知识产权局商标局严格审查后授权的，公司已经使用了 15 年。真功夫认为，其商标是否侵权，多年前也曾有争议，但其商标一直没有被判定侵权或者撤销的行政或司法结论。真功夫表示时隔多年后被起诉"很疑惑"，并称正积极研究案情、准备应诉。

（二）评析

《中华人民共和国商标法》第四十七条规定，商标无效的裁定一旦生效，相应注册商标的专用权就视为自始即不存在。在本案例中，真功夫的注册商标与李某肖像及经典动作几近相同，因此"请求停止使用李某的形象"的诉求自然顺理成章容易得到法院的支持。真功夫发家于东莞，前身为1990年成立的"168甜品屋"，1994年变为"双种子"蒸品餐厅。2004年，在叶茂中营销策划机构的策划服务下，该公司转型定位"中式快餐"，启用"真功夫"品牌，并配上酷似李某的图标。2016年，真功夫正式对外发布了新的品牌形象和新版Logo，与旧版设计相比，新Logo在构图与品牌名上有一定改变。

思考与练习

1. 简述体育产业法律法规的概念、原则与特点。
2. 根据体育产业相关法律法规及政策颁发的不同时间，试分析国家体育发展方向。
3. 浅谈《国务院关于加快发展体育产业促进体育消费的若干意见》与《国务院关于加快发展健身休闲产业的指导意见》的区别及联系。

主要参考文献

[1] 易剑东，郑志强，詹新寰，等. 中国体育产业政策研究：总览与观点[M]. 北京：社会科学文献出版社，2016.
[2] 于善旭. 我国体育无形资产法律保护的研究[M]. 北京：北京体育大学出版社，2009.
[3] 韩勇. 体育法的理论与实践[M]. 北京：北京体育大学出版社，2009.
[4] 中国法学会体育法学研究会. 中国体育法学十年：2005—2015[M]. 北京：中国法制出版社，2016.
[5] 张守文. 经济法学[M]. 7版. 北京：北京大学出版社，2018.
[6] 卢晓梅，郑基松. 中国体育法律问题研究[M]. 北京：北京体育大学出版社，2008.
[7] 周爱光. 体育法学概论[M]. 北京：高等教育出版社，2015.

[8] 郑璐，刘舒辉，张记国．体育法律问题研究[M]．北京：中国社会科学出版社，2016．

[9] 国家体育总局政策法规司．《体育发展"十三五"规划》文件汇编[M]．北京：人民体育出版社，2019．

[10] 国家体育总局．中华人民共和国体育法规汇编（2009—2010）[M]．北京：人民体育出版社，2011．

[11] 丛湖平，郑芳，童莹娟，等．我国体育产业政策研究[J]．体育科学，2013，33（9）：3-13．

[12] 周爱光．法哲学视野中的体育法概念[J]．体育科学，2010，30（6）：3-13．

[13] 袁古洁．我国体育法制建设发展的现状、问题与对策[J]．体育科学，2009，29（8）：26-31，38．

[14] 林显鹏，虞重干，杨越．我国体育产业发展现状及对策研究[J]．体育科学，2006，26（2）：3-9．

[15] 赵芳．对我国体育产业立法的研究[D]．北京：北京体育大学，2002．

第十章 体育纠纷解决机制

要点提示：本章主要介绍体育调解的概念、分类、方式和特点，体育行政复议的概念、原则、受理、管辖、程序、赔偿，体育诉讼的概念、种类和程序，体育仲裁的概念与原则和我国体育纠纷仲裁解决途径。学习本章内容时，需要掌握解决不同类型体育纠纷的各种途径，了解体育调解、体育行政复议、体育诉讼等的概念、方式和特点，以及体育行政复议的受理、管辖、程序和赔偿；理解体育仲裁的基本状况；能运用所学知识对不同类型的体育纠纷选择合适的解决途径。

第一节 体育调解

体育调解是指针对体育纠纷，双方当事人在自愿的基础上，由第三方以国家法律和政策及社会公德为依据，对纠纷双方进行斡旋、劝说，促使他们互相谅解、进行协商、自愿达成协议解决纷争的活动。体育调解可以处理体育行政处罚以外的各种体育纠纷，如体育合同纠纷、轻微体育侵权纠纷等。鉴于体育纠纷的特点和调解在解决体育纠纷中的独特作用，体育调解对于体育纠纷解决具有整体规划、全面布局的意义，也契合了多元化解决纠纷的需求。

体育纠纷的处理要做到迅速、准确、公正。由于体育纠纷具有很强的专业性，往往牵涉很多技术规则，由外行来评判专业性的纠纷，很难得到专业的认同，司法程序、行政机关的行政裁决有时在处理一些体育纠纷时显得力不从心。体育运动比赛的时间性要求迅速解决体育纠纷，调解的高效率对陷入体育纠纷的运动员来说有着特别的意义。体育调解机制以其特有的优势获得高效率这一条件。因此，体育调解是现实中解决体育纠纷的一种较好的选择。体育调解主要包括内部调解和外部调解两大类。

一、内部调解

内部调解是体育系统内部的调解，包括教练员、裁判员等对现场体育纠纷的当事人的调解和其他相关体育调解机构的调解。教练员、裁判员等对现场体育纠纷的当事人的调解是指在体育比赛中，经过裁判员或双方教练员对当事人进行调解的一种方式。在不违反法律法规和社会公共利益及第三人利益的情况下，这种调解是最佳的解决体育纠纷的方式。首先，这种调解可以从根本上解决体育纠纷；其次，它可以最大限度节省比赛时间，使比赛得以顺利进行。

国际上有一些专职的体育内部调解机构，它们对调解的制度化、规范化和机构化起了很大的推动作用。例如，法国在体育组织内部建立了体育争端调解制度，根据《法国大众与竞技体育活动组织和促进法》的规定，法国国家奥林匹克委员会和体育委员会建立的体育调解委员会，对体育纠纷进行强制性的先行调解，只有对调解决定不服的争端案例才能进入外部的司法程序。针对近年来频频发生的国际奥林匹克事务中的争端，国际奥委会在体育仲裁机构之外，设立了体育调解机构，其目的是为争端的有关各方提供一个灵活的、非对抗性的、不公开的、花费较小的讨论和调解的场合。调解人的职责是协助争端有关各方克服分歧，达成和解。

二、外部调解

外部调解是指经过第三方的疏导、说服教育，发生纠纷的当事人依法自愿达成协议、解决纠纷的一种活动。在具体的调解过程中，体育纠纷外部调解可以根据不同的情形采用不同的方法。具体来看，现行的体育纠纷外部调解的主要方式有以下两种。

（一）行政调解

行政调解是指国家行政机关依照法律规定对某些特定的民事纠纷、经济纠纷或劳动纠纷等进行调解，属于诉讼外调解。行政调解是我国体育纠纷解决的一个主要渠道。体育行政机关依照法律规定，对其职能范围内的一些体育纠纷依法进行调解。调解不是必经程序，是否调解取决于当事人的意愿。调解达成协议的，具有法律约束力；调解未达成协议或不愿履行协议的，当事人仍可以向法院提起诉讼或选择仲裁。

（二）人民调解

大量的民间纠纷都是由人民调解委员会调解的，全民健身和体育产业中出现的经济利益纠纷越来越多，其中产生的很多纠纷适合采取人民调解。人民调解委员会调解纠纷达成的调解协议具有法律效力。经人民调解委员会调解达成的、有民事权利义务内容的并由双方当事人签字或者盖章的调解协议，具有民事合同性质。因此，人民调解委员会调解的纠纷具有法律效力（合同效力），但没有法院调解那样的强制执行效力。

体育纠纷依据不同的类型和特点，可以选用不同的调解方式，只要便于纠纷的解决，便达到了调解的目的。例如，体育从业人员特别是运动员的雇佣合同与服务合同纠纷、体育经纪合同纠纷等合同纠纷，场地纠纷，轻微的人身伤害纠纷等民商事纠纷，以法院调解为宜；因体育项目的管理问题而在球队之间发生的纠纷，运动员和体育行业协会就比赛资格问题发生的纠纷，以行政调解和专业的体育调解机构调解为宜；全民健身领域与体育群众组织或个人的纠纷等，以人民调解为宜。

第二节 体育行政复议

一、体育行政复议的概念和原则

（一）体育行政复议的概念

行政复议是指公民、法人或者其他组织认为行政机关的具体行政行为侵犯其合法权益，依法向该行政机关的上一级行政机关或法律法规规定的其他行政机关提出申请，由受理申请的行政机关对具体行政行为进行审查并作出处理决定的活动。1990年，国务院颁发了《行政复议条例》，建立全国统一的行政复议制度有了法律上的依据。1999年颁布的《中华人民共和国行政复议法》（以下简称《行政复议法》）使行政部门内部自我纠错得以法律化和规范化。2007年颁布的《中华人民共和国行政复议法实施条例》标志着我国行政复议制度在立法上得以完善。行政复议是行政机关依司法程序解决行政争议的一种行政活动，必须严格依照法律规定的程序进行。复议决定对于行政争议不具有终局效力，当事人不服的，仍可依法向人民法院提起行政诉讼。

体育行政复议可视为行政复议在体育领域的延伸，根据行政复议的精神与内涵，可将体育行政复议界定为：从事体育活动的个体、法人、组织等认为体育行政部门或法律授权的体育组织在行使管理权过程中侵犯了其合法权益,产生了权益纠纷,行政行为相对人依法向侵权体育行政部门或组织的上级部门提起行政复议申请,并由受理复议申请的行政部门对原行政行为进行审查并作出复议决定的法律制度。体育行政复议是体育行政部门或依法行使行政管理权的单位、组织进行内部纠错的途径。提起行政复议的申请人只能是认为具体行政行为侵犯其合法权益的公民、法人或其他组织。复议机关包括作出具体行政行为的行政机关的上一级机关和法律法规规定的其他机关或组织。

(二)体育行政复议的原则

体育行政复议遵循行政复议制度的基本原则。《行政复议法》规定,保障行政复议机关正确及时地审理行政案件,保护公民、法人和其他组织的合法权益,维护和监督行政机关依法行使职权。如果从事体育活动的相关主体认为自己的权利因行政行为而受到了侵犯,则可向上一级或者当级体育行政部门申请复议,体育行政部门或相关管理部门必须按照法律的规定受理并进行解决。体育行政复议过程遵循以下原则。

1. 合法原则

体育行政复议要遵循行政复议的合法原则。承担复议职责的体育行政机关或相关行政机关,必须严格按照宪法和法律规定的职责权限,以事实为依据,以法律为准绳,对行政相对人申请体育行政复议的具体行政行为,按法定程序进行审查,以确保复议活动的合法性,履行复议职责的主体、审理复议案件的依据和审理复议案件的程序应当符合行政复议相关法律的规定。

2. 公正、公开原则

体育行政复议要遵循公正、公开的原则。公正指公平正直、没有偏私,公正原则是合法原则的必要补充。公开指正大光明,不加隐蔽,公开原则是合法原则、公正原则的外在表现形式,即体育行政复议的过程是公开的、开放的。

3. 及时原则

体育行政复议要遵循及时原则。针对体育行政复议的申请、复议案件的各项工作、作出复议决定及复议当事人不履行复议决定的情况,复议机关应当及时处理。行政复议是行政系统内部监督的一种方式，在绝大多数情况下复议决定不是最终结果，并且要接受司法监督。因此，体育行政复议既要注意维持公正性，又要注意保证行政效率。

4. 便民原则

体育行政复议要遵循便民原则。体育行政复议应当随时考虑行政管理相对人如何更加便利地行使复议申请权，在尽量节省费用、时间、精力的情况下，保证公民、法人或其他组织充分行使复议申请权。复议机关应当尽可能地为体育复议申请人提供便利条件，在能够通过书面审查解决问题的情况下，尽量不采用其他方式审理复议案件。

二、体育行政复议的受理和管辖

（一）体育行政复议的受理

根据《行政复议法》的精神，可对从事体育活动的个体、法人、组织的下列情形依法提起复议：对体育行政管理部门或法律授权体育组织作出的警告、罚款等行政处罚不服的；对作出的限制球员自由转会不服的；对作出的资质和资格认证不服的；对体育行政管理部门或法律授权体育组织作出的体育行政许可决定不服的；体育行政管理部门或法律授权体育组织侵犯体育经营自主权的；体育行政管理部门或法律授权体育组织终止或废止合同而侵犯相对人合法权的；体育行政管理部门或法律授权体育组织没有履行保护相对人人身权和财产权的；体育行政管理部门或法律授权体育组织没有履行保护相对人受教育权的；对体育行政管理部门或法律授权体育组织行政审批结果不服的；当事人认为体育行政部门或法律授权体育组织行为侵犯了其合法权益的；对体育行政管理部门或法律授权体育组织作出的人事处理决定或处分决定不服的；对体育行政管理部门或法律授权体育组织作出的调解结果不服的；当事人认为体育行政管理部门或法律授权体育组织的具体行政行为违反了国务院行政管理部门、县级以上各级地方政府及其工作部门、乡镇人民政府的规定的；当事人认为体育行政管理部门或法律授权体育组织没有依法办理当事人符合条件申请的许可证、执照、资质证、审批手续的；对体育行政管理部门的强制行为不服的，如限制人身自由、扣押证件等行为；对体育行政管理部门关于体育场馆的所有权和使用权决定不服的。

(二) 体育行政复议的管辖

体育行政复议的管辖主要是一般管辖，主要包括以下两种情形：一是对县级以上的地方各级体育局或体育部门的一些体育管理行为不服的，由申请人选择，可以向该体育部门申请行政复议，也可以向上一级体育主管部门申请体育行政复议，这种管辖也称选择管辖；二是对国务院部门或者省、自治区、直辖市体育管理部门管理行为不服的，向作出该具体管理行为的国务院部门或者省、自治区、直辖市体育管理部门申请行政复议。对体育行政复议决定不服的，可以向人民法院提起行政诉讼，也可以向国务院申请裁决。

三、体育行政复议的程序

(一) 体育行政复议的申请

当从事体育活动的相关主体不服体育行政部门或相关部门作出的处罚决定时，可以书面或口头申请体育行政复议。申请体育行政复议的条件包括：申请人必须是认为具体体育行政行为侵犯其合法权益的公民、法人或者其他组织；有明确的被申请人；有具体的复议请求和事实根据；属于体育行政复议范围；必须在法定期限内申请体育行政复议。申请人口头申请的，行政复议机关应当当场记录申请人的基本情况、行政复议请求、申请行政复议的主要事实及理由、申请行政复议的时间。无论是书面方式还是口头方式，作为复议申请，都应当详细记录以下内容：申请人的基本情况；作出具体行政行为的行政机关的名称、地址；申请体育行政复议的主要事实和理由，以及申请人的要求；提出复议申请的时间；其他材料及申请人所提供的证据。

《行政复议法》规定，从事体育活动的相关主体，如果认为自己的权利受到了侵犯，则可以自知道该具体行政行为之日起 60 日内向上一级或者当级体育行政部门提出行政复议申请。但是，法律规定的申请期限超过 60 日的除外。因不可抗力或者其他正当理由耽误法定申请期限的，申请期限自障碍消除之日起继续计算。体育行政部门或相关管理部门必须按照法律的规定受理并进行解决。

(二) 体育行政复议的受理

体育管理部门或相关管理部门收到体育行政复议申请后，应当在 5 日内进行审查,对不符合体育行政复议法规定的行政复议申请,决定不予受理,并书面告知申请人。对于符合体育行政复议法规定,但是不属于体育管理部门受理的行政复议申请,应当告知申请人向有关管理部门提出复议申请。法律法规规定应当先向体育管理部门申请体育行政复议,对体育行政复议决定不服再向人民法院提起行政诉讼的,体育管理部门决定不予受理或者受理后超过体育行政复议期限不作答复的,公民、法人或者其他组织可以自收到不予受理决定书之日起或者行政复议期满之日起15日内,依法向人民法院提起行政诉讼。公民、法人或者其他组织依法提出体育行政复议申请,体育管理部门无正当理由不予受理的,上级体育管理部门应当责令其受理;必要时,上级体育管理部门或相关执法部门也可以直接受理。

(三) 体育行政复议的审查

体育行政复议原则上采取书面审查的方法,但是申请人提出要求或者体育管理部门负责法制工作的机构认为有必要时,可以向有关组织和人员调查情况,听取申请人、被申请人和第三人的意见。体育管理部门负责法制工作的机构应当自体育行政复议申请受理之日起7日内,将体育行政复议申请书副本或者体育行政复议申请笔录复印件发送给被申请人。被申请人应当自收到申请书副本或者申请笔录复印件之日起10日内,提出书面答复,并提交当初作出具体行政行为的证据、依据和其他有关材料。体育行政复议决定作出前,申请人要求撤回体育行政复议申请的,经说明理由,可以撤回。撤回体育行政复议申请的,体育行政复议终止。在体育行政复议过程中,被申请人不得自行向申请人和其他有关组织或者个人收集证据。体育行政复议的一般期限为60日;体育行政复议的特殊期限由单行法律规定,并且该期限应少于60日;情况复杂的,经体育管理部门或相关管理部门负责人批准,可以适当延长,但延长期最多不超过30日。

(四) 体育行政复议的决定

具体体育行政行为认定事实清楚、证据确凿、适用依据正确、程序合法、内容适当的,应决定维持;被申请人不履行法定职责的,决定其在一定期限内履行。具体体育行政行为有下列情形之一的,决定撤销、变更或者确认该具体体育行政行为违法:主要事实不清、证据不足的;适用依据错误的;违反法定程序的;超越或者滥用职权的;具体体育行政行为明显不当的。决定撤销或者确认该具体体育行政行为违法的,可以责令被申请人在一定期限内重新作出具体体育行政行为。被申请人未按规定提出书面答复,未提交当初作出具体体育行政行为的证据、依据和其他有关材料的,视为该具体体育行政行为没有证据、依据,决定撤销该具体体育行政行为。体育行政复议机关所作出的复议决定书一经送达,即发生法律效力。体育行政复议决定发生法律效力,具体表现为其在体育行政管理活动中的确定力、拘束力和执行力。被申请人应当履行体育行政复议决定。被申请人不履行或者无正当理由拖延履行体育行政复议决定的,体育行政复议机关或者有关上级行政机关应当责令其限期履行。申请人逾期不起诉又不履行体育行政复议决定的,或者不履行最终裁决的体育行政复议决定的,按照下列规定分别处理。

(1) 维持具体体育行政行为的体育行政复议决定,由作出具体体育行政行为的体育行政机关依法强制执行,或者申请人民法院强制执行。

(2) 变更具体体育行政行为的体育行政复议决定,由体育行政复议机关依法强制执行,或者申请人民法院强制执行。

四、体育行政复议的赔偿

申请人在申请体育行政复议时可以一并提出行政赔偿请求,体育行政复议机关对符合国家赔偿法的有关规定应当给予赔偿的,在决定撤销、变更具体体育行政行为,或者确认具体体育行政行为违法时,应当同时决定被申请人依法给予赔偿。申请人在申请体育行政复议时没有提出行政赔偿请求的,体育行政复议机关在依法作出撤销或者变更罚款、撤销违法集资、没收财物、征收财物、摊派费用,以及查封、扣押、冻结财产等具体体育行政行为时,应当同时责令被申请人返还财产,解除对财产的查封、扣押、冻结措施,或者责令被申请人赔偿相应的价款。

第三节 体 育 诉 讼

诉讼是指公民、法人、其他组织依法告诉(起诉)、申诉、控告,或司法机关依职责追究他人法律责任,由人民法院裁决的法律行为,具有国家强制性和严格规范性。体育诉讼是指人民法院凭借国家审判权确定纠纷主体双方之间的权利义务关系,并以国家强制力量迫使体育纠纷主体履行生效的判决和裁定,它可以使纠纷得到最公平、最合理的解决。体育诉讼是指在体育纠纷中，公民、法人、其他组织依法告诉（起诉）、申诉、控告，或司法机关依职责追究他人法律责任，由人民法院裁决的法律行为。

一、体育行政诉讼

（一）体育行政诉讼的概念

体育行政诉讼是指从事体育活动的个体、法人、组织等主体认为体育行政机关、法律授权的单位或体育组织在行使管理权进行体育管理和依法提供体育服务的过程中，侵犯了其合法权益而产生权益纠纷，并依法对体育行政管理部门提起诉讼的法律制度。

（二）体育行政诉讼的受案范围

体育行政诉讼的受案范围是指人民法院对体育行政诉讼案件的主管范围，它既反映着行使行政权力的机关或组织受司法监督的范围，也决定着自然人、法人或其他组织的合法权益可以得到司法保护的广度。根据《中华人民共和国行政诉讼法》（以下简称《行政诉讼法》）第二条、第十一条的规定可知，可以纳入体育行政诉讼的体育纠纷主要有以下几类：一是因对体育行政部门所作的行政处罚决定不服而产生的争议；二是因行政强制措施而产生的体育行政争议；三是因侵犯体育领域经营性单位的法定经营自主权而产生的行政争议；四是同体育行政部门行政许可行为有关的行政争议。

（三）体育行政诉讼的申请与受理

提起体育行政诉讼的条件主要有：一是体育行政诉讼的申请者应是符合法律法规规定的公民个人、法人代表、体育组织；二是体育行政诉讼应有明确的被告，这里主要是体育行政管理部门或法律授权的体育组织；三是体育行政诉讼的申请者应该有明确的诉讼请求及提起体育行政诉讼的法律依据；四是申请人提起的体育行政纠纷应符合法院的受案范围。

体育行政纠纷产生后，案件行政行为的相对人可以先向体育行政机关提起体育行政复议。《行政诉讼法》规定，如果相对人对复议的决定不服，则可以在收到复议决定书之日起15日内向法院提起体育行政诉讼；如果体育复议机关在15日内没有作出复议决定,则相对人可以向法院提起体育行政诉讼。纠纷产生后,具体行政行为的相对人也可以在争议行为产生后的 180 天内直接向法院提起体育行政诉讼。《行政诉讼法》规定,公民、法人或其他体育组织因不可抗拒或非自身原因而耽误诉讼期限的,在计算诉讼期限时应将被耽误的时间除去。

(四)体育行政诉讼的审理与执行

体育行政纠纷在审理的过程中经常会出现与体育民事纠纷或体育刑事纠纷交织在一起的现象,对于此类案件的解决主要有两种模式。一种模式是"分案审理",即根据纠纷的实际,由法院的不同审判庭解决相应的争议,最后作出综合判决。具体程序:如果法院审理的体育行政纠纷与体育民事纠纷交织在一起,则应中止审理体育纠纷民事案件,先审理体育行政争议,待体育行政争议解决后再继续审理体育民事纠纷案件;如果体育行政纠纷案件与体育刑事争议交织在一起,则应中止审理体育行政纠纷案件,先审理体育刑事争议,体育刑事争议审理结束后再接着审理体育行政纠纷案件。

体育行政纠纷与其他性质的体育纠纷相互交织案件解决的另一种模式是"并案审理"。例如,法院审理体育行政纠纷时可应体育纠纷当事人的要求附带解决体育民事纠纷,但必须以体育纠纷当事人的准许为前提。

在体育行政诉讼审判结果的执行上,体育行政诉讼的相关当事人必须履行法院依法作出的判决、决定或调解书。如果当事人拒绝履行,则相对人可以申请法院的强制执行(也可以由体育行政机关依法强制执行)。

二、体育民事诉讼

(一)体育民事诉讼的概念

体育民事诉讼是指法院依照相关法律法规审理和解决体育领域的公民之间、法人之间、公民与法人之间的民事纠纷的活动过程。

(二)体育民事诉讼的受案范围

体育民事诉讼的受案范围相对较为广泛。凡是体育运动中公民与公民之间、法人与法人之间、公民与法人之间的财产争议或人身关系争议都可以通过体育民事诉讼的方式加以解决。根据《民法典》的相关内容和精神,总体来说可以纳入体育民事诉讼的体育纠纷主要有以下几类：一是有关体育领域环境权及公害诉讼的案件；二是体育领域中重特大灾害及事故的权利确认案件；三是体育领域中企业破产解散、清算重组案件；四是体育领域中有损公益的合同无效诉讼案件；五是体育领域中损害公益的违反竞争法规案件；六是体育文化遗产等社会公共无形财产保护案件。

（三）体育民事诉讼的程序

体育民事诉讼的程序是指纠纷当事人向法院申请调解或起诉及申请法院判决的执行过程。除通过民事诉讼解决纠纷外，双方当事人还可以根据约定通过民事仲裁程序解决纠纷。在提起诉讼程序之前，体育纠纷当事人可以自行和解并达成和解协议。根据《民事诉讼法》的相关规定，在体育纠纷当事人将符合法院受案范围的体育争议案件提交法院诉讼时，法院根据体育纠纷当事人的意愿对体育争议案件进行调解。在调解过程中，可以邀请相关人员、单位及相关组织进行协助，被邀请的人员、单位及相关组织应协助案件的调解。法院在对体育纠纷案件进行调解时必须充分尊重体育纠纷当事人的意思，不得强迫体育纠纷当事人达成调解协议。法院对体育纠纷当事人自愿达成调解协议的应制作书面调解协议，并由主持调解的审判员、调解法院进行盖章，经体育纠纷当事人签收的调解协议书具有强制执行力。

如果体育纠纷当事人经法院的调解不能达成调解协议或在调解协议送达、签收之前对所达成协议反悔，则法院应当放弃调解并及时作出判决。涉及商业机密的案件，由体育纠纷当事人提出是否公开庭审纠纷。但是不管法院是否公开庭审，案件都要对外公布判决结果。体育民事诉讼根据案例的具体情况决定适用普通程序还是简易程序，若适用普通程序，则从受理体育纠纷并立案之日起到法院作出判决应在 6 个月内完成；若适用简易程序，则应从立案之日起 3 个月内结案。如果体育纠纷当事人对于一审的判决不服，则可以上诉，案件进入二审程序。

三、体育刑事诉讼

（一）体育刑事诉讼的概念

刑事诉讼是指当事人及其他诉讼参加，人民法院、人民检察院和公安机关依照法律规定的程序，解决被追诉者刑事责任问题的活动。体育刑事诉讼是指行为人在体育活动行为中因违反体育法律法规和刑法法律法规的若干规定而构成犯罪，并应依法承担刑事法律责任的体育诉讼。

（二）体育刑事诉讼的受案范围

构成犯罪的纠纷适用刑事诉讼。根据《刑法》的相关规定，判断某行为是否犯罪有以下三个依据：一是实施的行为是否具有严重的社会危害性；二是犯罪行为是否具有《刑法》上的违法性；三是犯罪行为具有刑法上的量刑规定。只有三者都具备才能确定某行为为犯罪行为。基于此，体育贿赂行为、体育赌博行为、体育伤害行为的有限介入、假球、黑哨行为、体育暴力行为等均在体育刑事诉讼的受案范围内。

（三）体育刑事诉讼的程序

根据《中华人民共和国刑事诉讼法》（以下简称《刑事诉讼法》）的相关规定，对于体育刑事纠纷引起的公诉案件，法院应进行审查，对于有明确的犯罪事实且证据确凿、充分的，法院应开庭审理纠纷事件。《刑事诉讼法》规定，法院应公开审理体育纠纷的一审刑事案件，但是如果案件涉及国家机密或体育纠纷当事人个人隐私，则不公开审理。如果案件涉及商业秘密，则体育纠纷当事人可以申请不公开审理纠纷案件，但当事人应说明不公开审理的理由。不论是否公开庭审，法院都应公开宣布判决。对于体育刑事纠纷中的自诉案件，如果犯罪事实清楚、证据充足，则法院应当开庭审理。《刑事诉讼法》规定，对于体育刑事纠纷引起的自诉案件法院可以进行调解，但是被告人侵犯自诉人人身权和财产权而司法机关又不追究被告人刑事责任的案件除外。法院对自诉案件进行调解的前提是获得当事人的准许，自诉人也可以在法院审理自诉案件作出判决前与被告人达成和解，或者撤诉。

《刑事诉讼法》规定，属于基层法院管辖的体育刑事纠纷案件符合下列条件的可以适用简易程序：一是犯罪行为事实清楚、证据充分的；二是体育纠纷的被告人对自己的犯罪行为没有异议的；三是体育纠纷被告人同意适用刑事诉讼简易程序的。对于公诉案件，检察院根据案件的具体情况可以建议法院适用简易程序。无论是公诉案件、自诉案件还是简易程序案件，如果纠纷当事人对法院的审判结果不服，则都可以上诉，进入二审程序。

第四节 体育仲裁

体育仲裁已经成为国际体育组织、国际各单项体育协会和许多国家体育组织解决体育争议的重要程序制度。我国 1995 年颁布的《体育法》中关于体育仲裁只有一条纲领性规定。2022 年修订的《体育法》对体育仲裁做了较多规定，并设第九章为体育仲裁专章：规定了国家建立体育仲裁制度，列举了体育仲裁的内容；规定国务院体育部门设立体育仲裁委员会、制定体育仲裁规则，鼓励体育组织建立内部体育纠纷解决机制，公平、公正、高效地解决纠纷，体育组织没有内部体育纠纷解决机制或者内部体育纠纷解决机制未及时处理纠纷的，当事人可以申请体育仲裁等。但是到目前为止，我国仍未建立独立的体育仲裁制度。随着我国体育纠纷案件数量的日益增加，建立我国体育仲裁制度非常必要。

一、体育仲裁的概念与原则

（一）体育仲裁的概念

体育仲裁是体育活动中发生纠纷的双方当事人，自愿将体育纠纷事项交由体育仲裁机构进行裁决，各方自动履行裁决义务的解决体育纠纷方式。它是根据仲裁法规和体育法规建立起来的一项体育法规制度，具有专业、高效、经济等特点。

体育仲裁是一种特殊仲裁形式，遵循普通仲裁的基本原则，如以事实为依据、以法律为准绳、一裁终局等原则。体育仲裁又具有一些特殊性，与普通仲裁中的自愿协商、或裁或审等原则有所不同。

（二）体育仲裁的原则

1. 独立性原则

体育仲裁的独立性是指仲裁机构和仲裁员在处理体育争议时保持独立、中立、公正的原则，是确保争端得到公正解决、维护体育规则和运动公平性的基础。它包括独立的仲裁机构、独立的仲裁程序、独立的仲裁员等内容。体育仲裁通常由独立的仲裁机构负责，这些机构与体育组织和利益相关方相对独立，确保仲裁过程不受外部的影响或干扰。体育仲裁程序应当设计得足够独立，以确保仲裁员能够独立行使其职能、有权决定程序性问题、控制证据收集和审理进程。体育仲裁机构任命的仲裁员应当是独立于当事人和争端的专业人士,体现在其能够独立判断案件、不受第三方影响,以及保持中立的立场。与此同时,避免利益冲突、独立解决争议和公正裁决也是体育仲裁独立性的体现。体育仲裁的独立性是确保体育争议得到公正、合法解决的关键原则,有助于维护体育规则、保护运动员的权益,同时增强比赛的公平性并使其正常进行。

2. 自愿性原则

自愿是仲裁最根本和最显著的特点之一,也是仲裁与诉讼的重要区别。仲裁的自愿性包括双方当事人自愿选择仲裁方式解决争议,自愿选择仲裁机构和仲裁员,自愿选择仲裁规则,在国际仲裁中,还可以自愿选择适用仲裁的准据法等内容。其中,最重要的就是当事人双方达成书面仲裁协议的方式自愿,即双方完全自愿将争议提交仲裁机构解决。这既是仲裁庭取得仲裁权、受理案件的前提,也是当事人放弃诉权、排除法院管辖的依据。体育仲裁与普通仲裁一样都要体现当事人的意志,如允许纠纷当事人双方按照自己的意愿选择体育仲裁员、决定是否开庭或公开审理等。

3. 限制性原则

体育仲裁有一定的限制性,主要体现为体育纠纷的当事人受组织章程限制,必须向仲裁机构申请仲裁,不得直接向法院提起诉讼。体育仲裁的限制性是国际体育仲裁的习惯做法,主要通过两种方式来体现。一种方式是通过运动员与体育组织签署的合同中的规定,明确其有义务遵守体育组织内部章程,在体育组织的内部章程中规定了仲裁条款,或是运动员在参加比赛时必须签署载有仲裁协议的合同。另一种方式是立法上的规定,许多国家的体育法对体育仲裁作了规定。例如,体育法第三十三条规定,竞技体育纠纷由体育仲裁机构负责处理。1999年1月1日,由国家体育总局通过并正式实施的《关于严格禁止在体育运动中使用兴奋剂行为的规定》第十八条第三款规定,如当事人对有关单项协会的处罚决定有异议,可按照有关体育仲裁的规定申请仲裁。再如,《美国奥林匹克委员会争端仲裁条例》第二百零一条规定,各运动项目全国管理机构必须同意将此类争端交付依据美国仲裁协会条例进行的仲裁。按照现代仲裁理论的发展,即使是当事人并未实际与体育组织签署仲裁协议,体育组织章程中的仲裁条款也具有约束力。

二、我国体育纠纷仲裁解决途径

（一）内部解决途径：行业协会仲裁委员会

一般而言，体育行业内部仲裁机构大多指各体育单项协会内部建立的解决体育纠纷的机制机构，但在此主要指在各体育单项协会之外建立的统一的全国性体育协会内部体育纠纷解决机制及机构，有全国体育行业内部仲裁总部之意。由于国情，我国暂时还不可能建立完全独立的体育仲裁制度，而在单项协会之外体育行业之内建立统一的相对独立的内部仲裁制度，可以在一定程度上弥补我国体育法治制度建设的空白，也可以为今后建立完全独立的外部仲裁制度做准备、打基础。

2017年修订的《中国足球协会章程》第三条规定，中国足球协会根据法律授权和政府委托管理全国足球事务。第十一条规定，预申请协会会员的要作出接受中国足球协会仲裁委员会和国际体育仲裁院的管辖及不将在国际足联、亚足联和本会章程规定范围内的争议诉至民事法庭等排他性承诺。第四十五条规定，其纪律委员会和仲裁委员会是本会的常设委员会，是本会的分支机构。据第六十三条可知，其经费来源之一为财政补助。虽然运动管理中心已脱离中国足球协会，但其高度行政化和管辖权独吞格局并未改善。尤其内部仲裁机制的排外化，在微观上使职业运动员不得不接受会内的强制性管辖权，而在宏观上更是无法将外部纠纷解决机制（如仲裁及诉讼）纳入内部仲裁委员会。各单项运动协会并没有完全脱离政府管理而实现应有的自治，协会内部仲裁委自己审自己这种不公不正现象仍无法得到外部的审查，单项协会俱乐部、运动员及裁判员的相关权益将无法得到全面的保障。

（二）外部解决途径：外部仲裁

纵观域外的纠纷解决机制，与其他纠纷解决机制相比，体育仲裁制度在仲裁效率、仲裁方式和仲裁范围上都表现出公正性、合理性、优越性和高效性。仲裁是指平等主体之间在争议发生前后达成协议将争议提交给第三者，由第三者以其专业领域相关知识并根据法律给予居中裁断同时具有准司法性质的纠纷解决程序。在大部分体育行业权利保障体系发达的法治国家乃至在世界范围内，都存在着外部仲裁委员会受理运动员之间、运动员与俱乐部之间、协会与其会员之间的纠纷，甚至是受理上诉的争议的现象。仲裁是一种最有活力的纠纷解决手段，是竞技体育发展中必备的一种有效的纠纷解决机制。我国 2022 年修订的《体育法》第九章专设体育仲裁的相关内容，规定体育仲裁制度建立方式、仲裁范围、仲裁规则、仲裁效果等。2022 年 12 月 22 日，我国《体育仲裁规则》经国家体育总局第 2 次局务会议审议通过，自 2023 年 1 月 1 日起施行。2023 年 2 月 11 日，中国体育仲裁委员会在北京成立。中国体育仲裁委员会依法履行的职责包括制定、修改章程，聘任、解聘仲裁员，根据《体育仲裁规则》仲裁体育纠纷，等等。

第五节 案 例 分 析

一、多层次体育纠纷解决案

（一）案例

2019 年 2 月 20 日，甲俱乐部与乙俱乐部及其四名球员分别签署内容相同的《球员租借协议》，协议主要约定甲俱乐部租借乙俱乐部球员并支付租借费，并约定双方若有违约，则呈报中国足球协会仲裁，直至追究法律责任。同年 2 月 25 日，甲俱乐部与乙俱乐部签署《培训合作协议》，约定了球员出场率及乙俱乐部向甲俱乐部支付奖励款的计算方法。因中国足球协会以甲俱乐部自 2020 年起未在中国足球协会注册系统中注册为由，出具不予受理甲俱乐部仲裁申请的决定，甲俱乐部诉至一审法院，请求判令：乙俱乐部支付奖励款、违约金、律师费等。乙俱乐部在一审答辩期间提出管辖权异议，认为《球员租借协议》与《培训合作协议》为有机整体，支付奖励款是因球员租借而产生的纠纷，而《球员租借协议》约定违约交中国足球协会仲裁，故应驳回甲俱乐部的起诉。

一审法院以本案争议属于中国足球协会仲裁委员会受理范围为由裁定驳回甲俱乐部的起诉。宣判后，甲俱乐部提出上诉，主张本案纠纷不存在中国足球协会仲裁合意，并且不在中国足球协会仲裁委员会的受理范围内，一审裁定本案应由相关仲裁机构仲裁的认定错误，故请求撤销一审裁定，指令一审法院审理本案。在二审庭审中，乙俱乐部、某体育文化公司表达申请中国体育仲裁委员会仲裁本案纠纷的意愿，甲俱乐部对此明确表示反对。上海市第二中级人民法院裁定撤销一审裁定，指令一审法院审理。

(二) 评析

本案例的争议焦点是法院可否受理本案纠纷。因纠纷当事方为专业足球俱乐部，争议内容关乎职业球员租借，系涉体育纠纷。时下主管体育纠纷的国内主体有国家各单项体育协会内部纠纷解决机构、中国体育仲裁委员会、法院等。各主体之间主管个案纠纷的逻辑关系是：若存在体育协会内部纠纷解决机构且该机构可以受理，则鼓励内部解纷；若用尽内部救济仍无法解决争议，或者纠纷各方以仲裁协议、体育组织章程、体育赛事规则为载体达成中国体育仲裁委员会仲裁合意，并且争议属于中国体育仲裁委员会受案范围，则由中国体育仲裁委员会仲裁；若纠纷无法通过以上方式得以解决，则可由法院受理。为确保当事人权益得以救济、纠纷得以实质解决，根据争议内容和当事人意思表示，本案例中的纠纷属于法院主管范围。在依法治体的新格局下，体育协会内设仲裁委员会、中国体育仲裁委员会、法院等主管主体，共同构建了全新的体育纠纷多元化解体系。

二、合同纠纷案

(一) 案例

张某与某足球俱乐部签订了运动员工作合同，合同有效期为2004年12月6—31日。该足球俱乐部参加2004年中国足球协会乙级联赛（以下简称中乙联赛）的总奖金为270万元人民币。其中，第一阶段小组出线的奖金为20万元人民币，第二阶段（打进八强）的奖金为50万元人民币，打进决赛的奖金为200万元人民币。2004年1月1日双方签订《补充协议》，协议约定如果张某在2004年的中乙联赛中帮助该足球俱乐部获得中国足球协会甲级联赛（以下简称中甲联赛）的资格，则该足球俱乐部将给付张某10万元人民币作为奖励。2004年，中乙联赛收官，该足球俱乐部如愿获得中甲联赛的资格，遂向张某及其他球员发放了冲甲奖金，其中张某领取了1万美元。2005年12月22日，该足球俱乐部发表声明：2004年，俱乐部冲甲成功后，已经支付了张某1万美元（约合人民币10万元）。张某却认为该足球俱乐部未兑现《补充协议》上的10万元人民币奖金，于是在2005年12月26日向劳动仲裁委员会提起了仲裁，要求该足球俱乐部兑现10万元的承诺及欠付奖金25%的经济补偿金。劳动仲裁委员会裁决该足球俱乐部支付奖金差额人民币1.7万余元。张某不服，并提起诉讼。张某诉称，该足球俱乐部在《补充协议》中承诺的冲甲成功后的10万元奖励并没有兑现。该足球俱乐部辩称，承诺张某的 10 万元人民币奖金包含在运动员工作合同的总奖金 270 万元人民币之内，张某已经领取 1 万美元，除去个人所得税，总额上与 10 万元人民币是等价的，因此俱乐部无须再向张某支付 10 万元人民币奖金。法院经过最终审理，判决该足球俱乐部支付张某奖金人民币 10 万元，驳回了张某要求的补偿金请求。该足球俱乐部不服提起上诉，但最终纠纷当事人双方达成和解，该足球俱乐部撤回上诉申请。

（二）评析

从本案例中可以看出，体育领域中的体育合同纠纷客观存在。在体育合同纠纷中，通过诉讼渠道解决时，应该通过民事诉讼的方式。纠纷解决具有多种方式，可以通过诉讼、仲裁或调解途径解决。在通过某种途径解决纠纷时，解决结果对双方具有法律约束力。如果一方当事人对解决方式不满意，则可以通过另一种途径维护自己的权利，以继续解决双方的纠纷。在纠纷解决的任何过程中，双方都可以自愿选择调解或者和解以快速解决纠纷。

思考与练习

1. 简述体育纠纷解决的途径。
2. 简述体育调解的概念、内容和类型。
3. 体育行政复议的概念和原则是什么？
4. 各类体育诉讼的概念分别是什么？
5. 简述体育仲裁的原则。

主要参考文献

[1] 张笑世. 体育纠纷解决机制的构建[J]. 体育学刊，2005，13（5）：13-18.
[2] 徐士韦. 体育纠纷及其法律解决机制建构[M]. 北京：法律出版社，2019.
[3] 应晨林，贺京周，刘长江. 我国体育民事公益公诉制度适用研究[J]. 北京体育大学学报，2020，43（1）：87-96.

[4] 谭小勇,周建军.《体育法》新增体育仲裁章的立法思路梳理[J].体育科研,2021,42(6):15-22.

[5] 叶才勇,周青山.体育纠纷调解解决及我国体育调解制度之构建[J].体育学刊,2009,16(7):23-26.

[6] 刘建进,莫然.中国体育仲裁制度建构路径探析[J].体育学刊,2021,28(4):41-46.

[7] 张岩晶.论我国独立体育仲裁制度的建构[J].体育科技文献通报,2021,29(6):145-147,153.

[8] 杨洪云,张杰.论体育纠纷的争端解决机制[J].体育学刊,2002,9(4):29-32.

[9] 杨寅.体育行政诉讼受案范围探讨[J].法商研究,2005(1):133-137.

[10] 徐士韦.体育纠纷及其法律解决机制研究[D].上海:上海体育学院,2015.

第十一章 国际体育仲裁

要点提示：本章主要介绍国际体育仲裁机构、内容和程序，规范国际体育仲裁的各类法律法规文件，以及这些文件对规范仲裁行为和保障运动员权利的重要价值及作用。学习本章内容时，需要掌握国际体育仲裁机构、内容和程序，了解各类规范国际体育仲裁的法律法规文件，结合案例理解这些文件对规范裁判行为和保障运动员权利的重要价值及作用，同时能够运用所学知识对国际体育仲裁相关案例进行分析。

第一节 国际体育仲裁法律法规

国际体育仲裁院的仲裁规则主要分为两类：普通仲裁规则和特殊仲裁规则。

一、《体育仲裁法典》：普通仲裁规则

1984年，国际体育仲裁院成立，并建立了自己的仲裁规则。1990年，在东京国际奥委会第87次会议中，参会代表对规则进行了修正。1993年，国际体育仲裁理事会（International Council of Arbitration for Sports，ICAS）成立，并在1994年出台新的《体育仲裁法典》，之后修改比较频繁，分别在2004年、2013年、2016年对该法典进行修正和完善，以适应新的社会需求。《体育仲裁法典》是国际体育仲裁组织运行及审理程序的基本法，其中涵盖国际体育仲裁组织的各项规章制度，对仲裁机构的成员作出了职能划分，对国际体育仲裁规则作出了明确说明，并规定了国际体育仲裁程序的费用。该法典保证了国际体育仲裁组织的科学运转及国际体育仲裁程序的正常运行；在一定程度上也保证了国际体育仲裁组织的相对独立，确保了国际体育仲裁的权威性和公正性。

二、《奥林匹克运动会仲裁规则》：特殊仲裁规则

《奥林匹克运动会仲裁规则》于2003年新德里国际体育仲裁理事会会议上通

过，并从雅典奥运会开始正式实施。制定该仲裁规则的主要目的是保障奥林匹克运动会参赛运动员的权益，通过仲裁解决《奥林匹克宪章》所指的争议仲裁部分所规定的产生于奥林匹克运动会期间或奥林匹克运动会开幕式前10天的任何争议。

三、国际体育一般仲裁适用的法律法规

国际体育仲裁院制定的《体育仲裁规则》中的第四十五条对仲裁庭解决争议适用的实体法作出了以下规定：仲裁庭将根据当事人自由选择的法律规范来裁决争议，如果当事人没有选择适用瑞士法，则当事人可以授权仲裁庭根据公平和善良的原则来裁决相关争议。由此可以看出，仲裁庭在解决国际体育争端时尊重当事人选择的实体法，这也是当事人意思自治原则在国际体育仲裁中的体现。在仲裁中，当事人意思自治几乎能够得到所有学者和国家的承认及接受。在当事人没有选择相关的实体法解决争议时，一般适用仲裁组织所在地的瑞士法。当然，当事人也可以明确选择适用瑞士法解决相关争议。

在有些情况下，即使相关的当事人没有明确同意适用相关的法律，但是如果这些法律是强制性规范，则仲裁庭也可以考虑适用该规范。根据《瑞士联邦国际私法》规定，设在瑞士的仲裁组织应当考虑适用外国的强制性法律规范，即使该法律不同于当事人通过意思自治选择的法律也应予以考虑。该条规定通过巧妙使用法律冲突规则避免当事人规避瑞士法所没有、值得予以尊重且无损瑞士国家利益或瑞士法律基本原则的外国法律规定。

四、国际体育上诉仲裁适用的法律法规

国际体育仲裁院制定的《体育仲裁规则》中的第五十八条就适用上诉仲裁程序解决争议的法律适用作出了以下规定：仲裁庭将根据当事人选择的有关规范及法规来解决争议。在当事人没有就适用法律作出选择的情况下，就适用有关的体育联合会、体育协会或体育组织所在地的国内法。

由此可见，国际体育仲裁院适用一般仲裁程序与上诉仲裁程序解决争议的法律适用原则有所不同，即两者虽然都尊重当事人意思自治原则，但是在当事人没有遵循意思自治原则选择法律的情况下，一般仲裁程序适用于瑞士法或者部分强制性规范，而上诉仲裁程序则适用有关的体育组织所在地的国内法。这种差异主

要是两类仲裁的不同性质所导致的,一般仲裁程序主要适用于解决与体育相关的具有民间性质的争议,而上诉仲裁程序则适用于解决对体育组织作出的裁决不服而引起的纪律性或处罚性的争议,这些裁决大多具有行政管理的性质,因此在法律适用方面的根据是不同的,体现在法律使用方面也有所不同。

第二节 国际体育仲裁机构

为了通过仲裁解决国际体育方面的争端,国际体育组织成立了两个机构:国际体育仲裁理事会和国际体育仲裁院。它们均位于瑞士洛桑。国际体育仲裁理事会的任务是通过仲裁或调解促进解决体育争端,保证国际体育仲裁院的独立地位和当事人的权利。为此,国际体育仲裁理事会负责国际体育仲裁院的管理和财政支持。国际体育仲裁院于1984年6月成立,1994年的改革使其从国际奥委会的领导下独立出来,从行政和财务上隶属于国际体育仲裁理事会,成为体育领域的争议解决的权威机构。在常设法庭之外,为了解决大型国际赛事期间的纠纷,国际体育仲裁院为奥运会、亚运会、英联邦运动会或其他类似的重大赛事设立了特设法庭,并且根据赛事的不同分别设置特别程序规则。临时仲裁庭最早可以追溯至1996年亚特兰大奥运会临时仲裁庭,专门解决奥运会期间及开幕前10天的赛事争议。2016年,第31届里约奥运会首次设立反兴奋剂仲裁庭,专门负责解决奥运会期间关于兴奋剂的争议。2020年的东京奥运会和2022年的北京冬奥会也设立了反兴奋剂仲裁庭,并且设置专门的兴奋剂仲裁规则。国际体育仲裁法所述的仲裁指解决体育联合会、协会或其他体育组织介入的争端,并仅限于上述体育组织的章程、规则或专门协议规定范围内的争端。国际体育仲裁院有仲裁员,通过由一至三名仲裁员组成的仲裁组进行仲裁或调解,并对体育界产生的争端作出裁决。

一、国际体育仲裁理事会

(一)国际体育仲裁理事会的组成

国际体育仲裁理事会由20名成员组成,这些成员均应为高水平的法学家,并通过下列方式任命:①四名由国际体育联合会指定,其中三名由夏季奥林匹克国际体育联合会指定,一名由冬季奥林匹克国际体育联合会指定,人选可以是也可以不是其会员；②四名由各国奥委会协会指定，人选可以是也可以不是其会员；③四名由国际奥委会指定，人选可以是也可以不是其委员；④四名由上述已选出的12名成员从保护运动员利益的角度出发经合理协商指定；⑤四名由上述已选出的16名成员从独立于国际体育仲裁理事会其他成员所属组织的人士中指定。

国际体育仲裁理事会成员的任期为四年，可以连选连任。国际体育仲裁理事会成员一经任命，应签署声明，保证以个人身份依据体育仲裁法完全客观地履行职责。为保证公正，独立地履行职责，国际体育仲裁理事会成员不能是国际体育仲裁院的仲裁员，也不能在国际体育仲裁院的仲裁中担任任何一方当事人的法律顾问。

（二）国际体育仲裁理事会的职能

国际体育仲裁理事会具有下列职能：批准和修订体育仲裁法；从其成员中选出国际奥委会推荐的主席、两名副主席（一名由国际单项体育联合会推荐，一名由各国奥委会推荐），副主席按年龄顺序排列，必要时代理主席，并选出普通仲裁庭庭长和上诉仲裁庭庭长，以及普通仲裁庭庭长代理和上诉仲裁庭庭长代理；任命国际体育仲裁院仲裁员及调解员；行使有关回避及撤换仲裁员的职权，执行程序规则赋予的其他职能；负责国际体育仲裁院的经费；任命国际体育仲裁院秘书长；监督国际体育仲裁院秘书处的活动；认为必要时，成立区域性或地方性、常设或临时的仲裁机构；认为必要时，设立法律援助基金以促进仲裁的实施，并决定基金的使用期限；采取其他必要的行动保护当事人的权利，特别是充分保证仲裁员的完全独立地位，促进通过仲裁方式解决体育争端。

（三）国际体育仲裁理事会的运作

国际体育仲裁理事会根据国际体育仲裁院的工作需要召开会议，每年至少召开一次会议。国际体育仲裁理事会作出决定的法定人数至少为国际体育仲裁理事会人数的一半，通过开会或通信的方式由参加投票人的简单多数作出决定。如果出现双方票数相等的情况，则主席的意见为决定意见。但对于国际体育仲裁法的任何修改，必须经国际体育仲裁理事会三分之二的多数人同意。国际体育仲裁院秘书长可以参加决策会议，提供咨询意见并承担国际体育仲裁理事会秘书工作。国际体育仲裁理事会主席同时是国际体育仲裁院院长，并负责国际体育仲裁理事会职权范围的常规管理工作。

二、国际体育仲裁院

（一）仲裁组

国际体育仲裁院成立仲裁组，仲裁组的职责有以下三项：解决普通仲裁提交的争议；通过上诉仲裁解决因体育联合会、协会或其他体育组织的纪律处罚部门或类似部门所作处罚引起的争端（包括使用兴奋剂方面的争端），而这些体育组织的章程、规则或专门协议中规定可以上诉；应国际奥委会、国际单项运动联合会、各国奥委会、国际奥委会承认的体育组织及奥运会组委会的要求，提供非约束性的咨询意见。

（二）仲裁员

国际体育仲裁理事会根据其职能任命150名国际体育仲裁院仲裁员，国际体育仲裁理事会确定国际体育仲裁院仲裁员名单时，要求仲裁员应经过法律培训并被公认为是体育方面的专家。仲裁员将在仲裁员名单上公布，任期四年，可连选连任。

仲裁员名额分配如下：30名仲裁员选自国际奥委会推荐的人员，人选可以是也可以不是其成员；30名仲裁员选自国际单项运动联合会推荐的人员，人选可以是也可以不是其成员；30名仲裁员选自各国奥委会推荐的人员，人选可以是也可以不是其成员；30名仲裁员从保护运动员利益的角度出发经合理协商选出；30名仲裁员从独立于负责推荐仲裁员的组织的人士中选出。

确定仲裁员名单时，国际体育仲裁理事会应尽可能保证各大洲有公平的代表性。仲裁员名单中的人员可能被要求参加国际体育仲裁院任何一个仲裁庭组成的仲裁组的工作。仲裁员一经任命，应签署声明，保证以个人身份依法完全客观独立地履行职责。

（三）国际体育仲裁院的组织机构

国际体育仲裁院由两个仲裁庭组成，即普通仲裁庭和上诉仲裁庭。普通仲裁庭组成仲裁组，其职责是解决由普通程序提交的争端，并通过庭长的介入，发挥程序规则要求的与顺利执行仲裁有关的所有其他功能。上诉仲裁庭组成仲裁组，其职责是解决因体育联合会、协会或其他体育组织的纪律处罚部门或类似部门所作处罚决定而引起的争端（包括使用兴奋剂方面的争端），而这些体育组织的章程、规则或专门协议中规定可以上诉。通过庭长的介入，仲裁组还发挥程序规则要求的与顺利执行仲裁有关的所有其他功能。提交到国际体育仲裁院的仲裁诉讼，由法院秘书处根据两个法庭的性质分配到相应的法庭审理，对这种分配，当事人不得提出反对意见，也不能将此作为不符合司法程序的理由。如果有正当理由对某一个或两个仲裁庭庭长与分配由他的仲裁庭进行仲裁的一方当事人间的独立性产生怀疑，则当事人可以对其提出反对。如果由该庭长的仲裁庭审理的案件中的一方当事人恰好是所属的体育组织，或仲裁员或律师恰好是他所属的法律事务所的成员，则他应自动取消自己的参与资格。法庭庭长在被提出反对后，根据程序规则他所承担的与顺利实施仲裁有关的职责由国际体育仲裁院院长承担，该庭长不应再得到国际体育仲裁院关于该项仲裁活动的任何信息。

（四）国际体育仲裁院的特点

1. 享有广泛的管辖权

国际体育仲裁院是在体育领域中最高权力机构国际奥委会的主导之下成立的，受到大量的体育组织承认。在与项目有关的争议中，国际体育仲裁院享有最终裁决权，其管辖权的广泛主要体现在两个方面：一是赛事类型的广泛，国际上大部分的体育大型赛事中的争议，需要通过国际体育仲裁院进行裁定；二是争议类型的广泛，国际体育仲裁院不仅管辖赛事中的争议，还管辖与赛事相关的事宜（如赞助合同、赛事转播合同、运动员合同等的相关事宜）。

2. 管辖权具有强制性

国际体育仲裁院解决争议成为体育行业封闭性自我治理的重要方式，并体现出强制适用的特点。例如，部分国际运动会会在赛前进行宣誓，明确在参赛过程中发生的争议将服从国际体育仲裁院的处理。

3. 技术争议的可仲裁性

体育争议中的技术争议是否属于可仲裁的范围一直引发广泛讨论。技术争议一般是指体育竞赛中由临场裁判员或临时专门机构解决的技术性纠纷。在通常情况下，国际体育仲裁院一般不对技术争议进行过多干涉，但实际上，技术争议属于国际体育仲裁院的管辖范围。国际体育仲裁院对技术争议的解决一般从裁判方面入手，如取消裁判员的执法资格，但是通常不会对已经产生的结果进行更改。

4. 缺乏中立性

《国际体育仲裁委员会与体育仲裁院章程及规则》规定，国际体育仲裁院由国际体育仲裁理事会负责和管理，其成员由国际体育仲裁理事会任命。国际仲裁理事会决策部门中有 20 名成员来自国际奥委会，从而导致国际体育仲裁理事会无法完全独立于体育组织，从而间接地导致国际体育仲裁院缺乏中立性。

第三节　国际体育仲裁内容和程序

一、国际体育仲裁内容

1. 体育仲裁的适用范围

国际体育仲裁法规定，当事人同意诉讼至国际体育仲裁院的与体育有关的争端都可通过体育仲裁进行裁判。这些体育争端可能涉及体育的原则问题、财务问题或在体育的发展实践及任何与体育有关的活动中其他带有利害关系的问题。这些体育争端可以通过事先在含有仲裁条款的合同中注明解决，也可以通过后来达成的仲裁协议（普通仲裁）解决。如果运动联合会、协会或其他体育组织的章程、规则或专门制定的协议中规定可以上诉至国际体育仲裁院，那么对于这些体育组织的纪律处罚部门或类似部门所作的决定不服的，可以到国际体育仲裁院上诉。

2. 所在地

国际体育仲裁院和各仲裁组均设在瑞士洛桑。如果情况允许且经各方当事人协商同意，则仲裁组组长（无组长时由相关的仲裁庭庭长决定）可以决定在其他地方举行听证会。

3. 工作语言

国际体育仲裁院的工作语言为法语和英语。如果当事人不能就使用语言达成一致，则仲裁组组长可以综合各方面的实际情况，在程序开始前确定该两种语言的一种作为仲裁工作用语。经仲裁组同意，当事人也可以选择其他语言。但当事人选择其他语言时应当告知国际体育仲裁院。如果选择了其他语言，则仲裁组可以责成当事人支付全部或部分翻译费用。

4. 代理和协助

当事人可以选择人员代理或协助，应将代理人的姓名、地址、电话告知法院秘书处、对方当事人和已经成立的仲裁组。

5. 时间期限

根据正当理由申请，仲裁组组长（无组长时由相关的仲裁庭庭长决定）在情况允许的情况下，可以延长体育仲裁法程序规则规定的时间期限。

6. 仲裁员的独立性和资格

每名仲裁员都应保持独立于当事人的状态，如果出现影响其与任何一方当事人的独立性的情况，则他应当立即公开。每名仲裁员都应当是国际体育仲裁理事会根据体育仲裁法章程确定的仲裁员名单中的成员，并具备快速完成仲裁任务的能力。

7. 回避

如果有正当理由对仲裁员的独立性产生怀疑，则可以对其提出回避。一旦掌握回避的理由，就应当立即提出。只有国际体育仲裁理事会有权决定回避，其可根据体育仲裁法章程的规定通过其执行局行使回避权力。回避可以以申请书的方式提出，列举提出回避的事实。国际体育仲裁理事会或其执行局在征求了其他当事人、被提出回避的仲裁员及其他仲裁员的书面意见后对回避作出裁决，并对其决定简要陈述理由。

8. 撤换

如果仲裁员拒绝或不能履行其职责，则国际体育仲裁理事会可将其撤换，并授权其执行局行使此项职能。执行局请各当事人、该仲裁员及其他仲裁员对此提出书面意见，然后作出决定并简要说明原因。

二、普通仲裁程序

1. 提出仲裁要求

按照体育仲裁法程序规则提请仲裁的当事人应当向国际体育仲裁院提出申请，其申请应当包括以下四项内容：对事实和法律争执的简要陈述，包括对提交国际体育仲裁院裁决的问题的陈述；原告的赔偿要求；含有仲裁协会的合同或按体育仲裁法程序规则仲裁所需的文件；仲裁员人数和人选的有关信息，特别是在仲裁协议提出有三名仲裁员时，由原告在法院仲裁员名单中挑选的仲裁员姓名和地址。

2. 组成仲裁组

（1）仲裁员人数。仲裁组由一名或三名仲裁员组成。如果仲裁协议中未明确仲裁员人数，则由仲裁庭庭长根据诉讼量和争端的复杂程度确定仲裁员人数。

（2）仲裁员的指定。当事人可以协商指定仲裁员。如果双方不能达成一致意见，则应按下列方式指定仲裁员：如果根据仲裁协议或仲裁庭长决定，指定一名仲裁员，则当事人应当在法院秘书处接到仲裁申请时规定的 20 天内协商选出该仲裁员，如果双方未能在此期限内达成一致意见，则由仲裁庭庭长指定仲裁员；如果根据仲裁协议或仲裁庭庭长决定，指定三名仲裁员，则原告应在其仲裁要求中或在决定仲裁员人数时规定的期限内指定其仲裁员，被告则应在仲裁院秘书处接到仲裁要求后于规定的期限内指定其仲裁员；如果未能指定仲裁员，则由仲裁庭庭长代当事人指定仲裁员，指定的两名仲裁员再相互协商，在仲裁院秘书处规定的期限内推选出仲裁组组长，如果未能在规定期限内达成一致意见，则由仲裁庭庭长代该两名仲裁员指定仲裁组组长。

3. 开始仲裁与答辩

除非最初就明确地未就向国际体育仲裁院提请仲裁达成一致意见，否则法院秘书处应采取一切可行措施使仲裁付诸实施。为此，秘书处应专门将仲裁要求通知被告方，要求当事人依据适用于解决争端的法律表达自己的意见，并就被告提供仲裁员人数和人选，特别是从仲裁员名单中指定一名仲裁员，以及对仲裁要求作出答辩规定时间期限。

被告答辩应当包括以下三项内容：简要辩护意见；对缺乏司法权限的任何辩护；任何反诉意见。

4. 多方当事人的仲裁

（1）多个原告或被告。如果由多名原告或被告提出仲裁要求，则法院应根据仲裁员人数及所有当事人同意的方式组成仲裁组。如果不能达成一致意见，就由仲裁庭庭长根据诉讼量和争端的复杂程度确定仲裁员人数。如果需要指定一名仲裁员，则当事人应当在法院秘书处接到仲裁申请时的 20 天内协商出该仲裁员。如果各方当事人未能在此期限内达成一致意见，则由法庭庭长指定仲裁员。如果需要指定三名仲裁员，并且有多名原告，则由原告共同指定一名仲裁员。如果需要指定三名仲裁员，并且有多名被告，则由被告共同指定一名仲裁员。如果原告或被告不能达成一致意见，则由仲裁庭庭长代他们指定仲裁员。如果需要指定三名仲裁员，并且有多名原告和多名被告，原告和被告均未能就共同指定一名仲裁员达成一致意见，那么由仲裁庭庭长为双方指定仲裁员。在以上情况下，均由仲裁员依法选出仲裁组组长。

（2）联合诉讼。如果被告要求第三方参加仲裁，则应当在答辩中申明并阐述理由，同时多提交一份答辩副本。法院秘书处将该副本送交被要求参加仲裁一方，并规定其表明是否参加仲裁及提交答复的时间期限。秘书处还应规定原告是否同意该第三方参加仲裁及提交答复的时间期限。

（3）参与诉讼。如果第三方希望作为一方参加仲裁，则他应在要求被告对仲裁要求作出答辩的规定期限内向国际体育仲裁院提交参加仲裁的申请及相应的理由。在一般情况下，该申请应与申请仲裁的内容相同。法院秘书处将该申请的副本送交双方当事人，限期当事人对是否同意该第三方参加仲裁作出答复并根据相关规定作出答辩。

（4）对联合诉讼和参与诉讼的联合规定。首先，第三方只能在仲裁协议规定下或在其他当事人书面同意时才可以参加仲裁。如果应当在法定期限作出答复的原告或被告超过规定的期限没有答复，则由法庭庭长决定是否允许第三方参加仲裁，但法庭庭长的决定不能对仲裁组对此问题的决定产生不利。如果法庭庭长接受第三方参加仲裁，则国际体育仲裁院应当根据各方当事人同意的仲裁员人数和任命方法组成仲裁组。如果各方不能达成一致意见，则由法庭庭长确定仲裁员人数。

5. 调解

仲裁庭庭长在将仲裁案卷移交仲裁组前，或仲裁组在接受案卷后，均可以在任何时候对争端进行调解解决。所有调解结果均可按当事人同意的裁决形式体现。

6. 保密

对在体育仲裁法程序规则下进行的仲裁过程应当保密。当事人、仲裁员和国际体育仲裁院均不得向任何第三方泄露有关争端或仲裁过程的任何事实及信息。除非裁决结果本身要求公开或经各方当事人同意，否则不公开裁决结果。

7. 仲裁组仲裁

（1）提交书面材料。仲裁组仲裁程序包括提交必要的书面材料和口头听证。收到案卷后，仲裁组组长根据需要签署要求提交书面材料的指令。在通常情况下，应当有一份诉讼要求、一份抗辩，必要时还可以有一份对抗辩的答复及第二次抗辩。当事人可以在诉讼要求或抗辩中提出仲裁申请或答辩中未包括的要求。此后，各方均不得在未经对方同意的情况下再提出新的要求。当事人应当于提供书面材料的同时提交他们希望提出的所有书面证据。在交换了书面材料后，除非经双方同意或经仲裁组根据特殊情况准许，当事人不得再提出新的书面证据。当事人应当在书面材料中指明希望出庭作证的证人和专家，并提出其他需要的作证方式。

（2）听证。诉讼交换程序结束后，仲裁组组长立即签署举行听证会的指令，特别是要确定听证会的日期。在一般情况下，举行一次听证会，仲裁组听取当事人、证人和专家的意见，以及当事人的最后口头辩论。口头辩论时被告有最后一次发言的权利。仲裁组组长主持听证会，确保各方阐述意见简明，围绕书面陈述中的主题发言。除非当事人另行同意，否则听证会不公开进行。听证会应当作记录。被听证者可以由译员协助，费用由要求作证一方支付。当事人可以要求仲裁组对其书面材料中指明的证人和专家进行听证。在听取任何证人、专家或译员的证言前，仲裁组可以依据伪证制裁措施严肃地要求他们如实作证。听证会一旦结束，除非应仲裁组要求，当事人不得再提出进一步的书面申诉。

（3）仲裁组要求作证。一方当事人可以要求仲裁组命令对方当事人在仲裁组监督或控制下提供文件。要求这样做的当事人应当证明该文件很可能存在并很重要。如果仲裁组认为应当对当事人的书面材料予以补充，则仲裁组可以在任何时候要求补充新的材料，询问证人，指定并听取专家意见，以及执行任何其他程序规定。在指定和征询专家意见时，仲裁组应与当事人协商。仲裁组指定的专家应当始终保持独立于当事人，并应随时公开可能影响其独立于任何一方当事人的任何情况。

（4）采取快速解决方式。经当事人同意，仲裁组可以采取快速解决方式，并发布相应的指令。

8. 适用法律

仲裁组应当根据当事人选择的法律条文解决争端，如果当事人未能作出选择，则根据瑞士法律解决争端。当事人亦可授权仲裁组本着公正善良的原则解决争端。

9. 裁决

裁决应根据多数意见作出，如果不能达成多数意见，则根据组长的意见作出。裁决应当为书面形式，签署日期并签名。除非当事人另行同意，应简要陈述裁决理由。裁决书经仲裁组组长签字即可。国际体育仲裁院的裁决应当为最终裁决并对当事人具有约束力。不能因当事人原籍、常住地区或组织机构不在瑞士而不执行裁决。当事人在仲裁协议或以后提交的协议中，特别是在仲裁开始时，已经明确地排除了所有拒绝裁决的程序。

三、上诉仲裁程序

1. 明确上诉范围

当事人可以根据有关体育组织的章程或规则的规定，在章程或规则允许范围内，或经当事人达成专门仲裁协议，在用尽适用的法律手段未能解决问题时，对体育联合会、协会或其他体育组织的纪律处罚部门或类似部门作出的决定提出上诉。

2. 提交上诉状

上诉人应当向国际体育仲裁院提交上诉状。上诉状应当包括以下五项内容：被诉决定的副本；上诉人的法律补救要求；上诉人从国际体育仲裁院仲裁员名单中选择指定的仲裁员，但各方当事人同意仲裁组由一名仲裁员组成时除外；在可行情况下，暂缓执行被诉决定的申请及理由；允许上诉至国际体育仲裁院的章程、规则或专门协议条文的副本。

3. 明确上诉期限

如果有关体育联合会、协会、体育组织的章程或规则，以及事先达成的协议中未规定上诉的时间期限，则上诉期限应当为自被诉决定下达日起21天内。

4. 确定仲裁员人数

上诉仲裁组由三名仲裁员组成。上诉人在提交上诉状时表明各方当事人已同意仲裁组由一名仲裁员组成，或法庭庭长认为情况紧急，上诉应由一名仲裁员裁决时除外。

5. 说明诉讼要点

上诉人应当在上诉期限过后的10日内，向法院提交说明诉讼事实及法律争执的诉讼要点，以及他希望提出的所有物证和其他证据的详细说明。未能如期提供者被视为撤诉。

6. 仲裁院开始仲裁

除非从一开始就明显地未达成提交国际体育仲裁院仲裁的协议，否则国际体育仲裁院应采取一切可能措施使仲裁付诸实施。为此，国际体育仲裁院秘书处应将上诉状传送至被告人，法庭庭长应依法着手组成仲裁组。在可能的情况下，法庭庭长还应立即决定提出暂缓执行被诉决定的申请。

7. 被告方指定仲裁员

除非各方当事人同意仲裁组由一名仲裁员组成，或法庭庭长认为情况紧急必须由一名仲裁员裁决，被告方应在接到上诉状后10日内指定一名仲裁员。如果被告方在此期限内未能指定仲裁员，则由法庭庭长为被告方指定仲裁员。

8. 一名仲裁员或仲裁组组长的指定及仲裁院对仲裁员的确认

如果经各方当事人同意或法庭庭长决定，只指定一名仲裁员，则由法庭庭长在收到上诉要求时指定该名仲裁员。如果指定三名仲裁员，则由法庭庭长在被告方指定仲裁员后指定仲裁组组长。当事人选择的仲裁员只有在经过法庭庭长确认后才能承认为正式指定的仲裁员。仲裁组一经成立，仲裁院秘书处应通知各方当事人仲裁组已经成立，并将卷宗移交仲裁员。

9. 被告方答辩

被告方应在收到诉讼要求后20日内向国际体育仲裁院提交答辩。答辩内容包括以下三项：辩护陈述；对缺乏司法权限的任何辩护；被告方希望提出的所有物证和其他证据。

10. 上诉与答辩陈述终结

除非当事人另行同意或仲裁组组长根据特殊情况另行决定，当事人在提交了上诉及答辩后不得再对争执进行补充，亦不得再提出新的物证或证据。

11. 仲裁组的审查和听证职权范围

仲裁组全权对事实和有关法律进行审查。在接受卷宗的同时，仲裁组组长即应下达关于当事人、证人和专家调查听证及口头辩论的指令。仲裁组组长也可以要求调取作出被诉决定的纪律处罚或类似部门的卷宗。上诉仲裁程序的听证程序及仲裁组要求的作证程序，可参照普通仲裁程序的规定执行。

12. 适用法律

仲裁组可依据当事人选择的适用法律规定和规则裁决争端，如果当事人未作出选择，则依据体育联合会、协会或体育组织所在国的法律裁决。

13. 裁决

裁决应当根据多数人的意见作出。如果不能达成多数意见，则根据组长的意见作出。裁决书应当为书面形式，签署日期并签名。裁决应当简述理由。裁决书经仲裁组组长签字即可。仲裁组可以决定将裁决通知当事人，而不必申明原因。书面通知后即为最终裁决。裁决应当为最终裁决并对当事人具有约束力。不能因当事人原籍、常住地或组织机构不在瑞士而不执行裁决。当事人在仲裁协议或以后提交的协议中，特别是在仲裁开始时，已明确地排除了所有拒绝裁决的程序。裁决应当在提交上诉状后的4个月内送交当事人。经仲裁组组长提出请求，上诉仲裁庭庭长可以延长这一期限。除非当事人要求保密，否则仲裁院应当公开裁决结果或仲裁情况说明。

四、咨询程序

1. 明确咨询要求

国际奥委会、各单项国际体育联合会、国家奥委会、国际奥委会承认的体育组织、奥运会组委会等都可以就体育运动实践或发展及有关体育的任何法律问题要求国际体育仲裁院提供咨询意见。咨询要求应向国际体育仲裁院提出，并附上可能有助于咨询组提出咨询意见的所有材料。

2. 体育法院开始咨询

收到咨询要求后，国际体育仲裁院院长应当先审查是否能对该要求提供咨询。如果可以提供咨询，则国际体育仲裁院院长应着手从法院仲裁员名单中组成一人或三人的咨询组并任命组长。国际体育仲裁院院长也可以按照自己的想法归纳出要提给咨询组的问题，并将这些问题交给咨询组。

3. 提出咨询意见

在提出咨询意见前，咨询组可以要求提供更多的信息。经要求咨询者同意，可以将咨询意见发表。咨询意见不属于具有约束力的仲裁裁决。

五、解释

当事人任何时候发现裁决结果表述不清、不完整、内容自相矛盾、与所述理由相悖、含有明显错误或数据统计有误时，都可以提请国际体育仲裁院就普通仲裁和上诉仲裁作出的裁决进行解释。在收到解释要求后，有关仲裁庭庭长应当审查是否应对此作出解释。如果应当作出解释，则仲裁庭庭长将解释要求送交作出裁决的仲裁组进行解释。仲裁组应当在收到解释要求后1个月内作出解释。

第四节 案例分析

一、白俄罗斯男子皮划艇队违禁药物仲裁案

（一）案例

2016年4月12日，法国警方在法国乐寺集训营中搜查白俄罗斯男子皮划艇队员房间时，发现队员房间中存在大量的输液设备。随后又在白俄罗斯女队教练员房间中发现了16粒违禁药物美度铵。法国警方立刻对白俄罗斯17名运动员进行尿检，发现其中5名队员的尿液样本中存在美度铵。根据这一事件，国际皮划艇联合会举行了白俄罗斯皮划艇协会是否构成兴奋剂违规的听证会，并根据《国际皮划艇联合会反兴奋剂规则》中的条例，对白俄罗斯皮划艇队所有相关人员作出了禁赛一年的裁定，从而导致白俄罗斯皮划艇队无缘里约奥运会。

（二）评析

白俄罗斯皮划艇协会对这一处罚存在较大异议，并立即向国际体育仲裁院提出了颁发紧急临时措施的申请，希望能够取消禁赛处罚，但被国际体育仲裁院驳回，导致无法参加里约奥运会。在里约奥运会结束之后，白俄罗斯再次向国际体育仲裁院提出正式仲裁申请，希望国际体育仲裁院撤销国际皮划艇联合会的处罚。最终，国际体育仲裁院作出了撤销国际皮划艇联合所作出的处理的决定，其主要原因是国际皮划艇联合会无法提供输液设备是用于违禁行为的证据，并且在调查中发现，美度铵药物是教练员用于治疗心脏病的而非队员服用。另外，当时的尿液检查样本中药物的浓度并未达到反兴奋剂条例中的阈值。因此，国际体育仲裁院作出了相关裁定。在本案例当中，虽然国际体育仲裁院驳回了第一次的申请，但是在白俄罗斯正式上诉之后，立即对事件进行了分析、调查和取证，并通过对相关规定进行详细解读，最终用事实说话，撤销了原本不合理的裁定。这种结果在一定程度上保证了白俄罗斯运动队的合法权益，并且按照仲裁章程行事，遵行公平、客观的原则，从正面展示了国际体育仲裁院的权威性。

二、孙某兴奋剂事件仲裁案

(一) 案例

2018年9月4日，国际游泳联合会（International Swimming Federation，FINA，以下简称国际泳联）授权的样本采集机构——国际兴奋剂检查管理公司（International Doping Tests & Management，IDTM）对孙某实施赛外检查时，使用了未经专业培训、不具备法定资质的人员采集运动员样本。2018年11月19日，国际泳联就此事在瑞士洛桑举行听证会。2019年1月，国际泳联裁决此次检查无效，孙某不存在违反《世界反兴奋剂条例》的行为。2019年3月，世界反兴奋剂机构不满本次的裁决结果，并向国际体育仲裁院提出上诉。2019年11月15日，国际体育仲裁院在瑞士举行了公开听证会，并采取了全球网络直播，希望能够保证仲裁的公开透明。在听证会上，孙某的律师团队呈交了相关证据，指出孙某并不存在违规行为。在听证会结束之后，仲裁小组的主席表示会择日宣布结果。2020年8月28日，国际体育仲裁院表示孙某未能提供有力证据，裁定其存在违规行为，并实施了八年的禁赛处罚。当日，孙某的律师团队向瑞士联邦最高法院提出上诉。在经过第二次不公开听证会之后，2021年6月22日，国际体育仲裁院宣布将孙某的禁赛时长从八年调整为四年三个月。

(二) 评析

在本案例中，2018年9月4日晚，国际兴奋剂检查管理公司三名工作人员对孙某进行赛外兴奋剂检查，由于孙某对检查人员出示的资质证明存疑，此次检查最终未能完成。期间，孙某一方打破血样瓶的安全箱，被指"暴力抗检"。虽然国际泳联裁决此次检查无效，但是世界反兴奋剂机构因不满裁决结果，向国际体育仲裁院提出上诉。甚至有境外媒体大肆渲染孙某与兴奋剂检测人员的冲突，对孙某产生不良影响，孙某律师团队要求国际体育仲裁院举行听证会时向公众开放，以求公开透明。2019年11月15日，国际体育仲裁院在瑞士蒙特勒就该案例举行公开听证会并通过网络进行全球直播。在这场耗时10小时的听证会中，双方辩论的焦点集中在世界反兴奋剂机构委托的服务公司的检测人员是否具有相应资质。孙某方律师明确指出血检官只有护士证但没有国际兴奋剂检查管理公司授权的检查官证明，尿检官只有身份证且在检查过程中对孙某拍照违反兴奋剂检查的规定等。但是国际体育仲裁院表示："当时对孙某进行反兴奋剂检查取样的工作人员符合世界反兴奋剂机构的规定，而孙某对自己破坏反兴奋剂取样的举动未能提供有说服力的解释，并且孙某不能因单方面认为反兴奋剂取样程序不合法而破坏取样。"2022年3月4日（当地时间），瑞士联邦最高法院宣布，孙某因违反反兴奋剂规则而对禁令提出的最终上诉败诉，禁赛维持到2024年5月底。本案例不仅体现了体育仲裁的流程和环节，还体现了正确表达事实的重要性，以及提供准确证据的重要性。

思考与练习

1. 简述国际体育纠纷解决途径。
2. 简述国际体育仲裁的基本概念和内容。
3. 简述国际体育仲裁程序。
4. 国际体育仲裁存在哪些问题？

主要参考文献

[1] 黄进. 国际体育仲裁院的仲裁规则及其新发展[J]. 体育科研，2012，33（6）：24-25.

[2] 张婵丽，郭志光，贾志强. 国际体育仲裁院仲裁机制特点及启示[J]. 体育文化导刊，2020（7）：38-42，59.

[3] 郭树理. 国际体育仲裁机制的制度缺陷与改革路径——以佩希施泰因案件为视角[J]. 上海体育学院学报，2018，42（6）：1-10.

[4] 邵沁雨. 白俄罗斯皮划艇协会与国际皮划艇联合会体育仲裁案例评述[J]. 体育科研，2018，39（1）：17-25，34.

[5] 向会英，谭小勇. 国际体育仲裁院《体育仲裁条例》的发展演进[J]. 体育科研，2020，41（4）：1-7.

[6] 杨磊. 国际体育仲裁院普通仲裁程序的实体法律适用[J]. 天津体育学院学报，2016，31（4）：316-321.

[7] 董金鑫. 论瑞士法在国际体育仲裁中的作用[J]. 武汉体育学院学报，2015，49（7）：40-45.

[8] 张金泽. 国际体育仲裁院管辖权问题之探究[J]. 赤峰学院学报（自然科学版），2013，29（1）：114-115.

[9] 张鹏. 国际体育仲裁院体育技术性争议审查之例外情形研究[J]. 体育与科学，2018，39（4）：98-103.

[10] 张春良，侯中敏. 后裁决阶段世界反兴奋剂组织诉孙杨与国际泳联案的反思——基于ISTI第5.3.3条解读的对策检讨[J]. 北京体育大学学报，2021，44（8）：65-74.

第十二章　国外若干体育法律法规

要点提示：以英国、美国和日本为代表的发达国家，整体体育发展水平较高，在体育法律法规的体系建设方面起步较早，在体育自治和体育法治关系处理方面实践与经验较为丰富。本章主要介绍英国、美国和日本的体育法律法规概况，以及体育纠纷处理方式。在学习本章时，先熟悉各国的体育法律法规概况，结合体育法律法规实际，了解各国体育纠纷处理方式和习惯，并注意结合具体案例思考国外体育法律法规中的相关内容，实现对本章知识的全面掌握。

第一节　英国体育法律法规

一、英国体育公共安全法律法规

目前英国虽然没有专门的体育法，但政府层面涉及体育的公共立法相当多。英国在1949年颁布的涉及体育公共安全的《国家公园法》，要求尽可能广泛地向公众开放体育设施。针对体育场地安全，有1975年通过的《体育场地安全法案》，要求修建大型体育场地必须获得地方政府的执照。1976年的《地方政府法案》规定，地方政府"只要认为适合就可以修建体育设施"，这为地方政府大规模修建体育设施提供了法律依据。1989年颁布的《足球观众法》规定，当地政府必须服从执照办理机构的指令。2000年通过的《文化和娱乐法案》将执照办理机构改为体育场地安全机构，新机构保留了复审场地安全的权力。针对足球安全的法规有1991年颁布的《足球侵害法案》，该法案列出了三种足球特别罪行，即种族攻击、破坏、暴乱。在财政税收方面，1997年政府发布声明，宣布禁止体育行业中的烟草赞助和促销。英国体育理事会和各地体育理事会是由英国政府授权执行体育政策法规的体育组织。英国体育理事会和英格兰体育理事会共同负责财政拨款及流向体育的彩票基金的分配，将彩票基金和财政拨款作为杠杆。2001年，伦敦废止了赌马的税收，以鼓励当地的赌博，并可以合法地进行网上赌马。

二、英国体育健康促进法律法规

18世纪的英国，饮酒成为休闲的主要形式，体育活动是酒后消遣内容，但体育活动者受到清教徒的攻击，甚至发生了冲突事件。于是英国便出台相关法规政策，对体育活动内容加以限制。19世纪，农村人口大量涌进城市，城市更加拥挤，许多体育项目缺乏场地。随着社会的发展和国民收入的增长，大众体育在19世纪50年代重新引发了大众的需求。19世纪末，政府接受了在城镇提供体育活动场地设施的建议，鼓励大众在公园和游泳池进行体育活动。第二次世界大战（以下简称二战）要求国家对社会和经济进行控制管理，英国政府更关心年轻人的健康，对体育采取积极的干预，于1937年颁布了《身体训练与娱乐条例》，还拨款200万英磅用于扩建体育场地设施，满足人们的健身需求。

二战结束后的几年，英国体育法律法规几乎没有变化。直到1960年，《体育与社区》报告建议政府组建体育发展委员会，并增强同民办体育俱乐部的合作。1966年，欧洲理事会提出"大众体育"口号，英国把接受"大众体育"作为本国体育政策的既定目标。1972年颁布《体育供给计划》，树立了未来十年的体育发展目标。20世纪70年代后期，各级政府和其他部门对体育场地设施的投资是20世纪体育投资最大的阶段。进入80年代，人们首次提出了体育有效需求的思想。政府和社会组织逐渐转向修建小的、更加地方化的体育设施。1982年制定了《未来十年体育规则》，之前的《体育供给计划》也随之调整了目标，提出根据体育活动参加者的目标群体提供场地设施。

英国作为老牌的资本主义国家，其社会福利比较发达，大众体育健康与社会福利政策有着密切的关系。在这种社会福利政策的指引下，英国2000年颁布了《大众体育的未来》(*A Sporting Future for All*)，其中一个重要的目标就是使更多不同年龄、不同社会基层的人参与体育运动。2002年，文化传媒和体育部（Department of Culture Media and Sport，DCMS）颁布了《游戏计划》(*Game Plan*)，这是"社会投资型国家"政策的典型体现，也是对《大众体育的未来》的继承和进一步细化。《游戏计划》细化了《大众体育的未来》中提出的扩大民众参与体育运动的目标，如号召更多人参与体育运动，特别关注青年人、妇女、低收入人群等。《游戏计划》体现了大众体育和竞技体育并行的政策，特别重视儿童和青少年体育活动参与，它指出要保证至少75%的儿童每周两小时的高质量的体育参与机会。

三、英国竞技体育法律法规

英国是近现代竞技体育的重要发源地,具有优良的竞技体育文化传统。1945年,二战结束,世界竞技运动恢复。1948年,英国伦敦举办第14届奥运会,也是战后第一次奥运会。20世纪60年代后期,英国体育娱乐中央委员会开始重视竞技体育运动,并呼吁政府部门对竞技体育进行有效的规划和系统的管理。英国政府及体育管理组织对竞技体育治理实践进行了深刻反思和变革,将其置于战略突出地位。布莱尔政府高度重视体育的发展,设立文化传媒和体育部,并依据《英国皇家宪章》成立具有独立法人资格的半政府组织——英国体育理事会(UK Sports),负责发展竞技体育,专门负责向体育领域分配政府拨款和国家彩票资金。同时,英国国会规定将国家彩票中心五分之一的收入(每年约9000万英镑)投入英国奥运项目中,里约奥运会的英国投入资金高达3.5亿英镑,使英国在2016年里约奥运会上位居金牌榜第二位;在东京奥运会上仅次于美国、中国和东道主日本,位列第四位。2015年,英国文化传媒和体育部颁布《体育未来:积极国家的新战略》,从国家层面制定行动框架,提出英国未来十年的体育发展方向,将英国建立为一个更强大的体育强国。该战略在竞技体育方面,提出要提高国际国内体育赛事成绩,使赛事影响力最大化。

竞技体育是英国体育运动的一部分,政府旨在通过增加大众体育的参加人数,提高竞技体育水平。在英国体育理事会成立早期的竞技体育发展计划中,有两部分内容:①为竞技体育训练中心提供体育训练设施和财政援助;②支持体育部门对教练员、管理人员进行培训和安排国内外比赛等。20世纪90年代的体育发展战略对竞技体育给予更加明确的支持,但在经费援助方面仍十分含糊。

四、英国体育纠纷处理方式和习惯

英国于2000年1月1日仿照国际体育仲裁院的模式组建了体育争议解决委员会(Sports Dispute Resolution Panel,SDRP),2008年3月易名为体育纠纷解决中心(Sport Resolutions,SRs)。体育纠纷解决中心为非营利性的社团法人,宗旨是为英国的体育协会、俱乐部、运动员、教练员等提供一套"简单、独立、有效"的体育纠纷救济机制,"公正、快捷、经济"地解决他们之间的体育纠纷。体育纠纷解决中心主要有三个功能,即仲裁体育纠纷、提供咨询意见(咨询意见不具有仲裁裁决那样的强制约束力）、调解体育纠纷。目前体育纠纷解决中心提供的服务种类较多，包括仲裁、调解，为体育组织的内部纠纷解决与纪律处罚机构指定独立的人员并根据该体育运动的专门规范进行活动，处理的纠纷类型也较广泛，包括纪律纠纷、选拔纠纷、兴奋剂纠纷、除名纠纷、赞助纠纷、合同纠纷、商业权利纠纷等。在调解方面，体育纠纷解决中心有自己独立的体育仲裁规则、体育咨询程序规则和体育调解程序规则，制定了专门的《体育纠纷解决中心调解程序规则》，并不定期地予以修订。该规则视调解程序为独立程序，与仲裁程序并列，赋予调解人、当事人相当大的灵活性。根据调解规则，当事人双方只有签订一份同意进行调解的协议，才能进行调解。调解员由双方当事人选定或指定，调解员的法律地位是明确的，是"独立的成员方"，对所有的调解程序都是保密的。任何通过调解程序达成的协议，只有在双方当事人或其代理人签署，并且成为一项最终解决纠纷的协议时，才能产生法律效力。如果当事人不能够达成调解协议，则当事人可以选定或指定调解员，在调解员同意的情况下，作出一份不具有约束力的关于解决方案的书面建议书。

在英国，体育纠纷的仲裁解决方式通常通过两种方式加以确认：一是在有关体育协会的章程中列入仲裁条款，规定以仲裁方式作为唯一的纠纷解决方式，任何成员在加入该体育组织时，通过接受该组织的章程，接受了该仲裁条款的管辖，当该成员与该体育组织发生体育纠纷时，只能通过仲裁方式解决，不得向法院起诉寻求司法解决办法；二是在有关体育协会的章程中列入仲裁条款，规定任何成员如果对该体育协会内部纠纷解决机构（如纪律处罚机构）所作的裁决不服，则可以申请外部的仲裁程序对此裁决进行复审。目前，体育纠纷解决中心的调解程序已经得到众多机构承认。例如，英国奥委会规定，体育纠纷产生后，应首先采用体育纠纷解决中心的调解机制，如果失败，则再采取体育纠纷解决中心的仲裁机制。调解是体育纠纷解决中心目前最重要的一项业务，体育纠纷解决中心的调解案件数在其所处理的案件中一直占有较大的比例。

在英国，体育争议被认为是属于民间性质的问题，传统上国家法院一般不对体育争议进行干涉，并且认为这些问题应当由体育组织内部解决。不过，如果体育组织的裁决违反了自然正义原则，对贸易构成了限制或者使当事人的生计处于危险，则法院会插手体育问题。尽管法院对体育争议的涉及越来越多，但是法院主要关注程序问题，实质性的问题并没有引起法院同等程度的审查。另外，只有依据公法上的权利当事人才能向法院提起审查某一体育组织裁决的要求，即体育组织作出裁决行为的依据是公法权力。在通常情况下，法院并不受理体育组织对政府部门采取的措施提起的上诉，也不对体育争议的实质性问题进行分析，其仅仅对体育组织作出裁决的程序的合法性进行审查。如果某裁决的作出是非法的，或者有违司法审查过程中的一些原则，那么该裁决就不能执行。不过，法院自己并不另行作出裁决，它只是要求作出裁决的体育组织重新根据法律进行裁判。

第二节　美国体育法律法规

一、美国体育法律法规的历史沿革

美国是一个由移民组成的国家。在殖民地时期，各地移民按照其民族的习俗开展体育活动，由于当时地广人稀，无法也不可能对各种运动项目竞赛进行统一的管理，移民区多各自为政，自行规定体育运动竞赛中的行为准则和竞赛规则。但随着体育运动竞赛的进一步发展，运动场上的"民事侵权行为"时有发生。1635年，福斯伯格针对赛马比赛中的越线行为根据英国法制的条款论述了其侵犯行为的法律责任。美国是一个多种族的联邦制国家，立法形式以不成文法为主，其体育法采用的是合并式立法模式，它调整范围宽、覆盖内容多、普遍适应性强。1919年，美国提出了第一个全国性的体育法，即《体育法案》。

20世纪50年代，美国把体育当成"娱乐和游戏"，非商业化、非政治化、非职业化在当时美国体育运动中表现特别突出。从20世纪60年代开始，美国体育运动开始走上职业化道路。美国体育产业发展中最早出现法律纠纷并引起诉讼的运动项目是棒球，主要原因有两个：一是棒球运动是美国最早出现职业比赛的运动项目；二是这项运动比较危险。直到20世纪中期，美国体育产业发展中的法律纠纷基本上是围绕合同法、反托拉斯法和劳工法等展开的。但当时对这些法律纠纷或运动场上侵权行为的诉讼和裁决并没有用"体育法"来界定，因此这类冲突通常是以经济纠纷或刑事诉讼的程序来处理的。1950年9月21日，美国国会正式颁布了《奥林匹克协会组织法》。此后，美国又进行了系统化的体育法研究。20世纪60年代以后，随着美国体育运动的新变化，体育立法的范围进一步扩大。这一时期是美国体育法律法规发展的关键时期，出现了一系列对体育产业和运动员权益有重大影响的法律法规。1963年通过的《体育广播法》(Sports Broadcasting Act)允许国家足球联盟中的所有球队将广播权集中出售给电视网，从而带动了体育产业的商业化和广播转播的发展。1964年通过的《职业体育经理和教练联合会法》(Professional Sports Managers and Coaches Association Act)旨在保护职业体育经理和教练员的权益。此外，1964年通过的《民权法案》(Civil Rights Act)、1967年通过的《公民权利法案》(Civil Rights Restoration Act)等法律对体育场馆的种族歧视问题进行了规定。

1978年，美国第九十五届国会通过了《业余体育法》(The Amateur Sports Act)，旨在促进和协调美国的业余体育活动，确认美国业余运动员一定的权利，解决涉及国家管理机构的纠纷等。《业余体育法》扩大了美国奥委会的职权，规定由其"协调和发展美国业余体育活动、促进各体育组织之间有成效的工作联系"，接受政府拨款，管辖有关参加或举办奥运会、泛美运动会的一切事宜，审议、承认某一组织为该项目的全国管理机构，完成促进场地建设、协调科学研究、指导运动训练、管理情报资料等任务，每年6月1日前向总统和众、参两院报告年度工作与预决算。美国奥委会有权指定一个业余性的体育组织作为全国性的体育管理机构，以管理奥运会或泛美运动会的运动项目；但美国奥委会不得将自己的决定强加给各业余体育组织。同时，《业余体育法》要求美国奥委会为残疾人参加业余体育运动项目及比赛给予鼓励和提供帮助。

1978年，由约翰·韦斯特撰写的第一部"体育法"教科书正式出版。许多法学院和体育管理系的课程中都有一至二门有关体育法方面的课程。体育专职律师、体育律师事务所、体育法律咨询机构随之蓬勃发展，美国四大职业联赛均各自成立了联盟法律仲裁机构，美国律师协会（American Bar Association，ABA）还专门组织了体育和娱乐法规论坛、体育律师协会、体育法规研究学院等，并出版刊物、杂志，同时在电视、广播及网上发布信息。在20世纪80年代，美国体育诉讼数量超过十年前的两倍，赔偿方面也令人吃惊，美式足球头盔事故制造者的损害赔偿费高达1600万美元。1998年，美国国会对1978年的《业余体育法》进行修改、修正和重新命名，新的体育法名为《特德·史蒂文斯奥林匹克和业余体育法》(Ted Stevens Olympic and Amateur Sports Act)，共有两节二十一条：第一节是社团法人，社团法人是指美国奥委会；第二节是全国性管理机构，全国性管理机构是指美国奥委会承认的业余体育组织。

美国体育运动从民众业余体育运动发展到如今高水平的职业运动，与美国体育法律法规有着直接的关系。目前，为解决不断涌现的纷繁复杂的体育纠纷，美国仍在不断制定和完善相关体育法律法规，以进一步促进美国体育不断向前发展。

二、美国体育立法制度

美国的法律体系属于英美法制，1789年的美国宪法规定了行政、立法、司法三权分立和制衡的格局，立法机构享有充分权力制定各种与宪法精神一致的法律和法令。美国的体育法规条例要求完全以宪法为依据，根据制定法和判例法的有关条款及程序实施。制定法是指立法机关按照一定程序制定并颁布的法律，有较精确的条文。在美国，条文形式的体育法规有两种：一种是联邦制定的，另一种是各州制定的。制定法除由联邦和州立法机关制定的外，还包括其他体育组织、体育团体制定的各种法规、决议、条例和规定等。

判例法不产生于议会，而是产生于法官的判决，即"法官法"。美国是以判例法为主要法律依据的国家，即在适用法律上优先考虑习惯、判例的法律效力，法官拥有解释权，个案解释余地大，这使美国法律具有更大的灵活性、变通性。特别是联邦最高法院的判例，对美国体育法规条例的形成有着重要作用。在美国，体育方面的很多重要原则都是通过判例法确定的。例如，大学体育运动竞赛中的男女平等法的实施；体育运动竞赛中取消种族歧视的实施；内华达州取消泰森拳击比赛的资格；等等。

三、美国体育纠纷处理方式

体育纠纷的解决机制是体育法的核心问题，美国体育纠纷的解决机制较为成熟和完善，通常采用司法程序和体育仲裁的方式来处理。

（一）司法程序

在美国法院看来，体育纠纷带有民间性质，并且法院一般不愿意涉足民间组织的纪律性裁决程序。只要体育协会采纳的合理的规范和章程不违反公共政策且得到恰当运用，美国法院就不干涉。只有在非常特殊的情况下，法院才对有关争议进行管辖，即有关组织明显违反了其规范并对原告造成了严重和不可弥补的伤害，并且该原告已经用尽了所有的内部救济方法。

美国存在联邦法院和州法院二元司法制度。联邦法院体系的依据是美国宪法，并由国会法案或美国高等法院的规定来限制。州法院体系的依据是州宪法或成文法条例。关于联邦与各州的关系，宪法规定了三条基本原则：其一，宪法、依照宪法所制定的联邦法律及在联邦权力下已缔结和将要缔结的条约，均应成为全国的最高法律，即使与任何州的宪法和法律相抵触，各州法官也应遵守；其二，联邦国会拥有军事、外交事务、财政、州际贸易等方面的立法权和宣战权；其三，宪法未授予合众国亦未禁止各州行使的各项权力，分别由各州和人民予以保留。

各州的宪法和法律如果与联邦的宪法、法律或订立的条约相抵触，则前者均属无效；联邦政府的权力及其行使，不能防范和限制各州权力的行使，各州在其管理范围内享有充分的管理权，在一些体育纠纷案件中，州和联邦法院有着共同的司法权。这两种法律体系体现出了独特的相互作用，诉讼当事人开始可能希望向州法院起诉，然而在法院存在争论的情况下，他可以向联邦法院上诉，并与州法院的诉讼不发生冲突。大多数涉及体育运动竞赛行为的诉讼案例是由体育组织、体育团体竞赛管理委员会或仲裁机构负责审理的，但地区法庭、中级民事及刑事法庭或设在纽约的最高法庭具有法律复审和改变判决的权力。一般只有在出现下列五种情况时，才会实施法律复审和改变判决：①体育联盟的规定与国家公共政策相悖；②体育联盟的规定超出了其联盟的职责和权力范围；③体育联合会自己违反了其颁布的法规条例；④体育联合会所制定的法规条例过于武断或是反复无常；⑤体育联盟的规定与某一宪章的权力相左。

（二）体育仲裁

体育仲裁是美国解决业余体育争议的比较常用的非诉讼解决方法，美国体育仲裁制度以国家统一的民商事仲裁制度为基础，是解决体育争端的最主要的渠道。美国仲裁协会（American Arbitration Association，AAA）是美国最大的仲裁机构。美国业余体育运动争议仲裁的依据主要有1998年生效的《特德·史蒂文斯奥林匹克和业余体育法》、1996年颁布的《美国奥林匹克委员会争端仲裁条例》、美国奥委会章程及美国反兴奋剂机构的规范、美国宪法的有关规定及美国体育协会的规范等。美国体育仲裁解决争端的范围十分广泛，涉及参赛资格、违反体育行为准则、使用禁用药物及一些体育领域的商事争端，都可以交由体育仲裁机构解决。

关于业余运动员和主管体育部门之间的争端，《特德·史蒂文斯奥林匹克和业余体育法》确定了有约束力的仲裁规定：首先，运动员必须用尽体育主管部门内的听证程序来质疑对其作出的惩戒或参赛资格的裁决；其次，运动员必须提出书面请求，要求美国奥委会举行听证会，认定体育主管部门是否遵守了其内部条例；最后，美国奥委会作出决议后，当事人可以申请美国仲裁协会进行仲裁。除非该运动员有明确说服力的证据显示这些仲裁程序是不适当的且会延误时间，否则在向联邦法院寻求司法救济之前必须使用仲裁程序。

在仲裁员方面，2001年美国仲裁协会专门成立了体育仲裁小组。该仲裁小组由来自全美国的123名精选的中立仲裁员组成，主要有退役的运动员、体育经营主管人员、退休的裁判员、法律工作者、经纪人及劳动仲裁员等，其中20%是女性人员，有相当数量的仲裁员曾经参与处理过涉及奥运会和泛美运动会的案件，有些是设在瑞士的国际体育仲裁院的仲裁员，还有一些人受到过美国仲裁协会的美国田径兴奋剂仲裁项目组的培训。该仲裁小组的成立将解决涉及运动员合同、赞助、薪金及其他运动领域内的特有问题。在实践中，美国仲裁协会受理的案件主要有：①由参赛资格问题引发的争端；②由违反体育行为准则引发的争端和由服用禁用药物引发的争端；③与体育相关的商业争端及体育活动的组织者与专业广播公司合作伙伴间关于出让广告权引发的争端；④运动员、教练员雇佣合同争端。

法院在处理体育纠纷时遵循"承认当事人自愿放弃司法救济""司法救济以用尽体育协会内部救济措施为限"的原则。体育协会作出的体育裁决一般不轻易进行司法审查，而法院推翻体育协会所作出的裁决更是少见。不管是业余体育运动争议，还是职业体育运动发生的问题，原则上法院都有最终的裁决权。尽管有些体育组织的内部规则明确规定不能够将有关的内部纪律处分决定上诉到外部的仲裁者或司法机关，但还是经常出现将体育组织的内部决定上诉到外部的仲裁机构以至法院的情况。因此，从某种程度上讲，法院是某些体育争议的最终决断者。

第三节　日本体育法律法规

一、日本体育法律法规概况

日本在1946年颁布了《日本国宪法》，作为体育立法的依据，虽然没有对国民参加体育运动的权利进行直接的阐述,但从体育运动具备的社会作用与教育功能层面来看,宪法已经对这一权利作出了保障。宪法的颁布为日本现代教育和现代体育法规的制定指明了方向。1947年,日本颁布《青少年和学校体育法》和《教育基本法》,这两部法律分别对青少年和成年人群接受体育教育活动的权利作出了法律保证。显然,这一时期的日本体育法律法规主要集中在青少年体育、学校体育和全民健身,肩负着实现培养"全面发展""身心健康"国民目标的重任。1958年,日本文部省(现文部科学省)体育局因亚运会的召开及东京申奥成功而恢复,并提出了出台体育振兴法的必要性。因此,日本在1960年发布了《体育振兴基本方法草案》;1961年颁布了《体育振兴法》,这是在东京奥运会召开之际,正式颁布的带有基本法特点的一部体育法,该法明确了振兴日本体育的基本框架,为振兴日本体育事业、成功地举办东京奥运会提供了法律保障。

2000年,日本推出了《体育振兴基本计划》,至此早在《体育振兴法》中第四条就已规定的"基本计划"经过40年的酝酿终于制定完成。为了形成终身体育社会、提高在国际上的体育竞技水平、优化体育系统的结构、最大程度地发挥体育系统的功能,该计划制定了关于体育振兴的基本方针,确定了2001—2010年十年间应达到的目标和具体的策略。《体育振兴基本计划》中最引人关注的是推出了三个具有创新性的改革方案:一是为了形成终身体育社会,要在日本社区和各村创办综合地域型体育俱乐部,在各地区创办跨地域的体育中心;二是为了提高在国际上的竞技运动水平,建立连贯的竞技运动指导体系;三是为了实现体育资源共享,加强体育各运营部门之间的合作。与早期《体育振兴法》侧重大众体育、强调体育振兴的各项措施不能用于此目的之外的指导思想不同,《体育振兴基本计划》既重视大众体育,又重视高水平竞技体育,明显反映出在新的形势下兼顾大众体育与竞技体育使二者协调发展的重要性。

按照《体育振兴法》的规定,日本体育管理采取的是政府与社团相结合的方式,具体表现为,以文部科学省及地方自治体的教育委员会等行政机构为中心的管理体制。政府对体育的管理方式主要是制定政策法规、对体育的发展进行监督及在不同的体育组织之间起信息沟通与联络的作用。日本体育管理的事务性工作主要由以日本体育协会和日本奥委会为首的体育组织承担。日本体育协会和日本奥委会等文部科学省下辖的公益法人各自发挥了重要的作用,但其事业补助的预算是文部科学省的一般会计支出,实际上这些公益法人也可以说是行政机构的一部分。

日本的《体育振兴法》在颁布后的 50 年内未做过改动。随着老龄化、少子化、医疗开支扩大及体育纠纷增多等社会问题日益增多，日本于 2011 年出台了《体育基本法》，这部法律是对 1961 年《体育振兴法》的整体修正。《体育振兴法》共两章、十七条，大约 1600 字，而《体育基本法》有五章、三十五条，7000 多字，可见，后者涉及的范围更广，内容更加丰富、详细。《体育基本法》涵盖范围广，内容丰富，紧紧围绕"八大理念"展开，强调体育权利，明确责任义务，探索建立体育行政机构，弥补了部分法律空白，提高了体育的地位和作用，体现了当今日本对体育的理解与认识。该法的颁布是日本体育史上的重要里程碑，具有划时代意义，必然对日本将来体育的发展产生重大影响。

二、日本国民健康促进法律法规

1961 年和 1964 年，日本分别颁布了《日本体育运动振兴法》和《关于增进国民健康和体力对策》，以及一系列与《日本体育运动振兴法》配套的法律法规，如《运动振兴法实施令》《青少年和学校体育设施对外开放法》《学校教育法》《社会教育法》等，日本体育的工作重心放在了体育的普及上。20 世纪 60 年代，日本经济持续快速增长，但是日本国民的体质和健康水平急剧下降。为了改善国民的体力和健康水平，保持经济社会的持续发展，必须发展全民健身，经过四年的精心策划，日本在 1972 年出台了发展全民健身的第一个中长期计划——《关于普及振兴体育的基本方策》，体育的重心转向了大众体育，日本大众体育开始蓬勃发展。2000 年，日本制定了《21 世纪国民健康促进运动》，也被称为"健康日本 21"计划，成为之后十年健康事业发展的指针，其在 20 世纪公共卫生事业发展基础上融入了新的理念所形成的健康促进运动，确立了基本健康理念，制定和量化论文具体健康指标，对规范国民体育生活方式起到了重要作用。

此外，与体育运动相关的健康促进法律法规还包括人才培养和健身设施认证法律法规，主要用于促进健康指导员及健康运动实践指导员的培养和认证工作。该类法律法规的依据主要是厚生劳动省公告，以及 1947 年颁布的《关于为促进健康而审查体育指导员的知识、技能以及认证其证明的省令》，文件中规定政府将负责健康运动指导员和健康运动实践指导员的资格认证。该法令于 2005 年废止，目前这项工作交由健康、增强体力事业财团负责。

三、日本反兴奋剂法律法规

1999年,世界反兴奋剂大会设立了世界反兴奋剂机构,其目的是统一国际上的兴奋剂检查标准和违反兴奋剂规定的处罚手续,进行反兴奋剂活动的教育、宣传等活动。日本于2000年创立日本反兴奋剂机构(Japan Anti-Doping Agency,JADA),它作为一个立场中立的国内独立调解机关,对日本奥委会(Japanese Olympic Committee,JOC)、日本体育协会、日本职业体育协会等进行兴奋剂检查,以及进行反兴奋剂宣传活动。

日本解决兴奋剂问题的主要法律渊源是《日本反兴奋剂条例》《反兴奋剂活动促进法》,这些法律法规与《世界反兴奋剂条例》中的规则和宗旨基本一致,但是作出了更加细化、更加适应日本国情的规定。日本的反兴奋剂活动主要由日本反兴奋剂机构和日本体育振兴中心负责,并依据日本反兴奋剂法律法规开展相关活动。目前,兴奋剂的检查主要分为赛内检查和赛外检查,通过严格责任原则和比例原则,对兴奋剂违规运动员作出相应的处罚。在听证程序中,一般由日本反兴奋剂机构承担举证责任,证明标准必须达到排除合理怀疑的程度。在兴奋剂案件中,兴奋剂案件的当事方可以选择独立的日本体育仲裁机构,通过仲裁和调解程序解决争端,也可以申请诉讼程序通过国家司法程序解决争端。

四、日本特定非营利活动促进法

针对"开展组织文体活动,谋求文化、艺术及体育振兴"的团体和组织,日本政府于1998年出台《特定非营利活动促进法》,该法律赋予从事特定非营利活动的组织以特别法人资格,鼓励全体大众参与遗产保护的各类志愿者活动、市民自发活动及非营利组织工作。

五、日本体育纠纷处理方式和习惯

解决体育纠纷的最理想状态是使当事人进行和解,在和解无望的情况下只能委托第三者进行解决。法院是最为普遍的解决纠纷的机关,但日本法院只对法律意义上的纠纷进行裁决,大多数争议涉及体育运动协会或者类似组织的内部裁决和规章制度,除非它们直接关系到当事人的民事权利,否则日本法院不能直接受理这些争议。

日本体育仲裁机构（Japan Sports Arbitration Agency，JSAA）由日本奥委会、日本体育协会和日本残疾人体育协会三家机构共同设立，成立于2003年，同年6月正式开展活动，是解决日本国内体育纠纷的特别的仲裁机构。它作为一个独立的法人社团，与政府体育部门没有任何隶属关系。它制定的三类体育仲裁规则，即《体育仲裁规则》《基于特定合意的仲裁规则》《兴奋剂案件的仲裁规则》是日本体育仲裁机构体育仲裁庭进行体育仲裁的依据。日本体育仲裁机构原是开展反兴奋剂活动的组织，但因2000年悉尼奥运会的千叶铃出赛资格选拔问题而成为体育专门仲裁机构。日本体育仲裁机构的仲裁最初根据体育仲裁规则，仅以竞技运动员、教练员等对日本奥委会、日本体育协会、日本残疾人体育协会等所下决定的异议申请为对象。2004年5月，日本体育仲裁机构制定了"基于特定仲裁协议的体育仲裁规则"，开始对其他纠纷进行仲裁。由于仲裁是以仲裁协议为前提的，当事人向日本体育仲裁机构提出申请后，需要确认对方是否接受仲裁的解决方式，同意后开始审理，如果被拒绝，则视为仲裁协议不成立。日本体育仲裁机构在设立之初，就要求各团体在规章中加入"只能向日本体育仲裁机构提出异议申请"的仲裁条款。根据相关规定，提出仲裁的运动员必须缴纳5万日元的受理费，并服从仲裁结果，不能上诉。

第四节 案例分析

一、加特林服用兴奋剂案

（一）案例

美国的著名短跑运动员加特林曾荣获2004年雅典奥运会男子100米金牌、200米铜牌、男子4×100米接力银牌，是世锦赛100米及200米双料冠军。在2006年4月北美举行的一次田径赛事中，加特林被查出服用了睾丸激素类禁药，随后他遭到八年禁赛。美国仲裁协会决定将其禁赛期缩减为四年，不过这一判决同样令他无法参加2008年的北京奥运会。为了能重新回到北京奥运会赛场，加特林就此案上诉至体育仲裁法庭，希望能够再次减轻自己的禁赛处罚。不过体育仲裁法庭驳回了他的上诉，并表示四年的禁赛期已经相当适合，不会再进行缩减。2006年7月30日，美国反兴奋剂机构（United States Anti-Doping Agency，USADA）

宣布，加特林在 4 月 22 日堪萨斯州进行的百米接力赛的比赛中尿检结果呈阳性，该机构正在针对这一事件进行调查，如果事情属实，他将面临终身禁赛的处罚。

2006 年 8 月 5 日，美国 Phonak 车队发言人表示，2006 年度环法冠军——美国人弗洛伊德·兰迪斯确认未通过药检。国际自行车联盟随后发出通告表示，在刚刚结束的环法自行车赛上，兰迪斯在赛后的药检中显示荷尔蒙睾丸激素检测呈阳性。

（二）评析

加特林在 2006 年 6 月 29 日发表的声明中说："我接到美国反兴奋剂机构的通知，称我于 4 月 22 日在堪萨斯州参加一项接力赛之后提取的尿样，呈睾丸激素或其原始化合物阳性反应。"但加特林不承认他曾经服用兴奋剂："我无法解释这一结果，因为我从未有意使用过任何违禁物质或授意他人提供过此类物质给我。"

据悉，加特林的 B 瓶尿样已于当月复检完毕。结果显示，同样含有高含量的睾丸激素。

二、耐特诉朱厄特案

（一）案例

1992 年，加利福尼亚州最高法院对耐特诉朱厄特案作出了判决。具体案情如下：耐特、朱厄特及其他好友一起玩美式橄榄球，双方简单分为两个队，没有约定比赛规则就开始了比赛。在比赛过程中，朱厄特冲撞了耐特，在耐特倒地后朱厄特踩到了他的手，后者受了重伤，手指需要截肢。于是，耐特向法院起诉朱厄特，要求赔偿。州地方法院驳回了原告的诉求，州上诉法院和州最高法院也维持了地方法院的判决。

（二）评析

法院断定该案主要涉及比较过错责任原则、主要风险及次要风险的承担问题。在比赛中被告履行了注意义务，主观上没有过错，而原告既然参加了美式橄榄球比赛，就可以认定为已经同意了对方的正常运动行为，因此原告要承担主要风险，而被告只需要承担次要风险，原告的诉求不能成立。在该案中，加利福尼亚州的各级法院均遵循了比较过错责任原则。比较过错责任原则就是要区分、比较当事人各自的主观过错责任，判断谁应负主要责任，谁应负次要责任。在比较过错责任原则之前，美国各法院主要遵循过错责任原则与共同过错责任原则。过错责任原则是指看原告和被告双方谁负有责任，有责任的一方就要承担赔偿，即"有责任就有救济，有责任就要赔偿"。共同过错责任原则是指在事故伤害案件中，当原告对损害的发生也存在过错时，被告可以免除全部责任。比较过错责任原则则是比较双方当事人的过错，减轻被告的责任，而不是完全免除其责任。根据加利福尼亚州所遵循的比较过错责任原则，原告负主要责任与负次要责任的判决结果完全不同。如果原告负主要责任，那么被告可以相应地免责；如果被告负主要责任，而原告负次要责任，那么法院可以根据具体的案情，判决被告负相应的法律责任。当原告负主要责任时，法律并不要求被告承担保护原告不受特殊危险侵犯的义务；当原告负次要责任时，则要求原告知悉危险的存在，并且愿意承担这种风险，而被告则负有保护原告的特殊义务。

三、乔丹体育品牌案

（一）案例

2000年，福建的一家日用品公司在商标评审委员会成功注册了与"乔丹"相关的72个商标，直接在中国成功成立了乔丹体育股份有限公司（以下简称乔丹体育）。热爱迈克尔·乔丹的粉丝，看到中国居然有了乔丹"冠名"的球鞋和体育用品，一时之间，热爱篮球的青年人和孩子都以身着乔丹品牌而自豪。乔丹体育在2000年成功注册商标后，立刻在中国开始了门店布置和销售，受限于当时网络信息通信发展的相对闭塞，中国群众普遍将这个中国乔丹默认为球星迈克尔·乔丹冠名的体育品牌，使其一举成为国内知名品牌。2008—2010年，乔丹体育的营收数据从11.58亿元增长到29.27亿元。2012年2月23日，迈克尔·乔丹向中国法院提起诉讼，指控乔丹体育侵犯其姓名权。2015年7月27日，北京市高级人民法院二审判决书宣判：对于两者之间的商标争议案，迈克尔·乔丹要求撤销乔丹体育争议商标的上诉理由依据不充分，法院不予支持，乔丹体育的注册商标不会被撤销。次年12月8日，最高人民法院判决乔丹体育对争议商标"乔丹"的注册，损害迈克尔·乔丹的在先姓名权，违反商标法，撤销一、二审判决，判令商标评审委员会重新裁定。

（二）评析

2020 年 12 月 30 日，上海市第二中级人民法院判决乔丹体育停用其企业名称中的"乔丹"商号和涉及"乔丹"的商标，赔偿原告精神损害抚慰金 30 万元人民币。这场长达八年的诉讼持久战最终以迈克尔·乔丹胜利而告终。2021 年 1 月 12 日，乔丹体育变更为中乔体育股份有限公司。

思考与练习

1. 讨论英国体育法律法规形成的历史背景。
2. 简述美国体育立法制度。
3. 比较英国、美国、日本体育纠纷的处理方式。

主要参考文献

[1] 董小龙，郭春玲. 体育法学[M]. 2 版. 北京：法律出版社，2013.

[2] 黄世席. 国际体育争议解决机制研究[M]. 武汉：武汉大学出版社，2007.

[3] 董玉明，李冰强. 宏观调控视野下的体育政策法规理论与实践问题研究[M]. 北京：法律出版社，2012.

[4] 周爱光. 体育法学概论[M]. 北京：高等教育出版社，2015.

[5] 张芳芳. 我国体育仲裁法律制度研究[M]. 北京：人民出版社，2009.

[6] 郭树理. 体育判例对美国法律制度发展的促进[J]. 天津体育学院学报，2007，22（5）：408-412.

[7] 尹晓峰. 日本体育法规及政策制度的发展动向[J]. 体育科研，2009，30（5）：34-40，59.

[8] 程蕉，袁古洁. 美国、澳大利亚、南非、日本体育立法比较研究[J]. 体育科学研究，2012，16（5）：40-47.

[9] 周爱光，周威，吴义华，等. 中日两国体育法的比较研究[J]. 体育学刊，2004，11（2）：1-4.

[10] 郭树理. 日本体育仲裁制度初探[J]. 浙江体育科学，2008，30（1）：1-4.

[11] 彭国强，舒盛芳. 美国体育制度治理研究热点与展望[J]. 成都体育学院学报，2018，44（1）：78-84.

[12] 高建新. 中美体育法比较研究[J]. 体育成人教育学刊, 2015, 31 (6): 21-22, 48.

[13] 林世行. 国外体育仲裁制度及其启示[J]. 体育文化导刊, 2010 (3): 21-24.

[14] 石俭平. 国际体育纠纷调解机制比较探究——以美国、英国和 CAS 为主要视角[J]. 体育科研, 2013, 34 (6): 23-28.

[15] 董红刚, 易剑东. 体育治理评价: 英美比较与中国关注[J]. 武汉体育学院学报, 2016, 50 (2): 25-31.

[16] 范威. 日本《体育基本法》特征及启示[J]. 西安体育学院学报, 2013, 30 (5): 531-535, 559.

[17] 金涛, 王永顺, 高升. 美国《业余体育法》解读与启示[J]. 体育学刊, 2014, 21 (2): 56-60.

后　记

　　编者在十多年的体育法律法规教学和科研工作中，不断地总结经验，借鉴了国内外诸多体育法律法规相关教材、案例，以及科研论文，形成了自己的教学特色与规律。编者认为应对其进行总结并形成完整的教学体系，使更多的师生受益，让体育专业学生学得快、记得牢、易上手，成为教师的参考书、好帮手。因此，在形成较为充实的教学讲稿的基础上，随之萌生编写一本体育法律法规教材的思路和想法。随着我国体育法律法规及其他相关法律法规的不断更新，原有的体育法律法规教材越来越难以适应当代现实的需求，进而开始计划编写一本符合新时代需求的体育法律法规教材。编者从编制编写计划到实际编写直至定稿，投入了大量的时间和精力，克服了许多意想不到的困难，同时，体验到了克服困难后的快感和成功的喜悦。

　　本书的编写从2018年开始，2019年初建立团队，在编写过程中，虽然有编写计划和目录提纲，但是在教学和科研中不断涌现新的思路与想法，便对内容进行完善和充实，随之越来越丰富，直到2020年底才形成初稿。然而，在对初稿进行完善时，我国正逢法律法规文件出台活跃期，国家频频颁布和实施关于青少年体育、全民健身、体育赛事等的法律法规文件，在2022年6月颁布新修订的《体育法》，书稿的内容一直处于不断修改、更新和完善状态，时至今日终于完成最终的书稿。

　　编写本书所付出的时间和精力是无法计算的，不仅编写组为之付出了大量劳动，还得到了业内很多专家和学者的帮助。希望本书能受到一线教师和学生的喜欢。欢迎各类体育专业教育机构使用本书，同时期待提出本书存在的不足。

后　记

十年法律教学篇，经验体会共淬炼。

编撰喜忧各参半，专家指教多从严。

体育法学教研路，漫漫旅途勤为先。

盼望同人多指教，共谱法学耀明天。

吴香芝

2022 年 9 月 22 日于江苏徐州祥至斋